思想文化的摆渡者
——在东西方之间

领导干部参考译丛

民主与现代化
有关21世纪挑战的争论

Демократия и модернизация: к дискуссии о вызовах XXI века

弗拉季斯拉夫·伊诺泽姆采夫（В. Л. Иноземцев）◎主编
徐向梅 等◎译

全国百佳出版社
中央编译出版社
Central Compilation & Translation Press

目录

中译本序言 …………………………………〔中国〕俞可平/1
导　言 ………………………〔俄〕弗拉季斯拉夫·伊诺泽姆采夫/1
现代国家：民主标准和效率准则
　　——梅德韦杰夫总统在"全球政策论坛"上的讲话
　　………………………………〔俄〕德米特里·梅德韦杰夫/6

第一部分　民主的一般理论

民主与权利：当代大难题 ………………〔美〕丹尼尔·贝尔/3
民主作为幻想、理想与现实 ………………〔英〕约翰·邓恩/15
"自然边界"有"普遍价值"吗？
　　………………………〔俄〕弗拉季斯拉夫·伊诺泽姆采夫/26
从广场到市场：由此走向何方？ ………〔英〕齐格蒙特·鲍曼/39
推翻专制的多数不是简单的任务 …………〔俄〕马克·乌尔诺夫/54

第二部分　民主化实践及其特点

从19世纪的民主制走向21世纪的民主制：下一步如何？
……………………………………〔俄〕阿列克谢·米勒/71
民主的苦涩胜利 ……………………〔法〕多米尼克·莫瓦希/82
民主在中国：挑战还是机遇？ ……………〔中国〕俞可平/94
民主及其在俄罗斯的运用 …………〔俄〕格列布·帕夫洛夫斯基/102
民主和不满 ………………………〔保加利亚〕伊万·克拉斯特夫/116

第三部分　民主与现代化

现代化与民主 ………………………〔美〕罗纳德·英格尔哈特/131
从后苏联国家转型看民主化和现代化 ……〔俄〕安德烈·里亚博夫/155
民主或效率：21世纪的挑战 ………………〔美〕帕拉格·卡纳/169
在现代化之路上从专制到民主：相同和特殊
……………………………………〔俄〕维克托·克拉西利希科夫/180
论市场国家与后民主 ………………〔英〕艾德里安·帕布斯特/194

第四部分　民主在世界

更少就是更多：政策最小主义的道德优势 ……〔美〕阿米泰·埃兹奥尼/219
全球民主：21世纪的一大挑战 ……………〔意〕丹尼尔·阿基布吉/236
有限主权时代的民主 ………………〔俄〕叶卡捷琳娜·库兹涅佐娃/249
全球民主与国际民主促进的新讨论 …………〔美〕托马斯·卡罗瑟斯/261

译后记 ………………………………………〔中国〕徐向梅/274

中译本序言

在现当代社会政治理论中，争议最大而又无法绕过的概念，大概要数"民主"。近代以后，民主已经从一种少数政体变成多数政体，从原先的异常政体成为现在的常规政体，从源于西方的政治制度成为人类政治文明的共同成果。在当代世界，几乎所有国家都声称自己是民主国家。但是尽管如此，对究竟什么是民主，如何评价民主，学者和政治家之间的观点不仅莫衷一是，而且常常针锋相对。对民主的争论，不仅发生在国内知识分子之间，而且也发生在不同国家之间。民主已经成为一个全球性的争议话题。如果把中外学者论述民主的书籍收集在一起，足可以装备一个不小的图书馆。要在浩如烟海的民主论述中了解关于民主争论的最新发展，一条捷径便是阅读那些带有代表性观点的文章。

《民主与现代化》正是这样一本集欧洲、美洲和亚洲专家学者代表性观点的书籍。本书原是为俄罗斯第二届雅罗斯拉夫尔"全球政策论坛"准备的，本届论坛的主题就是"现代国家：民主标准和效率准则"（由是之故，我们把梅德韦杰夫总统在论坛上的演讲也一并收录于本书）。为了撰写本书，主编邀请了世界各国一些著名的政治学家参加了两次关于民主问题的圆桌会议。其中包括在西方世界影响最大的学者丹尼尔·贝尔（不幸的是，他来不及看到其文章的中译本而于今年初以91岁高龄逝世），西方现代化理论的代表人物罗纳德·英格尔哈特，民主理论权威学者约翰·邓恩，欧洲社会理论领军人物齐格蒙特·鲍曼，还有在当今俄罗斯影响深远的数位俄国学者。全书的内容涵盖了民主的一般理论及其在当代世界的主要实践，以及民主与现代化的内在关系。说本书是当今世界各种民主理论代表性人物和代表性观点的汇集，一点不为过。

尽管对民主的含义、要素和标准众说纷纭，但在民主问题上各国学者事实上也有着某种共识。例如，民主的基本意义就是人民的统治或人民当家做主；民主是一系列保障公民自由、平等和人权的制度和机制；民主是人类文明的共同成果，等等。对这些基本问题，绝大多数学者之间并没有分歧。分歧主要发生在评判民主的具体标准和实现民主的现实道路上。民主是人类的基本政治价值，是人类政治文明的主要成果，有着某些共同的要素和表现形式。但是，由于实现民主需要一定的经济、政治、文化条件，而这些条件在不同的国家或同一国家的不同时期可能极不相同，因而，世界各国的民主都会带有自己的特征。从这个意义上说，民主制是普遍与特殊的统一。不能只看到民主是一种普遍价值，有其共同要素和形式，就认为世界上的民主只有一种模式，以民主的普遍性否定民主的特殊性；反之，同样也不能只看到民主的特殊性，不同的国家有不同的政治经济条件，就认为根本不存在民主的普遍性，以民主的特殊性去否定民主的普遍性，从而认为本国的民主与其他国家的民主没有任何共同之处。我相信，读完这本书后，读者也会得出这样的结论。

人民民主是社会主义的生命，没有民主就没有社会主义。我们正在建设一个中国特色的社会主义现代化强国，民主和现代化是我们的两大目标。一方面，我们必须立足中国的基本国情，另一方面我们也必须学习借鉴人类文明一切合理的成果，包括政治文明的合理成果。这也是我们译介这本《民主与现代化》著作的主要目的。读者通过本书能够在一定程度上了解国外著名学者在民主与现代化问题上的代表性观点，我们希望读者通过比较分析，更加全面地认识到，民主既有共性，又有个性，各国的民主各有自己的特色。民主理论集中体现了作者的政治价值，不同价值观的作者会有不同的民主观。例如，在论及中国政治时，国外不少作者显然存有价值的偏见，他们的许多判断是我们所不能接受的。但我们仍然保留了这部分译文，这一方面是为了忠实于原文，尊重原作者的观点；但更重要的是，在社会思想日益多元化并且各种思潮相互激荡的今天，删改译文的做法已经变得毫不可取，我们也完全相信读者有足够的分析鉴别能力。

本书中文版的面世，首先要感谢原著主编伊诺泽姆采夫先生的支持，他慷慨地答应给予我们免费使用版权。其次要感谢各位译者，特别是中央编译局俄罗斯研究中心执行主任徐向梅研究员。她是译著的组织者，在很短的时间内邀集了具有丰富翻译经验的各位译者，并且在整个翻译过程中极其负责，从而保证了译文的质量和进度。我相信，当读完本书后，许多读者不仅会对该书的内容，而且也会对译文的质量，留下难忘的印象。

俞可平
2011 年 4 月 9 日夜于方圆阁

导　言

21世纪的第一个十年结束之际，古典自由民主制不再像20年前看起来那么完美，当时它常常被看做差不多就是人类历史进程的终极体现。一方面，在戈尔巴乔夫改革年代世界范围兴起的民主化浪潮走向衰落，而在数以亿计的世界外围国家的居民看来，西方世界看起来已经不再像先前那么诱人。另一方面，出现了几个明显的趋势，使得人们开始对自由民主制的普适性产生怀疑——而正是基于确信民主制的万能才产生了20世纪80—90年代的民主化热潮。第一，今天非常清楚的是，大量照搬民主治理形式的表面元素通常并不能保证取得那种往往与民主制度相关联的社会进步。如果用一些近来被推崇的表示今天允许选举但限制公民权利和自由的制度的术语来说，许多非洲、亚洲和前共产主义阵营国家在建设"模仿的"、"虚假的"或者说"不自由的"民主制方面成绩斐然。第二，近半个世纪以来，世界上第一次出现了财富再分配以及经济实力从西方民主制国家向半威权的东南亚国家和威权的波斯湾与北非地区石油出口国转移的趋势。一个强大得多同时在自身基本理念上也与西方疏远得多的"真"东方，正在取代那个冷战年代美国及其盟友曾与之对抗的实质上是"伪西方"的东方。第三，在西方社会内部，随着金融资本地位的巩固和社会不平等现象的增长，人们对民主制度的怀疑也在增强，因为平等的原则和理想与现实生活之间越来越脱离。

在自由民主与威权趋势之间，在自由与专政之间，在市场资本主义与各种操控经济方案之间所产生的新一轮历史性大争论标志着21世纪的开始。怀疑论者和危言耸听者开始常常谈论那些不自由的民主制和威权主义国家近年来取得的成就，他们能引起人们对民主原则的持续的沮丧感，并警告人们传统民主制度的"衰落时代"即将开始。威权主义的现代形式绝不否认资本主义经济的成就，也不像在20世纪80和90年代之交黯然落幕的前共产主义制度那样闭关自守，这个事实使得上述论调显得特别切合实际。乐观主义者和拥护进步的人士则相反，他们深信，随着经济的发展和公民生活水平的提高，不自由的制度将被迫走上政治变革的道路，就像20世纪末期亚洲的韩国或者拉丁美洲的巴西所发生的事情。这样，就提出一个基本问题：现代化（传统观点认为就是外围国家经济的加速发展）能促进民主化吗？或者是它只能强化非民主国家抵制自由民主的立场？

依我看，在这场争论中乐观主义者是对的。即便是在近代历史上也不是一次两次出现过与我们今天所研究的问题相类似的情况。19世纪末大英帝国是最发达的自由民主制国家，其经济优势受到德意志帝国的挑战，当时德国的经济潜力甚至一度超越了英国。不过，由德国发动的第一次世界大战的结果不是传统威权主义制度对民主国家的胜利，而是威权主义制度在欧洲大规模的崩溃。70年后西方同盟与世界第二经济强国苏联的大规模对抗也终以民主阵营胜出而结束——而且这一次甚至没有发生直接的军事冲突。这两个历史事件的结局都不是因为民主社会对非民主社会存在某种特别的优势，但是都表明了，现代世界的人们珍视自由，不愿意容忍自身权利遭到践踏，机会受到限制。毫无疑问，"发达的社会主义"时代的政治制度比起农奴制时期要更温和，在当代中国中产阶层的代表所面临的机会也要比苏联时期的工程师更加广阔。不过，扩大机会范围的特点不是减少欲望和需求，而只是激发新的欲望和需求。因此，今后不可能长久地在经济进步与政治威权主义之间保持平衡。

当然，这并不意味着在最近几年我们就会看到，比方说，1989年在布拉格或布加勒斯特发生的事情同样在中国发生。不过，现代化无疑会给非民主国家的人民带来公民权利和自由、经济权利和自由的扩大，而且这个进程无疑会是自我推进的，因为用德米特里·梅德韦杰夫总统的话说，不只是"自由比不自由好"，而且任何更高级的自由都要好于相对低级的自由。我再说一遍：这种自由的扩大和保护公民权制度的巩固不一定会伴随着西方式自由民主制度的确立，但是它无疑会成为在更遥远的未来该制度可能出现的基础。民主化是一个波浪式进程，在一定时期内可以观察到形成了一些量的趋势，然后导致质的改变。今天我们所有人都正处于为下一轮民主化进程积累前提和条件的新时期的中心地带。

现代化是为进一步发展民主创造先决条件这一过程的核心要素。不夸张地说，现代化和民主化在今天这个历史时代实际上是同一个命题。现代化的成功不可避免地会为民主化奠定基础，现代化的失败也会导致民主化计划的坍塌。不但如此，20世纪的历史表明，如果拥有投票权的选民心怀不满，对未来失去信心，民主可能是何等的危险。在严重而持续的经济崩溃条件下进行民主化，这对未来民主来讲，将是最可怕的威胁。即使不提那个最著名的案例——德国魏玛共和国的崩溃——那么人们总是对当代俄罗斯的民主制和民主派持怀疑的态度在很大程度上是因为，国家所进行的民主化正赶上俄罗斯人遭遇和平时代最严峻的经济考验。

现代化并不产出民主，但是它能为民主创造所有必要的前提，而我也不怕这样说，现代化可揭示出，什么样的国家能建立稳定的民主制度，什么样的国家不能。最近50年的历史证明，几乎所有成功进行现代化的国家或者是从威权主义政体过渡到民主政体，或者是显著地增加了公民的自由度并确立了公民权利保护机制，也就是说为发展民主创造了必要条件。相反，那些停留于固有的发展水平，不能实施现代化计划的国家，最终都走向加强威权主义趋势或者建立模仿型民主制的道路。在今天，一个不支持现代化的人不可能是一个民主主义者，因为没有什么能够像成功的经济现代化和全面的经济进步那样促进民主准则的推广和巩固。

这些论点被全球发展的趋势所证实。在最近50年间，世界上传统上被称为"发展中国家"的那一部分，清晰地分化成真正的发展中国家和不发展国家。据2009年末的情况，40多个国家人均GDP的指标按可比价格低于1976—1977年，值得一提的是，这些国家中间实际上没有一个能被称为民主国家。在这种情况下，这类国家是拥有丰富的自然资源，像委内瑞拉，还是资源贫瘠，像马拉维或者津巴布韦，已经不是根本问题。20世纪下半期的历史同样证明：在全球化和国际经济合作的环境下，国家成功或失败的主要因素是国家管理质量。既然众所周知，资源贫乏的国家可以成为经济领袖，而跨国公司的资本和技术也能为国家发展计划效力，那么再去怪罪贪婪的跨国集团或者抱怨各国人民在占有资源上的不均等则毫无意义。现代世界上那些不成功的国家不应该再把自己的失败归罪到别人的头上，要怪就只能怪本国政府——不过这只会使得全球外围国家的民主化问题变得更加迫切。不发展国家不可能生长出能够无需诉诸暴力即可维持自身存在的稳定的政治制度。它们不仅与民主原则隔绝，而且禁锢了自己人民的自由和自决的思想。在这种情况下，在世界上推进民主——而我要说，促进经济和政治发展——就变成决定性的重要任务，因为它是保障安全和维护最基本人权的工具。在这些权利遭到践踏，统治者为了维持政权不惜发动战争和挑动种族冲突的地方，发达国家应该为了崇高的人道主义理想对事件的发展进行干预。不发展的世界，专横的领袖和没有权力的人民的世界，是对肯定经济富裕、政治自由和公民平等原则的稳定和持久的世界秩序的最严重的威胁。

因此，今天有必要全面地认识民主制度发展的前景，分析它们的根源及其内在矛盾，评价不成功的原因以及最近十年来民主改革成就的影响，研究民主与现代化之间内在的深层联系，尝试弄清现今威权主义国家民主化的前景，建构民主制度与非民主制度关系的原则。

上述问题都反映在本书的结构中。一些作者谈到民主治理形式的基本问题，谈到现代世界民主遭遇到的挑战（第一部分）；另一些作者阐述了民主经验多样性的观点，论述了不同国家民主进程的特点，总结了上一次"民主化浪潮"的结果（第二部分）；还有一些专家关注民主与现代化的相互关系，评价了在20世纪下半期和21世纪初期先进国家和落后国家经济发展的经验，他们深入思考这样一个问题，即个体的价值取向和人们的喜好在多大程度上决定着现代化的成功和失败（第三部分）；最后一篇（第四部分）着重论述了民主的国际维度，即在现代世界民主治理形式究竟有多么诱人，民主化进程在怎样积极地推进，它正遭遇什么样的阻碍，有没有可能在全世界范围加速推广民主制。

今天我们提供给读者的这本书准备了一年多时间，因为我们的目的不是出一本普通的论文集，或者按作者感兴趣的题目做一个观点汇编，实际上这是第一次组织了俄罗斯、欧洲、美国以及亚洲的学者进行的严肃讨论，不局限于某一个国家或者某一个狭窄的问题。在这项工作框架内我们组织了两次圆桌会议——第一次是2009年4月1—2日于莫斯科，第二次是2009年6月12日于柏林，在这个过程中大约有20几位专家参与讨论了现代世界经济现代化和政治民主化的最重要而迫切的问题。我们谨此对俄罗斯联邦总统办公厅第一副主任弗拉季斯拉夫·苏尔科夫（Владислав Сурков）表达特别的谢意，他接见了在莫斯科举行的第一次圆桌会议的与会专家，并同他们进行了内容丰富的讨论，还要特别感谢德国贝塔斯曼基金会俄罗斯和原苏联国家项目负责人科尔内留斯·奥赫曼（Cornelius Ochmann），他给我们在柏林组织第二次圆桌会议提供了宝贵的支持。一些学者参与了在莫斯科和柏林的讨论并提出了重要的和具有煽动性的观点，但由于工作繁忙没来得及准备论文，以致未能将这些观点收入本书的最终版本——那坦·夏兰斯基（Natan Sharansky），以色列犹太代办处（Sochnut）主任；阿曼德·克莱斯（Armand Clesse），卢森堡欧洲与国际研究学院院长；阿列克谢·博加图罗夫（Алексей Богатуров），俄联邦外交部所属莫斯科国立国际关系学院副院长；克劳斯·奥费（Claus Offe），柏林赫尔梯行政学院教授，以及其他一些学者，假如没有他们参与讨论，我们这项工作一定会有所缺憾。我们也对他们所有人表示真诚的感谢。我不能不提到后工业社会研究中心的同事——中心副主任阿纳斯塔西娅·沙霍娃（Анастасия Шахова）和中心欧洲项目负责人叶卡捷琳娜·库兹涅佐娃（Екатерина Кузнецова）——他们在这一年多期间做了大量的组织和编辑工作。

最后我想指出，民主和现代化及其相互联系与相互依存问题，几乎是没有止境的。所有为本书付出辛劳的人都希望本书能够让读者有所收获，并引发他们对现代世界最纷繁且复杂的问题进行更加深入的思考。

弗拉季斯拉夫·伊诺泽姆采夫
2010 年 8 月 10 日于莫斯科
（徐向梅 译　李铁军 校）

现代国家：民主标准和效率准则

——梅德韦杰夫总统在"全球政策论坛"上的讲话

这次论坛将讨论提高国家机关效率、加强全球安全、国家在经济现代化和促进技术创新中的作用、在许多国家的独特民主经验基础上形成民主的普遍标准的原则等问题。我不仅坚信作为管理形式的民主，不仅坚信作为政治制度形式的民主，而且坚信民主在实际应用中能够使俄罗斯数以百万计的人和世界上数以亿万计的人摆脱屈辱和贫困。《联合国千年宣言》宣布的"我们将不遗余力，促进民主和加强法治，并尊重一切国际公认的人权"对我们大家来说都具有实际意义。与人权一样，民主标准（实际上民主标准包括人权在内）也应该是国际公认的。只有这样，它才能成为有效的。重要的是，共同制定的标准不应是模糊不清和虚假的。因此，每一个参与制定标准的国家，都应该把这些标准运用到自己的国家，使所有国家都遵循这些标准，而不必担心它们会被用来限制主权和干涉内政，或者被用来作为一种欺骗的、施加压力的手段，为某些国家的经济利益和地缘政治利益服务，有时甚至只不过为某些领导人的陈腐偏见和野心服务。有些人曾经利用类似的理由批评俄罗斯。我们经常听到一些公正的批评，我们接受这样的批评。但是除此之外，我们有时也听到一些对我国政治制度不公正的，甚至是别有用心的评论。也许，我比任何人都知道这一制度的缺陷，因为我作为总统掌握更多的信息，我以前从事的工作和所受到的教育，使我具备了这样的能力。但是，我坚决不同意那些说什么在俄国没有民主、独裁主义传统在俄国仍然占统治地位的言论。这些说法是不正确的。毫无疑问，俄罗斯是民主国家。在俄罗斯存在民主。诚然，这种民主是年轻的、不成熟的、不完善的、经验不足的，但它终究是民主。我们正处在道路的起点。我们在这方面还有许多事情要做。但我们是自由的。

今天我想就21世纪的国家应该符合哪些标准问题谈谈自己的看法。换言之，民主的普遍标准是什么？当然，我并不认为这是终极真理。这只是我个人的看法，带有讨论和辩论的性质。

我认为有五个基本要求：

第一，从法律上体现人道主义价值和理想。也就是说，我们所遵循的价值都应该有法律界限，使这些价值具有法律的实际力量，从而引导所有社会关系的发展，也就是说，确定社会发展的主要方向。

第二，国家拥有保障和继续保持科技高水平发展的能力，促进科学活动，促进创新，最终生产充足的社会财富，使公民能够获得体面的生活水平。贫困是民主的主要威胁之一。显然，贫困者不可能是自由的人。把国外的民主形式移植到贫困社会的尝试往往导致混乱，或者导致专政。我国在90年代发生的事情就是这样。不久之前，在改革第一阶段所导致的大规模贫困期间，"民主"这个词本身在俄罗斯获得了消极的意义，在某种程度上甚至变成一种骂人话。现在，经过一些年的持续经济增长，我们获得了更高的生活水平，在这一背景下，俄罗斯民主变得较易理解了，或者成为有效益的了。它证明了自己的合理性，我国相当多的民众现在不再拒绝民主，也不再把民主当做别人的东西了。为了使自由在我国发展的短暂历史继续下去，我们必须继续保持公民福利的增长，加强公民对民主制度的信任。自由社会的经济基础建立在提高劳动生产率、经营管理的市场原则、采用新的发明成果、提高生活质量、不断增加社会和公民的收入之上，以及建立在新的环境之上。经济现代化、科技化生产属于最重要的政治优先方向。我在一年前宣布了这个新方针，并在原则上得到了所有政治和社会力量的完全支持。没有人怀疑现代化的必要性。有争议的主要是关于制度、条件、力量和速度问题。我们当然希望尽快实现现代化，但是社会发展有规律，还有我们自己的条件，最后，每个国家有各自的精神。

第三，民主国家有能力保卫本国公民不受犯罪集团的侵犯。例如，恐怖主义、腐败、毒品交易、非法移民以及其他威胁我们的生活方式、我们的价值观和无视我国法律的现象。铲除这些现象是民主社会的直接任务。民主必须有效地、充分地履行自己的各种职能，包括警察的职能。欧洲安全与发展合作组织1999年通过的《欧洲安全宪章》号召建立政治和法制条件，使警察能够在符合民主和法律的条件下履行自己的职责。《宪章》把履行这些职能与支持强有力的、独立的司法制度和人道的惩戒体系结合在一起。所有这一切符合我们的立场。

第四，高水平的文化、教育、交流手段和信息沟通工具。人的教育和文化程度越高，在作出判断时就越自由，表达观点时就越独立。自由民主的社会——这毕竟总是受过良好教育、有教养、有文化的人的社会。我们经历过另一种时代，实际上所有国家都有经历过"另一种时代"。也许，这样的时代在我国刚刚结束不久。我国从前在很多世纪中，在千百年间，走的是非民主的发展道路。我国实行民主仅仅有20年。正因如此，我国的民主存在一些极为重要的问题，民主对我国和全世界的意义也在于此。

过去那种由"领袖们"向所谓"普通老百姓"指示应当如何生活和为什么而生活的时代已经结束了。正是在20世纪，在帮助所谓"普通老百姓"的旗号下建立了最恶劣的专政。我相信，21世纪是有教养的、聪明的，也可以说"复杂的"人的时代，他们自己掌握自己的才能，他们不需要那些代替他们作出决定的领袖、保护人。当然，这应当是聪明的国家、聪明的社会、聪明的政策。现在，政治和法制文明、社会行为文明、公民对话文明具有特别重要的意义。公民们获得了更多的机会和更多的自由，应承担更多的责任。每个现代人都知道，民主与责任是不可分割的。民主国家减少对社会的调节和镇压职能，把维持社会秩序和稳定的部分职能转交给社会本身。而文明程度的低下以及与此相联系的不能宽容、不负责任和攻击性对民主起着破坏性作用。因此，言论自由、集会自由在实践中是在明确规定的法律框架下实现的。将来也应如此。

民主制度不是民众处理事务时遵循的惯例，尽管这也很重要。它是一系列严格规定的准则和规章。只有严格执行这些准则和规章才能保证民主的效率。因此，民主不仅是自由，而且是自我克制。由于获得知识和交往达到了前所未有的程度，我们正在转向民主的新水平。显然，我们以后不仅要实行间接的或代议制的民主，而且要实行直接的民主。在这种民主的条件下，人们可以立即表达自己的意志，表明他们希望达到哪些具体结果。现在通过公开辩论和非正式表决就可以了解社会上对所有各种最重要问题的意见。当然，现在这一进程还没有制度化，但它终将获得必要的制度化形式。事实上，它将成为人民意志的传播者。问题在于如何调节这种活动，如何表达这种积极性。

第五，公民们确信自己生活在民主社会。这也许是主观的，但却是极端重要的事情。须知我们没有给民主下任何定义，尽管我们多次说，我们实行的是民主，其中包括在俄罗斯。当然，每个人应该独立地对民主作出自己的判断。自由和公正不仅仅是政治口号，而且是哲学、社会学范畴，但最主要的——这是人的感情。可以把这些词写进宪法和其他法律，在学术讨论会上进行辩论，但是假如人们自己感觉不自由、不公正，那就是没有民主，或者是民主出了问题。在这一方面，任何社会都存在缺陷，任何民主都有缺陷，俄罗斯民主当然在一定程度上也是这样。政府可以不断地对自己的公民说，你们是自由的。但是，只有当公民本身认为自己是自由的，那时才开始有民主。令人欣慰的是，我国有越来越多的公民不仅寄希望于国家，而且首先依靠自己。这意味着，民主在我国是有前途的，就像民主在世界上有前途一样。这里，我要引用卡尔·波普尔的一段非常正确的话，这段话对目前俄罗斯来说可能比任何时候都更加重要："改善民主制度问题——这始终是摆在人的面前，而不是摆在制度面前的问题。民主制度不可能自动得到改善，民主制度的改善取决于我们自己。"这就是我对现代的民主标准的看法。这些标准是否适合俄罗斯？我可以明确回答：只是在一定条件下适合俄罗斯，而不是完全适合。我在前面已经说过，我们正处在道路的起点。

德米特里·梅德韦杰夫

2010年9月10日于雅罗斯拉夫尔

（李兴耕　摘译）

第一部分

民主的一般理论

民主与权利：当代大难题

民主作为幻想、理想与现实

"自然边界"有"普遍价值"吗？

从广场到市场：由此走向何方？

推翻专制的多数不是简单的任务

民主与权利：当代大难题

〔美〕丹尼尔·贝尔*

民主是20世纪最流行的思想之一，过去一百年中的多数时间是在关于民主的无休止争论、争取民主的斗争和在全世界推广民主的努力中度过的（尽管很多人倾向于认为这种推广只是掩盖另一种完全不同的政治进程的表象）。尽管在某些人是否坚定的民主派、各种政治运动背后的动机等问题上有争议，但是在过去的百年中巩固民主的事业的确取得了明显进步。世界各国的政治体制越来越多地取决于各国人民的意愿表达，取决于选举和投票的结果。如果用现代的标准来衡量，18世纪末期世界上就只有一个民主国家——美国。今天，全球绝大多数国家都宣称自己是民主共和国，尽管并非都具备足够的依据。

我认不认为这是一种成就呢？当然是成就，即便我过去一直坚称，今天也还准备再次重申：我不是一个坚定的民主主义者。我不相信民主，我相信自由和权利。不过，最近以来的民主发展为在多数发达国家乃至全世界范围内树立自由和人权原则创造了条件。个人能够独立于社会和国家的领域正在稳步扩展。可以不夸张地说，民主取得进步的同时，个人获得了更多独立于大众的自由，那些为20世纪的世界打上了烙印的各种意识形态失去了主宰地

---

* 丹尼尔·贝尔（Daniel Bell）——当代最伟大的社会学家之一，1970—1990年一直领导哈佛大学社会学教研室，后工业社会理论的创立者和公认的经典作家之一。哈佛大学和国外几十所大学的荣誉教授。美国文理科学院和国外许多科学院的成员。著有50多部书，其中《意识形态的终结——50年代政治观念衰微之考察》（1960）和《资本主义文化矛盾》（1978）被《泰晤士报文学副刊》列入"20世纪下半叶百部最有影响的书"名录。

位。今天的我们正处于"意识形态化"历史的末期，正处于大众觉得自己能够实现各种全球性思想的时代末期。对放之四海而皆准的社会模式的探索早已经成为历史，而对"文明"和"民主"的追求没有也不可能取代黑格尔或者马克思阐述的那种规模的思想——那种人们在整整数百年间一直试图贯彻落实的思想。人民变得更加自由，不仅能免受基本的物质需求困扰和残酷暴君征服者的统治，还能免受思想上的教条主义限制。这为民主提供了重大的历史机遇。

自由、权利和平等：民主的矛盾基础

民主以自由和权利概念为基础。自由至少在两个方面要先于民主。一方面，阿历克西·德·托克维尔提出的现代民主观强调的不是人对于某一共同体的"自然属性"，而是一种与道德相关的时代精神，一种作为自由自愿的共同体而形成的人民概念。在民主社会里，一个人不仅在作出政治决策的过程中是自由的，在对待他自由选择的社会生活形式即共同体的态度上也是自由的。另一方面，自由以人具有不可剥夺的权利为前提，这些权利包括法律面前的平等权、集会权、被指控时的知情权、公开透明的法院审理权，等等。（我甚至都没提生存权、安全权或者不做奴隶的权利。）正是这些权利保证了人的自由，使人成为民主进程名副其实的主体。同时，自由可能具有"正面"和"负面"两种含义，以赛亚·伯林[①]曾经指出过这一点。正面的含义指明，你可以为社会其他成员做什么或者与他们一起合作做什么，而负面的含义则以在多数人作出可能会限制你的权利的决定或者行为时你能受到保护为前提。后者意味着，民主的发展首先（有时候我觉得，只有）在不按宗教、民族或种族特征严格划分成不同对抗阵营的社会里才不会遇到什么严重阻碍。哪里尊重自由原则、捍卫权利，哪里的公民可以根据形势变化以及因最迫切问题发生变化而改变自己的观点——由此多数派和少数派不时相互转

---

① 参见 Isaiah Berlin, *Four Essays on Liberty*, Oxford, New York: Oxford Univ. Press, 1990。

换，哪里就会有稳定的民主。而在由宗教、种族或其他原因导致多数派和少数派之间的界限较少发生变动的地方，则难于发展民主，民主前途会变得渺茫。不但如此，很多因信仰、意识形态或种族关系联合在一起的较小的民族、种族、宗教、语言、宗族和部族共同体，现在都卷入了无休止的相互间的内战，同时又都对西方模式的稳定的民主国家持敌对态度。

除了自由和权利之外，民主还有一个前提就是平等。民主治理的主要原则是"一人一票"。很显然，这一原则是与人类社会史上多数时间内决定社会组织形式的两大主要规则——武力至上和财富至上——背道而驰的。毋庸讳言，在社会结构形成初期，导致不平等的主要因素是不同群体力量上的不平等，后来则是由一小部分社会群体掌握镇压工具而决定的各种非经济形式的不平等。很久以后，随着向市场经济转变和资产阶级社会的形成，经济原则成为主导因素，按照经济原则，决定人的地位的不是人的本质，而是其购买力、财富和对生产资料的控制程度。有别于过去的"一剑一票"，经济原则可以概括为"一块钱一票"。从经济上讲，当一些人比另一些人有钱得多时，一百块钱就要比一块钱多给你带来一百倍的机会，这实际上就像过去掌握武力能保证统治者对平民具有无可争议的优势一样。无论武力至上还是财富至上都以不平等为条件，而民主原则却刚好相反。

这就是说，不能把民主视为人类社会与生俱来的某种"自然状态"。相反，民主政治制度是非常高级的社会组织阶段。在这一阶段，人们承认相互平等并表示愿意协调自己的行为，个人意志服从于多数人的意愿和追求。民主是最高程度上的"非自然"状态，是发达社会取得的非凡成就，发达社会的特殊性以及它们所经历的波澜壮阔的历史道路就着重体现于此。

历史为我们清楚地展示了民主进程的发展道路。随着民主进程的发展，被认为有意义的个人特征和个人社会属性越来越少。欧洲早期民主制的形成是与财产权紧密相关的，只有少数居民可以参与政治进程，妇女的意见长达数个世纪无人理睬。有时候是根据公民的社会地位赋予其特权，有时候则是根据其在知识上的建树。众所周知，在欧洲国家最初的议会选举中曾经实行过等级代表制，相对于低等阶层的代表而言，人数相对较少的高等阶层的代表可以从较少数量的复选人中推举议员。英国曾经在议会中专门留出一些席位给各大学的代表，那些有权选举这些代表的学术界成员，实际上同时拥有了两票。很久以后，一些转型社会也采用了类似的规则（据我所知，苏联的社会团体可以直接往议会里派驻自己的代表，即便是今天，很多国家均有部分议员实际上由政府或执政党任命），但是，在这些情况下更值得一提的是对民主的背离和给民主原则带来的重大损失，因为这并不是对最佳民主模式的历史性探索，而更像是试图推翻在大多数发达国家均表现优异的经验。

我再次重申：如果我们尝试讨论某种"天赋之物"，我们应该认为这是按照达尔文进化论法则形成的一种东西，该法则以强势群体之间的斗争过程中发生的自然选择为前提。我们在每一个种群内都会发现那些最美最强壮的雄性身边总是伴随着最漂亮的雌性，这里面就体现出了臭名昭著的"自然性"。卢梭在其《再论不平等》① 一文中对此有过精彩的论述。不过仅此而已。无论个人还是民族再没有别的什么"天赋"了。平等是民主制度思想的基础，正是因为平等，才使一个成熟社会有别于原始种群。

平等与民主思想相互交织在一起，在数个世纪的漫长岁月里逐渐深入人心。在这一过程中，基督教的社会理论起到了举足轻重的作用。早在12至13世纪，这一理论的一些颇有影响的代表人物就声称，人在精神上的平等在未来应当体现为政治上和物质上的平等。不过，就连上帝面前人人平等的传统观念也极大地改变了社会的面貌。比如，在17至18世纪，南美地区的黑奴通常比北美的黑奴生活条件要好一些，因为在南美地区占据主导地位的是天主教，天主教坚称每个人——哪怕是最贫苦最野蛮的人——都拥有上帝所赋予的灵魂。而在北美地区流行的是新教，奴隶被视为一种经济财富，根本没被当做人来看待。可以毫不夸张地说，有利于平等乃至后来有利于民主的伟大历史选择的确是姗姗来迟，一直到19世纪中期才见分晓。我把17至19世纪这一时期归之为历史大转型时代，这一期间整个西方世界群众性社会运动风起云涌，激情澎湃。所以说，民主是人类一个非常新的发明，我甚至觉得是最新的发明之一。民主是文明之果，甚至可以说是文明的化身。

此外，特别值得一提的是，"文明"一词是由法国著名革命演说家、重农学派的先驱米拉波伯爵的父亲老米拉波侯爵1756年在其《法律之友》一

---

① 参见 Jean-Jacques Rousseau, *The First and Second Discourses*, New York: St. Martin's Press, 1969。

文中首次提出的。这是一个新词,侯爵对这个词的定义是"人类社会生活走向规范的发展状态"①。而在邦雅曼·贡斯当1814年发表的著名政论文《征服的精神和僭主政治及其与欧洲文明的关系》中,这个术语表示的是一种社会历史观和对人能够建设"有序社会"的乐观态度。这一思想被弗朗索瓦·基佐在巴黎大学讲学期间(1820—1830)普及推广并得到广泛的认同。②

其实,民主的全部问题都来自于"文明的矛盾":道德原则要求我们承认人人平等,而社会和经济原则却使我们树立了完全相反的观念。任何一个社会都一直面临着构成这个社会的人的不平等问题。即使我们宣称人人平等,也要考虑到一些人比另一些人更强、更具有侵略性的事实。这就是我认为现行民主制度需要不断去解决的主要问题。

其实,正是由此而产生了权利的思想。权利一方面可以使一个人成为民主制度的参与者,另一方面又设定了民主决策对个人生活产生影响的界限。权利不仅属于道德范畴,而且还属于理性主义范畴。从某种意义上可以说,现代道德以耶稣基督在《登山宝训》中所讲的话为基础,这些话象征着基督学说的巅峰,因为很多人认为这些话体现了基督教义的本质。可以用一个简单的句子来表示,就是:己所欲,施于人。从这个意义上可以说,现代权利理论以耶稣基督时代的著名智者犹太教拉比希列尔③(其实应该说耶稣生活在希列尔时代更为准确,因为希列尔是当时比耶稣更知名的智者)的思想为基础。希列尔用另一种方式表达了类似的思想:己所不欲,勿施于人。

康德在其《实践理性批判》一书中提出了一些公式来强调对个人立场的重视。按照康德的学说,个人的立场由两类理念即法理念和道德理念来确定。为了做一个道德高尚的人,我的行为应该有利于周围的人的幸福,我的行为

---

① 详见 David Bell, *The National and the Sacred: Religion and the Origins of National Identity in the 18th Century France*, Cambridge (Ma.), London: Harvard Univ. Press, 2003。

② 参见 François Guizot, *The History of Civilization in Europe*, New York, London: Penguin, 1997。对这一术语使用结果的全面讨论,参见 Lucien Febvre, *Civilization, le mot et l'idée*, Paris, 1930。

③ 拉比希列尔,即希列尔长老,著名的智者,一直传承到公元5世纪、在犹太地区影响巨大的犹太教神学和律法书诠释学世家的开创者。公元前1世纪上半期生于巴比伦,于公元前30年开始在耶路撒冷传教。死于奥古斯都大帝统治末期(公元10—14年)。

应该是道德上有必要的。从法的角度来说，至少在我侵犯别人的权利之前，我为何做我正在做的事则完全无关紧要，因为在法律案件中动机没有意义。一方面，遵循法律规范并不以获得精神奖励为条件。另一方面，后者产生于可能造福于他人的行为，但这种行为并没有法律规范来予以规定。实质上，正是从这时起形成了政治理性化以及区分政治和伦理的条件，从而为现代法律理论和近代民主的形成带来了机遇。总而言之，权利思想植根于追求规范人与人之间关系的宗教；权利思想的肇端与人保护自己免遭滥用权力的需求相关；权利思想在建立法律制度的过程中得到完善，法律制度既确立了权利，又确立了程序。

21世纪世界民主面临的挑战

一个主要挑战就是政治理性化仍不稳定。这是因为人远非仅仅受理性动机的驱使——今天甚嚣尘上的宗教和种族极端主义就是一个明证。民主首先以自由为基础，承认权利不可剥夺，同时又声称社会所有成员人人平等，这就要求达到一种不稳定的、脆弱的平衡，所以在民主"平静的表面"下潜藏着大量矛盾和紧张线条，一旦某种简单化的民主观占据主导地位，不但不能解决现有的问题，还会产生新的问题。

我着重谈谈以下几个问题，每个问题在今天都极其现实。

第一，多数派可能支配少数派（甚至可以说多数派专制）的问题引人关注。顺便提一句，"专制"这个词本身就起源于这一问题首次出现的时候。如果我们都还记得亚里士多德的著作，特别是他的《政治学》，那么就能找到雅典第一个专制君主庇西特拉图的故事。出身于贵族家庭的庇西特拉图号召人民反抗贵族统治，在得到多数人的拥护之后，他以极其民主的方式攫取了全部权力。亚里士多德及其同时代者都害怕这样的人，正因如此他们对直接民主深怀戒惧。后来这种对民主尤其是其最简单形式即多数票决制的恐惧一直存在。对于应否仅仅因为人数上的多数就拥有决策权，一直存在质疑。我们只要回想一下"一战"和"二战"之间的欧洲政治即可明白。魏玛共和国的历史充分证明了民主的软弱和危险。通过诉诸民众的方式来获取政权的事例屡见不鲜，很多政治家只是利用民主作为获取政权的工具，成功之后则弃之如敝履。今天仍然一如往昔，谁也不能保证能幸免于多数人的专制。

与此同时，我们不要忘记，波拿巴主义的一个特点就是未来的专制君主对声誉的重视。路易·拿破仑并没有夺取权力，他是极其民主地当选为法兰西第二共和国总统的。20世纪30年代初期的希特勒也接近于在选举中获得多数票，尽管当时他需要兴登堡总统的干预，即让他出任少数派政府的总理。虽然如此，纳粹党在选举中的得票还是多于其他政党。现在诉诸民众经常被称为"平民主义"，这包括阿塔图尔克·凯末尔在土耳其采取的政略、胡安·贝隆在阿根廷执行的方针、乌戈·查韦斯在委内瑞拉实施的政策以及很多其他范例。所有这些政治家都是经过选举产生的（甚至包括我们在前面提到的首位雅典专制君主庇西特拉图，按照亚里士多德的说法，也是民主选举产生的），也就是说，他们代表人民。所以，即使在今天我们也难免会重蹈覆辙。

不过，不要认为这样的专制是某种与民主格格不入的东西。这是民主社会经常存在的一种风险，有两种因素可以帮助我们抵御这种风险。一方面，民主制度应避免以某个领袖为中心过度凝聚整个社会或为某一个问题动员整个社会，应最大限度地促进群体和个人利益的多元化，并将社会自由度最大化。另一方面，为了自身的巩固，民主要求公民具有最充分的生产、传播和获取信息的自由，因为只有这样才能既保证各种观点的抽象平等，又保证自由表达观点的平等。每个人不仅应该拥有自己的声音，还拥有自己的声音被听到的自由。在如此形势下，甚至连稳定的多数派也未必能那么一致地拥护一个平民主义独裁者。

第二，由古至今，垄断权力的问题一直存在。权力使人腐化，并总是会促使人去滥用它。所以，权力合法性的问题不会仅仅只是在选举或计票期间被提及。在民主国家里，无论权力主宰者的性质或权限如何，始终都面临权力合法性的问题。所有的争论，无论是关于权力范围及其界限，以及积极自由和潜在自由的内涵，还是关于所有其他类似问题，都应该基于实际的经验。在这个问题上没有抽象逻辑的容身之处。新的社会经验每每都要遭遇过去的观念和实践。这时，每前进一步都会让下一步更轻松。与此相反，每倒退一步都会使进步更无保障。应该承认，理论建设对于拓宽自由于事无补。所以，过去在某个历史阶段上更自由的社会，随着时间的流逝只会变得更爱好自由，同时，历史上更专制的社会在民主化道路上会遭遇重重阻碍。在这个意义上，俄罗斯即是一个复杂的可悲的例证。理查德·派普斯前不久出版了一本关于俄罗斯保守主义的新书①，他从君主专制中探索俄罗斯保守主义的源头，俄罗斯的君主专制就是一切最终都属于沙皇这位"君父"或者庇护者。今天，我们又重新看到对保守主义的这种诠释在俄罗斯复兴，但是这种诠释偏离了对自由价值的重视，最终必然开始威胁到对权利的保护。在此我想强调的是，在现代社会，这种对自由和权利的限制不仅仅完全可能发生于被操纵的民主之下，也可能发生于相对发达的民主之下，尽管这种民主被法里德·扎卡里亚称为"非自由主义的"②。

为了应对这种威胁，民主制度通常会尝试去化解"民主过剩"造成的不良后果，其中最简单的应对方式就是限制当选人的任职期限。这一要求早已有之，但却并非万能，也不总是行之有效。比如，当代英国和德国的首相与总理可以当选无数次，但是没有任何人会质疑这几个国家的民主和法治性质。美国在20世纪中期才作出相关规定，因为富兰克林·罗斯福连续四次当选总统之后，立法者们都觉得这样有点过分（尽管这没有对公民权利有任何限制）。但是，比如墨西哥自1916年起就规定总统只能当选一次，任期六年（据说任何人在这六年内都可以挣足钱并安度余生），可该国唯一的政党——革命制度党——却连续执政数十年。

所以，仅仅简单限制民选执政者的任期不会有什么效果。探索巩固民主的途径更为正确的方式不是靠限制领导者的权利，而要靠扩大公民权利和加强司法制度。我认为，现在很多国家广泛施行的议员以及政府和国家首脑豁免制度是错误的。民选领导者或民选代表都是普通公民，他们应该无权阻碍社会现行法律规范适用于他们。从这两个例子我们已经可以清楚地认识到，

---

① 参见 Richard Pipes, *Russian Conservatism and Its Critics: A Study in Political Culture*, New Haven (Ct.): Yale Univ. Press, 2007（рус. Пер.: Ричард Пайпс, *Русский консерватизм и его критики*, Москва: Новое издательство, 2008）。

② 参见 Fareed Zakaria, *The Future of Freedom: Illiberal Democracy at Home and Abroad*, New York, London: W. W. Norton & Co., 2003（рус. Пер.: Фарид Закария, *Будущее свободы*, перевод с англ. под редакцией и со вступ. ст. В. Л. Иноземцева, Москва: Логос, 2004）。

如果不以严格保护法定权利为基础，民主就不稳定，不能自给自足。正因如此，我才说，我是权利和自由的信徒，而不是民主的信徒。

第三，直接民主和代议制民主的互动和共存是一个重要问题。直接民主是每个人都可以对任何问题发表自己的意见，这种制度似乎真正是民主的——大家都记得，民主的起源就是这样（比如，古希腊的广场集会、古罗马的人民大会或者古俄罗斯城邦的市民大会等）。无论过去还是今天，人们一直就对代表制即授权别人代表他们说话心存疑虑，所以他们向来认为直接民主是最理想的。今天，有很多研究者声称，随着最新的通讯和传播系统的普及，随着电脑和因特网的出现，恢复这种做法的所有必需条件都已经具备了。而且，传统的全民公决方式也不再像想象中的那么昂贵。数百年来，全民公决一直是瑞士等国进行民主决策的主要形式，现在已推广到其他国家。甚至美国的某些州，比如加利福尼亚，也推行这种做法，以保证居民可以对重大事项表达自己的意见。多数加利福尼亚人至今都认为，这一事实证明加利福尼亚州的民主发展和该州的与众不同。但是问题在于，有组织的院外活动集团拥有强大的实力可以按其需求来左右公众，本是用来巩固民主的全民公决形式越来越达不到目的，决策效率也不高。我们可以回想一下，2003年加利福尼亚人是怎样万众一心地投票提前撤换了那个被指责无力解决预算问题的州长，可是在后来那位受人欢迎的电影明星执政期间，该州的财政赤字却翻了好几番。就连在该州全民公决中通过的提高社会支出和减税的决议最近也因为危机的影响而被修改。

所以，我认为直接民主更适合于乡镇、郡县或者城市这种居民对本地事务了如指掌的地方社区。如果你居住在一个城市，那就应该和所有市民一样有权参与决策。2009年夏天，我和往常一样是在鳕鱼角对面一个名叫漫沙文雅的小岛上度过的。那里各个城镇的居民都是通过全体大会投票来决定重要事务。当然，如果你不是常住居民，而只是来这儿住几个月的话，是不能参加大会的，不过这已经是另外一个问题了。但是，在国家层面上，没有一个组织严密的代表制度实际上是不可能的，尽管我现在更倾向于那种能够最大限度兼顾各种观点、反映最大多数社会群体利益的制度。在这个决策价值几乎无限增长、各种行动方案调整和选择的空间极其宽松的时代，我认为议会制共和国要比总统制的更好一些，因为议会制共和国能够避免做出很多过于极端的决策，能够达成妥协使政府的举措更稳健、更理性。

今天，"超国家的"民主问题无论在政治辩论还是学术辩论中都居于重要地位。我不会涉及国际关系问题，但想指出一点，我觉得像欧盟实现的那样的"民主"是一个极其重要、极其成功的试验。这至少有两个方面的原因。一方面，与很多政治家的观点相反，它为欧洲人提供了更多的监督各国政府的机会。另一方面，它拓宽了人们的视野，表明旧大陆的精英们有能力引领人民向新的合作形式迈进。我们这个越来越全球化的世界非常需要这种新的合作形式。这个世界未必能够长久保持由传统民族国家组成的状态。尽管传统民族国家在应对19世纪和20世纪的各种挑战时表现不错，但是，面对21世纪的挑战时看来都束手无策。

谈到这个问题，我想指出一点，我认为现代代议制民主最重要的职能之一就是选拔从政的人才。这种人才不仅要能维护民主或者自由主义价值，还要能拓宽政治进程的空间，不仅能顺应社会的需求，还能进一步提升社会的文明程度。列宁曾经说过将来每个厨娘都可以管理国家。我认为他这种观点是非常错误的。也许，从理论上讲厨娘现在就可以管理国家，但这还叫国家吗？

最后，第四点，应该说，我没有见过一个没有发达社会保障体系的现代民主国家。从我开始学术生涯以来，就说过（或者写过）我在经济上是社会主义者，政治上是自由主义者，文化上则是保守主义者。我为什么说自己在经济问题上是一个社会主义者呢？我认为，必须创造条件让每个人都有机会参与社会生活。为此，所有人都应该感觉自己在经济上有保障，否则还谈什么参与？在很多人不仅不能对明天有信心，甚至对今天都不能有信心的时候，就会存在政治不安定的危险，民主制度就很容易成为那些喊着煽动性口号的平民主义势力上台执政的工具。在这种情况下，不仅社会保障本身非常重要，社会保障制度在法律法规上予以明确规定也非常重要。社会补贴和退休金、最基本的合格的卫生和教育服务，都是现代社会最重要的特征，不应取决于谁上台执政，不应该成为获取选民支持的工具。民主当然不能根除财产上的不平等（其实也不应该根除），但是民主应该创造条件，以保证这种不平等没有政治选择的机会或者限制政治选择的机会。

结论性意见

这样看来,民主是承认自由和权利的意义与作用的发达文明社会的政治组织形式。权利由公民的人的本质所决定,所有社会成员都享有平等权利。权利既是民主的基石,又是民主的自然边界。在这种情况下,维护权利绝不会违背民主原则,可能刚好相反,维护权利才使得民主原则的实现成为可能。稳定的民主制度都形成于那些历史上曾为限制君主专制而进行过激烈且成功的斗争的地方,形成于那些数百年来不断拓展自由领域、限定执政者权力的地方。换言之,只有在基本自由思想得以形成、法律至上成为现实(即使不是普遍现实)之后,民主才获得稳固的发展基础。争取权利从来就是任何一个民主进程的基础。那些发生"民主革命"的国家——包括20世纪80—90年代之交发生剧变的苏东国家——的公民,首先就是为了争取恢复(或者得到)那些不可剥夺的权利,西方世界公民都拥有这些权利,而他们的权利却被意识形态化的制度给剥夺了。在现代世界争取民主首先就是反对不自由。

我认为,各个民主、伪民主和不民主国家的现代经验都证明,民主和自由主义的信徒们今天应该重点关注维护人的基本权利问题以及各国人民的自由度。无论是在经济发展水平还是在贸易和争夺国际市场方面取得的成功,如果是通过压制个性和限制个人自由取得的,那就毫无价值。当民主派不仅在西方国家,而且在前共产主义国家以及甚至很多边缘国家都吃香的形势下,效仿表面上的民主形式已经真正成为普遍现象。不过,这种效仿的结果却远非一致。多数专家承认,20世纪90年代的民主浪潮已经走向衰退,即便还没有完全停止。在这种"退潮"背景下,我们看到大量伪民主体制正以多数人的名义践踏一部分公民的权利。不让这些伪民主体制主导新世纪,就是我们的总目标和任务。

(李铁军 译 徐向梅 校)

参考文献

David Bell, *The National and the Sacred: Religion and the Origins of National Identity in the 18th Century France*, Cambridge (Ma.), London: Harvard Univ. Press, 2003.

Isaiah Berlin, *Four Essays on Liberty*, Oxford, New York: Oxford Univ. Press, 1990.

Lucien Febvre, *Civilization: le mot et l'idée*, Paris, 1929.

François Guizot, *The History of Civilization in Europe*, New York, London: Penguin, 1997.

Richard Pipes, *Russian Conservatism and Its Critics: A Study in Political Culture*, New Haven (Ct.): Yale Univ. Press, 2007.

Jean-Jacques Rousseau, *The First and Second Discourses*, New York: St. Martin's Press, 1969.

Fareed Zakaria, *The Future of Freedom: Illiberal Democracy at Home and Abroad*, New York, London: W. W. Norton & Co., 2003.

民主作为幻想、理想与现实

〔英〕约翰·邓恩*

无论如何,都不能把民主视为一种具有毋庸置疑的价值和明确的实践意义的政治价值观。企图把它说成是二者之一(更不用说二者皆备了),肯定不是内心混乱就是政治上故弄玄虚。这么做不是也不可能是一种清白无辜的历史解释或概念澄清的练习。它最多可以成为一项政治清洁工程——净化某种政治观,使其恢复原始的规范的真实,把那些让其轮廓变得极其模糊的令人讨厌的历史增生物去除掉。这项工程也许是一种崇高的政治尝试,但其中清白这一想法实在是太天真了。(Dunn,2000 & 2005)有的时候,在有些地方,这种冒险还需要一个附加的假设:民主是这样一种政治形式,它具有让全球资本主义经济的财产秩序和社会经济动力在一个国家内部得到合法化的内在力量,这时,在这些地方,天真就被厚颜无耻和愚蠢所取代。如果还要进一步假定,经济结构、政治形式和政治意识会随着时间的流逝而与一定的民众形成可靠的良性的相互支持关系,那么在这里,天真和故弄玄虚这两种不同的形式就自然而然地混杂在了一起。

我们也许可以肯定地说,民主至少是三种十分不同的东西。第一,它是一个词,第二,它是一个概念,而更多的是第三种,即它是一套旨在使这个词名副其实和使这个词所指的概念得到体现的实践活动。在全球的政治经验

---

* 约翰·邓恩(John Dunn)——英国历史学家和社会学家,世界最知名的研究民主历史与民主理论的学者之一。1987年起任剑桥大学国王学院教授(2002年起为荣誉教授)。著有15部书,其中包括:《现代革命》(1972)、《当代政治理论反思》(1985)、《让人民自由:民主的历史》(2005)。国外多个科学院的荣誉成员。

中——这正是我们大家现在正在讨论的问题,首先出现的就是这个词。这个词在进入世界语言史的时候,具有一个相对稳定的原初的意义。但在过去的几百年里,这个词通过翻译而在世界不同语言中得到传播,其意义也发生了巨大的分化。(Dunn,2005)

当然,说首先出现的是这个词,严格地讲是不确切的。我们知道,这个词最初被赋予政治意义,用来区分和标明通过地方政治的即兴之作而诞生的、不符合任何公认的分类范畴的制度。想要理解这一术语是如何获得它目前在全世界所拥有的政治威信的,从因果关系的角度追踪它当时所指称的那些活动对后来历史的影响是无益的,对从这一术语中笨拙地引申出来的、没有什么吸引力的模糊概念进行同样的尝试也是没有用的。(Dunn,2005;but compare Keane,2009)

这个词本身具有一定的确定性(即使经过翻译后也是如此),当然,这种确定性在它被翻译成希腊语之外的语言后有所模糊,而随着把这个词纳入自己语言体系的那些社会的文化变迁,这种确定性便越来越模糊。到现在为止,无论是学术界还是其他领域,还没有人作过持久的努力,来对这一渗透和转变的过程进行细致而准确的研究。因此,虽然我们对南亚民众的了解要比我们对全球其他大多数地方民众的了解多一些(deSouza, Palshikar & Yadav, 2008),而政治科学家一定时期以来,也在作各种各样专业性的深入研究,试图对单个国家内部的情况进行了解,对政治集团内部和政治集团之间进行比较研究,但是,还是没有人真正地知道,当今世界的人们所理解的民主是什么。

学术界常常假定(或幻想),这种令人讨厌的巨大混乱是可以消除的,是可以在一个得到适当解释的概念之下阐述清楚的,而且也应该如此。遗憾的是,偏偏民主是一个特别含糊不清的概念,这不仅是因为它毫无疑问具有政治性,因此具有一切政治范畴在运用到政治环境之中去时所具有的争议性,而且更为棘手的是,这个词既用来指决策的规范性标准,也用来对政治制度和治理形式进行分类,它的用法因此经常变得模棱两可。任何如此模棱两可的概念基本上都不可能是明晰的。当然,使用者可以通过纯粹约定的方式,按自己的使用目的并且为了自己的使用目的来解释这一概念,在这一过程中任何人都不会把自己搞糊涂。但是,即使是头脑最清楚、最自信的使用者,一旦他们想把自己的约定加到更多受众身上去时，都会遇到不可逾越的障碍。而在实际的政治讨论中就会不可避免地使由此产生的意义分化和概念的模棱两可迅速加剧。

在这样的讨论中（并非全都是在学术界），通常争论的问题要么是某种政治制度或治理形式的优点，要么是建立或维持这样的政治制度或治理形式的因果性先决条件。当前，某一特定的政治制度或治理形式仍然试图垄断这个概念的运用——可以理解的是，不是去证实它自身运行中普遍起作用的规范性标准，而是有点恬不知耻地试图把这一概念完全与它自身混为一谈。当前，某个仍然具有非常强大力量的国家，很自信地以为自己是这一概念的代表，把这一概念与它自己的一套政治法律制度等同起来：成文法、广泛而珍贵的公民自由、已经确立的财产权，甚至司法审查，而后一项与民主根本没有概念上的联系，并且这些制度的创始人也没有把它描述成或设想为是民主的东西。（Dunn, 2005）在历史上，任何社会都没能以这种方式合法地宣称自己对某一政治概念的使用拥有权威。而垄断民主概念的使用权是尤其不受欢迎的。并且这样做也有点轻率，因为可想而知，国家之间的权力均衡是不断变化的，那些将来有能力声称自己拥有垄断权的国家可能尤其不喜欢这种做法。

因此，在当前的全球背景之下，任何对民主的前景和民主的政治影响进行评估的尝试都将是一项非常微妙的工作。要想实现认知上的成功或相互理解的前景，所有参与者的头脑就必须高度清晰，（理想的是）所有参与者都同样开诚布公。这种评估的条件在当前是由某一个强国根据它（至少是大致上）所赞成的政治制度形式而设定的：与它自己相似的、基于所谓自由选举的全民政治代表制度，而自由选举则是以成人普选权、高度稳固的财产权制度和其他公民权为基础来进行的，这些权利都体现在成文法中，其实施实际上明确地受到监督，并对政治竞争的结构（实际上是从外部）产生长久的影响。世界上大多数国家（可以说是所有国家）都在某一方面或某些方面与这一范式有差距。甚至许多把自己高调描述成民主的国家，也大都与此有很大的差距。但它已经成为一种很容易得到承认的模式，在全世界的意识形态争吵中起着非常突出的作用。

我们在此无需考虑自认为是体现了民主概念的这种模式实际上有多么牢

固，也无需考虑它的主张中有哪些元素与这一概念联系最为直接，而有哪些只有表面上的联系（因为这个概念本身争议巨大，所以也就只能如此了）。但是，我们必须注意到其中一个明显的并且具有深刻矛盾性的因素。民主的华盛顿范式有两个显然是互不相容的前提。第一，它毫不犹豫地假定，这样理解的民主为一种国家制度形式。第二，它至少也同样肯定地假定，这种国家制度形式本身是一种所有公民在政治上完全平等的制度。然而，国家长期以来一直坚持认为自己是代表全体公民和针对全体公民而制定并实施权威决策的统一制度。国家成为（在想象中和以此为借口，而实际上从来不是如此）集判断和抉择于一体的机构，而其判断和抉择直接施加于其领土范围内的每一个国民或国民团体，并有强力保障。宣称自己是民主国家就意味着不仅仅要在形式上承认全体公民一律平等，而且还要在实际上把权力不偏不倚地平均分散到各个阶层之中去，为了具有公共意义的目的而使每一个人实际上真正地与他人平等。国家把权力、判断和抉择集中在一个最高机构上，这个最高机构在按自己的判断行事或实施自己的抉择时，从内心来说是反对任何阻碍的。因此，当它对自己国民的判断、情感和生活机会施加影响时，不可避免会有意地带有歧视性。不仅仅是因为现实中的任何国家从来没有真正使自己的国民或公民平等，同样不可思议的是，被统治的民众随着时间的流逝会认为或感到自己始终是平等的。资本主义民主是一个巨大权力过程的产物，其本身具有非凡的力量。尽管号称超越了它的人不计其数，但迄今为止没有谁令人信服地做到这一点。不过，民主的吸引力在现实和想象中都仍然是含糊不清的。

接受民主作为资本主义国家宪章的过程，自始至终都是一个明显杂乱无章的过程。它迫使全球意识形态冲突中出现了一个强制性的议程，并且在很大程度上将人们的注意力从旧的国家评价标准（这样的评价标准通过宣称自己对国民生活机会的重要意义而在不同程度上直接地维护国家的权威）转移到一直存在的统治者和被统治者的关系上（这种关系实际上是一个国家的构成要素），尤其是转移到对这种关系不断变化的强制力和能力的评价上。民主这一符咒要求国家证实自己是一种能够体现和保障本国人民权力的政治制度。由此出现了这样一个问题：民主的建构和运行在多大程度上缩小或消除了统治者和被统治者之间的裂隙（向来成效极为有限）？还出现了一个完全不同的问题：民主的运行在多大程度上能够让所有的公民彼此之间完全平等？由于对后一个问题的回答也是：根本没有多少成效，因此，民主实现平等的要求与国家行使无可争辩的权力的要求发生了正面冲突。主张根据比较陈旧的标准来评价对国民生活机会产生的不同的重大影响的观点最终重占上风。

所有这些矛盾一直影响着治理形式多变的命运，而且还将继续影响下去。资本主义民主作为一种国家制度形式，近些年所取得的胜利依然只是局部的，在地理上是不均衡的。对这种民主，华盛顿范式高唱凯歌，其拥护者还想在全球推广。但是，这种民主充其量不过是一个独特的权力过程。在这一过程中，不同的因果作用从这一模式的不同成分中产生，常常向不同的方向用力，在不同的时间和特殊的环境下促进或延缓着它的胜利步伐。这一过程是否是唯一的，对此人们迄今还没有形成统一的认识。因此，还没有人知道，这一范式是否一定（至少在一定时期内）会在全球取得最终胜利，也没有人知道，它是否已经处于强弩之末。没有人完全了解，它为什么走得这么远，尽管有很多人在作逆向的尝试，但还是没有人知道，支持它走这么远的最有力的因素有哪些：战争、和平、生产效率、实际的社会福利、政治才能、诡计、冷酷无情或运气（在这方面亚当·普沃斯基的著作一直是最出色的，参看 Przeworski，2000）。但是，尽管存在所有这些难以解决的障碍，现在，从一连串历史事件中还是可以带有几分肯定地推断：民主概念的主要力量就在于它的可塑性，就在于这个词在向世界各国人民的语言体系中渗透以及在全球现代历史上为自己开辟道路时的结合力。

经历这段混乱的历史之后，无疑已经不能用民主来明确而可靠地辨别各种政治制度的不同优点。这个术语的应用需要一种复杂的政治预断，而且遗憾的是，这一范畴所承载的任何（分析的、认识的、政治的、规范的）力量都取决于这种预断的性质。

我们不知道在一些特定国家实施华盛顿范式实际上要受到哪些制约，更不知道这种模式一旦确立下来之后，要不受干扰地持续下去，又要受到哪些制约。但是，光从历史记载就已经很容易看到，有利于这种模式得到实施的条件一直以来总是成为地缘政治的奇思异想的抵押品，并且它们随时代的不同也发生了翻天覆地的变化。可以说，那些有利于它长期存在的条件（这方面的证据必然越来越少，越来越短暂，越来越不可靠）同样也将完全改变。

已经很明确的是，有利于这一模式实施和长期存在的条件远不只西摩·马丁·李普塞特（Seymour Martin Lipset）及其同事半个世纪以前所认识到的那些（Lipset, 1960），这些条件推广到了一些非常大的国家，那里的大多数居民仍十分贫穷，这些国家一边在提高（在巨大的障碍面前）本国最贫穷、历史上受压迫最深的公民的生活水平方面进行了深入的探索，一边却仍然维持着高度的不平等而没有遇到任何明显的困难。

民主依靠区分敌我和为了自己的利益在它取得支配地位的地方集中优势力量，而在言辞上传播到了全世界。它通过维护有利于保存自身存在的联盟，而维持了已经取得的支配地位，而且无论在什么样的情况下，都竭力维持这种支配地位。你也许会问，为什么偏偏是民主能够比人类语言史上任何早先的范畴赢得更多的优势？（Dunn, 2005）答案很难确定，但也不是最终难以找到。如果把民主不仅放在它目前那些形形色色的敌人的背景下来看，而且更具启发性的是，如果把它放在自己的两个长期对手的背景下来看，民主在语言上的全球支配地位（它在言辞上的胜利）一直都是它在全球资本主义时代合纵联横而取得的比较优势的结果。

赞成君主制的强有力的实际证据一直都是存在的，对此托马斯·霍布斯在《利维坦》和其他与支持国家的证据有关的著作中花大量篇幅进行过阐述。而反对君主制的实际证据不管是在什么时候针对的主要都是个别的君主，这一弱点能使一定时期出现的任何政治制度形式都成为不合法。赞成贵族统治（谁不愿意生活在好的统治者之下，而愿意生活在坏的统治者之下呢？）、在意识形态上很有说服力的证据也常常是存在的，这些证据只是由于相应的评价标准内在固有的争议性才有所削弱。民主在这种由来已久的竞争中所具有的比较优势在于，它微妙地摇摆于强大的怀疑主义和几乎是本能的规范至上论之间。怀疑主义过分看重那些使继任者特别适合于统治的特殊才能和美德——出身、勇气、荣誉、思想深度和敏感性、智能、教育、技术能力。其中只有第一项完全没有说服力，尽管这只是在完全脱离语境的情况下。然而，要想达到统治得当和乐于服从的目的，这些标准还远不是全部的考虑。相反，这种主张所注重的自始至终都是一些生物学吸引力，这些生物学吸引力决定在多大程度上和在什么时候屈服于其他人对自己行为的控制。（Dunn, 1996）民主把一定政治实体内的个体视为平等者，并假定，如果给人们一个机会，服从与否都不能后悔，那么人们总是会选择不要永久地放弃这个机会。事实表明，民主是一个极具灵活性的范畴，其本身很容易容忍极端的不平等和压迫。但是，如果我们受够了，那么民主确实给了我们所有人决定的权利。在这一层面，民主的吸引力是生物学上的，与自然状态下的人类特点密切相关。

华盛顿范式（或像它喜欢自称的"自由民主"）是对民主需要什么或允许什么的一种十分独特的解释。它有自己的优点，也有自己的局限性，无论是哪种情况都没有在民主的名下受到强烈关注。自由民主花费心思指明自己的主要优点是，把自己的存在本身与广泛的个人自由的确定和维持直接联系起来。自由民主在某个时候某个地方得以实行，那恰恰是出现了有利于它存在的理由。这里很少提及与此有关的成本和这些成本在被迫承担者之间的分配情况。自由民主对于自身的确立或维持的实际可能性没有提供明确的保证。在政治上，这种范式总是很容易遭到人们的诟病，批评它在实践中在保障个人自由时（实际上是政府的责任）无视所谓的公民平等，它在提高生产率方面力不从心，从而最终在增加大众福利方面也无能为力。这一问题在中国和印度之间的关系上依然利害攸关，显然也涉及俄罗斯自己的政治未来。不过，在这里就像在其他地方一样，专制政权是否更加高效还需要加以证明，而不能主观臆断：就像约翰·洛克在谈到虔诚的正统信仰时所说，每个人在自己的眼中往往都是高效的。如同支持君主制一样，反对自由民主的理由强弱实际上取决于当权者的业绩好坏。

华盛顿范式的一个比较优势是，把对业绩好坏的评价——迟早但不断地并且合理地定期进行——交给了解这些业绩的国内民众去评价。有利的评价方法，即自由公平的选举，提供了一种十分直接的工具，甚至当所举行的选举不适合用这两个修饰词时，也是如此。（Przeworski，1999）总的来说，选举并不能使当政的政府官员在实际上为其余的人负责（Dunn，1999），但是，它确实把这些官员解释为在规范上和政治上是可以负责的，显然，这种解释本身迄今仍具有强大的政治吸引力。因为迟早会得到机会，所以每个国家的居民都希望自己国家的统治者能够对自己负责。华盛顿范式在全球的传播无疑已经成为一个彻头彻尾的实力过程，并非总是特别难以捉摸。但是，仍很重要的是，要认识到在这一强有力的实力展示过程中所存在的、取决于这一模式本身吸引力的政治因素。这种吸引力的核心在于它有时对剩余的政府责任作出过分的承诺,但更多的时候在于它适度地实际提供了这种政府责任。

说明专制政权发展效率的案例颇有诱惑力,但一般来说并没有很大说服力。即使在案例与事实并没有直接冲突的地方,人们也远远没有弄清楚,引起争论的成就在多大程度上可以归功于现有的政治形式,在多大程度上可以归功于目前通过它来治理的、在政治上被组织起来的居民数千年来所积累的杰出才干,以及在多大程度上可以归功于狭义上的经济因素。

政治权力和权威担负着重大的责任,如果没有履行好自己的职责,就应该(最终也将)为此负责。这一观念对于中国的政治构想来说,根本不是外来渗透,而是其历史文明的一个最重要的公设(然而,就像其他所有文明的最重要公设一样,在遭到破坏后才受到尊崇)。甚至在最热情、长期为中国辩护的人中间,也很少有人认为中国当前的权力结构是这一公设的有效体现(虽然党本身有重点地正式肯定了这一公设)。在如何让原则和实践更为协调一致方面,民主这一概念是否会提供有益的指导,这一点还不是很清楚。现在还根本不能肯定民主是否能形成挑战现存政治制度的有效基础,更不用说把现存政治制度变成模范的自由民主了。不过,这种政治制度在可以预见的将来会否遭到其国民中的重要群体以非民族主义的其他东西为基础发起的直接挑战,这将取决于政治行为主体的选择,而不是所谓的概念的要求。想要弄清楚这种特殊遭遇战将产生什么结果,现在无疑还为时太早。如果中国屈服了,那么它周围的许多其他国家也会在中国带来的地震般的冲击下屈服。如果中国不屈服,而当前的权力机器继续存在下去(并且能存在多久就存在多久),那么其他许多现政权很可能会与它一起逃避自由民主。如果中国的政治制度垮台了,取而代之的是华盛顿范式的仿制品,那么华盛顿范式就会在一开始时实力和威望大增,虽然无论对中国自己的民众还是对美国的观众来说,这种仿制品的华而不实会维持多久仍很难说。俄罗斯统治者在事后把自由民主的渗透说成是对他们拥有的国家权力的削弱,这无疑是服务于他们自己的利益。但是,当民主这一概念确实渗透到俄罗斯,它无疑通过这种(并非总是特别温和的)方式强化了美国的相对实力,从而必然相应地削弱了俄罗斯的相对实力。

在当今世界,西方自由民主的敌人至少与美国的敌人一样多。它的外来挑战形式五花八门、强度各有不同，来自范围广泛的其他国家，包括朝鲜民主主义人民共和国、伊朗伊斯兰共和国，以及中国，一定程度上还包括俄罗斯。这种挑战也来自在很多方面与美国有密切同盟关系的国家（沙特阿拉伯、埃及、巴基斯坦、阿富汗、伊拉克），以及来自伊斯兰世界那些仇视美国并在自由民主的腹地积极活动的亚国家形态的政治代理机构。

在用来描述国家制度形式而不是规范性议事日程的时候，自由民主没有多少启发意义。但是，在实行自由民主方面，它所面临的最直接和最紧迫的挑战很多都来有关国家的敌人，这是毫不奇怪的。不过，在更为广义的政治层面，很难相信今天自由民主所面临的主要挑战是来自外部。目前，更深层次的、也更令人不安的是三种无疑来自内部的挑战。第一种挑战是职业化代议制政治在意识形态上明显的脆弱性。外部对它的运作监督很弱，在大多数公民的眼中，它变得越来越单调乏味，没有吸引力，但是在结构上它却致力于这样一种徒劳无益的工作：通过一个否定专业化在政治上的优点的概念来博取欢心。第二种挑战是人们至少是暂时性的对经济协调模式信任的崩溃，这种模式排斥国家的协调能力，认为没有干扰的全球市场才具有切实可靠的协调力量（不过是个错误的信念），最终导致规模巨大的经济衰退。民主没有内在资源来恢复平静、秩序、合法性，也不具有在这种严峻的形势下明智地采取行动的稳定的判断力。不管是坦白地承认自己在这方面的无能，还是假装自己具备这种显然并不具备的能力，它都会把自己储存下来的那点有限的可信性消耗殆尽。第三种挑战是更深层次上的，并且越来越紧迫，它来自人类的安排之外。这种挑战所危及的不是这种或那种政治制度形式，也不是这种或那种以国家为中心的意识形态，而是生物学意义上的人类的生存。

由于最后这种挑战所提出的核心任务是恢复对人类全体成员的行为所累积起来的无意识的结果的控制，所以在特定国家内部和在特定基础之上分配权力的政治形式不可能直接完成这一任务。但是，即使民主（有充分的理由）被视为一种把责任分配给特定的代理者（国家和个人）的方式，它这样做的条件一开始就不可避免地使这种挑战的性质变得模糊不清。在全球资本主义经济范围内，要想弥补这一鸿沟，毋庸置疑的是，至少有两个与民主格格不入的范畴是必需的：把权力、责任和判断真正转让给具备高度专业化认知技能的人，并用外在原则来牢牢地控制对个人欲望的狂热追求。这不是一个威廉·戈德温（William Godwin）的时代，而是一个托马斯·霍布斯的时代。

（郝海燕 译　李朝晖 许宝友 校）

参考文献

Peter R. deSouza, Suhas Pakshikar & Yogendra Yadav, *The State of Democracy in South Asia: A Report*, New Delhi: Oxford University Press, 2008.

John Dunn (ed.), *Democracy: The Unfinished Journey*, Oxford: Oxford University Press, 1992.

John Dunn, "The Transcultural Significance of Athenian Democracy", in Michel Sakellariou (ed.), *Democratie Athenienne et Culture*, Athens: Academy of Athens, 1996, pp. 97–108.

John Dunn, "Situating Democratic Accountability", in Bernard Manin, Adam Przeworski and Susan C. Stokes (eds.), *Democracy, Accountability, and Representation*, New York: Cambridge University Press, 1999, pp. 329–344.

John Dunn, *The Cunning of Unreason*, London: HarperCollins & New York: Basic Books, 2000.

John Dunn, *Setting the People Free: The Story of Democracy*, London: Atlantic/*Democracy: A History*, New York: Atlantic Monthly, 2005.

John Dunn, "Capitalist Democracy: Elective Affinity or Beguiling Illusion?", in *Daedalus*, Vol. 136, No. 3, 2007, pp. 5–13.

Max Ko-wu Huang, *The Meaning of Freedom: Yan Fu and the Origins of Chinese Liberalism*, Hong Kong: The Chinese University Press, 2008.

John Keane, *The Life and Death of Democracy*, London: Simon & Schuster, 2009.

Seymour Martin Lipset, *Political Man*, London: Heinemann, 1960.

Thomas A. Metzger, "The Western Concept of Civil Society in the Context of Chinese History", in Sudipta Kaviraj & Sunil Khilnani (eds.), *Civil Society: History and Possibilities*, Cambridge: Cambridge University Press, 2001, pp. 204–231.

Thomas A. Metzger, *A Cloud across the Pacific*, Hong Kong: The Chinese University Press, 2005.

Adam Przeworski, Susan Stokes & Bernard Manin, *Democracy, Accountability and Representation*, Cambridge: Cambridge University Press, 1999.

Adam Przeworski et al., *Democracy and Development: Political Institutions and Well-being in the World 1950 – 1990*, Cambridge: Cambridge University Press, 2000.

Xiong Yuezhi, "Difficulties in Comprehension and Difficulties in Expression: Interpreting American Democracy in the Late Qing", in *Late Imperial China*, Vol. 23, No. 1, 2002, pp. 1 –27.

"自然边界"有"普遍价值"吗?

〔俄〕弗拉季斯拉夫·伊诺泽姆采夫*

1989年,弗朗西斯·福山撰写了自己的著名文章《历史的终结》。2000年,丹尼尔·贝尔为自己《意识形态的终结》(初版于1960年)一书纪念版写了一篇序言,标题是"新世纪历史的回归"①。2008年,罗伯特·卡根常说历史在地缘政治竞争日益尖锐的背景下回归了人类生活。②所以说:历史回归了?或许历史从来就没有离开过,只是我们觉得好像历史悄悄地掩上了门?为什么我们通常认为历史可能离开了呢?

对所有这些问题的回答,与民主观密切地联系在一起——民主是一个含义极多的概念,在近几十年来承载了十分强烈的意识形态重荷,以至于对隐藏其后的现象所持的任何批评的(不是怀疑的,正是批评的)态度,有时被当做危险的论调。然而,如果"历史的终结"与民主的胜利有关,那么历史

---

* 弗拉季斯拉夫·伊诺泽姆采夫(В. Л. Иноземцев)——俄罗斯经济学家,经济学博士(1999),1996年起创办后工业社会研究中心,担任主任,《自由思想》杂志(月刊)出版人和主编(2003年起),俄罗斯《公报》和《消息报》专栏作家。著有12部书,其中有:《在经济社会的边界之外》(1998)、《分裂的文明》(1999)、《在时代之交》(2002)、《隔绝的时代》(与丹尼尔·贝尔合著,2007),撰写并在学术期刊上发表上千篇文章。

① 参见 Daniel Bell, "The Resumption of History in the New Century", in Daniel Bell, *The End of Ideology: On the Exhaustion of Political Ideas in the Fifties*, Cambridge (Ma.), London: Harvard Univ. Press, 2000, pp. xi-xxviii (该文由弗拉季斯拉夫·伊诺泽姆采夫译成俄文,载于俄《哲学问题》杂志2002年第5期第13—25页)。

② 参见 Robert Kagan, *The Return of History and the End of Dreams*, New York: Alfred A. Knopf, 2008。

的"回归"是否意味着民主的意义可能改变,而与民主有关的所有希望都将消失?在我看来,这种假设十分切合实际。

对民主的三大挑战

今天,学者和政治家们经常讨论民主遇到了哪些挑战的问题,不过实际看来所有这些挑战都来自外部:伊斯兰原教旨主义者,痛恨自由的独裁统治者,不接受高度人道主义原则的民族主义者,以及诸如此类的人们,他们都是民主的敌人,而民主最初被认为是理想的政治形式。这里实际上根本谈不上这个理想形式到底有多少符合西方社会的现状和内部结构。然而,历史即使真的"回归了",重新开始起跑,也不是按中国或者俄罗斯的要求,而首先是受到那些领先国家中所发生的变化的影响——这些变化,即便不作分析,也该指出来了,因为在我看来,正是这些变化决定了民主无论在理论上而且在实践中将遭遇到的一些主要挑战。

今天谁需要民主?

可能看起来荒诞的问题实际上并非那么幼稚。民主的历史教导我们,这一政治形式巩固了人民(有时是部分人民或者人民的代表)在反对暴政、争取自由和权利的斗争中所取得的成绩。权力的更替制和报告制可以保证免受权力专断的侵害。然而,只有民主手段才能保证这样的结果吗?绝不是。侍卫刺杀了乖戾的皇帝,君主的封臣逼迫懈怠的君主签署了自由宪章和最初的宪法。民主同宪政主义、分权、世俗化、法律权力的巩固一起,成为权利和自由的实际保证,还并不太久。这是重要的,却非唯一的保证。19 和 20 世纪,许多伟大的自由主义者不是现代意义上的民主主义者,比如李光耀就不是,他把半封建的新加坡变成了拥有自由经济的现代工业国。在近几十年内,甚至最发达的民主国家,保证保护和扩大人权的最重大决定,不是由民选出来的权力机关,而是由司法机关〔让我们回忆一下美国高等法院就布朗诉教育局案(1954 年,347 U. S. 483)或欧洲法院就多纳托·卡萨格伦德诉州府慕尼黑案(1974 年,9/74,ECR 773)〕所作出的决定。自由主义的法制国家通常是民主的——但这不意味着，它就不可能有另外的样子。更准确一点儿说，民主是建立自由主义法制秩序最强大的手段，但民主对于保持这种秩序是否必需，暂时还不清楚。

然而，更重要的是问题的另一方面。民主的前提是多数人对少数人的权力，为了它的有效运行，首先必须团结这个多数。在工业社会，这些前提是无可争议的——多数人为争取自己的经济权利而斗争。反常的是，西方对民主产生的最大"需求"（尤其反映在选民积极性上），是在欧洲实施普遍社会保障体系和美国为争取公民自由而斗争的时期。当时发生这些事件的条件，一方面是物质主义动机在社会上占优势，另一方面是公民意识到只有通过集体行动才能改善自己的境况。在逐步形成的后工业社会中，社会联系明显减弱，而今天通常称之为个性化的社会在不断发展，在这样的社会中，人们着力寻找"对体制矛盾的个性化答案"①。不仅如此，当人们的动机明显改变时，人们利益的交叉变得越来越少——这些利益好像散布于各种层面，然而，民主政治只在人们的利益尽管不同却还可比的情况下才有效。但这还不是一切：在一部分居民接受后物质主义价值的同时，其余（大）部分人从公民变成了消费者，在消费社会，评定一个人不是把他作为一个人，而是作为相当数量金钱的拥有者，人们有钱才能换取任何商品。结果，近几十年的政治和经济进步产生了两个趋势：第一，由司法法律体系来更有效地捍卫社会那部分积极公民的权利和自由（今天，这一过程在发达国家确实不取决于哪个政党或政治家掌权）；第二，"个性化社会"的建立大大降低了对集体行动的需求。

因此，今天谁需要民主的问题，对西方世界而言并非徒劳无益。但是，除此之外，有更多严重的问题摆在面前。

民主没有威胁到自由主义吗？

这个问题在今天常常避而不谈，而我认为这是民主在新世纪遇到的一个

---

① 参见 Robert Putnam, *Bowling Alone: The Collapse and Revival of American Community*, New York: Simon & Schuster, 2000; Зигмунт Бауман（Zygmunt Bauman）, *Индивидуализированное общество*, перевод с англ. под ред. и со вступ. ст. В. Л. Иноземцева, Москва: Логос, 2002.

主要挑战。通常认为，美国争取公民权的斗争和欧洲1989—1991年的民主革命使民主和自由主义和解了。想必这只是初步的表面印象。

第一，必须指出，公民平等在美国取得最终胜利后，很迅速地诱发了反动：正是那些"被压迫的少数民族"的代表，先是为争取平等而战，然后很快开始捍卫自己的"特殊性"并为主张这种特殊权利提供充分的论据。20世纪80—90年代广泛流行的多元文化思想本身坚决否定自由民主制——可是随着西方社会中族群、宗教和民族越来越混杂，这种思想也传播得越来越广。如果说由于羞于回顾执政精英多么长时间地限制非裔美国人的权利，而这些人当初来到这片新大陆并非出于自愿，美国一度试图（甚至现在仍试图）不去理会这一问题，那么在欧洲，外来移民成了近半个世纪以来值得注意的事件，移民来到这里完全出于自愿，他们必然更积极地奋起斗争。什么将占上风：是民主，还是人权学说？民主原则要求尊重多数的意志（比如，瑞典人在全民公决中反对在本国修建清真寺塔所表现出的意志），而人权学说的前提是宗教信仰自由和遵从自己传统的权利。问题没有一致的答案，但是可以确定，当代发达的民主国家的确思考过谁才算是民主过程的主体：只是个人，或者可能是包括因其主观特性而使之联合在一起的群体。当代自由主义的命运将更多得多地取决于对这个问题的回答，而不是取决于尼日尔民主改革的速度，或者取决于东南亚自由主义专制统治所取得的经济成果的程度。

第二，随着后工业社会的到来，正如实践所表明的，不平等不仅没有成为过去，甚至加剧了。其中的一个方面就是技能的不平等。知识，按照卡尔·马克思和丹尼尔·贝尔的看法，是世界上主要的生产资源。阶级差别，弗朗西斯·福山说得对，首先是"由所受教育的差别决定的"[①]。与此同时，现在摆在"城市和世界"面前的问题是需要有经验的选民，他们能够高度理解社会所面临的挑战并且在坚持道德准则的基础上作出自己的选择。然而，仍会遇到各种各样的问题。如果说几乎90%的美国穆斯林选民在2000年的选举中把票投给了信奉基督教正教的小乔治·布什，只是因为他的对手选择了一个犹太人做副总统的候选人，那么这个选择很难说是理性的（这个例子

---

① Francis Fukuyama, *The End of History and the Last Man*, London, New York: Penguin, 1992, p. 116.

并不是唯一的——因此开始出版一些论述选民非理性和缺乏经验的书籍）。①如果著名电影导演不得不把《泰坦尼克号》一等舱的旅客描述成自私自利的懦夫，他同时知道，在他们中间既不能死一个孩子，也不能死一个女人，除了那些决定留在自己丈夫身边的女人——可同时三等舱的旅客中妇女获救的比例是男人的五分之一，他以"今天任何人都不要再相信"②其他人为由来证明这种描述的合理性。当今社会好像不是这样。其一，当选民明知正处在生死关头还能作出理性选择时，其二，当他们在道德上准备作出这种选择并对其后果负责时，其三，当选择权本身或者是某种特权，或者是斗争的结果而且对斗争还记忆犹新时，民主是最佳的治理形式。今天很难摆脱如下印象：民主社会正迅速地变成庶民政治，在那里，认为自己的权利是上天赐予的公民被宣传所愚弄。艾伯特·戈尔（正是他在2000年竞选中输给了小布什）不久前尖锐地提出了这个问题，他干脆怀疑产生于17—18世纪文人圈（Republic of Letters）内、作为公民间对话形式的民主，在电视帝国（Empire of Television）时代，也就是在信息流动只朝向一个方向而不要求回应的时代能否生存下去——并给社会带来好处。③ 这个问题提得很及时，迈克尔·杨的书《精英统治的崛起》在今天看起来已经不像在1958年时那么反乌托邦。

第三，民主作为政治制度建立的条件是，社会日益世俗化，人类摆脱了宗教偏见，普遍平等的思想得到了广泛传播。民主，这是启蒙运动时代的产物，并且远远超出了它的历史范围。但是，最近几十年来，主观同一形式在全世界得以复兴。这部分是因为许多民族（首先是在非洲和中东）历史发展的不顺利，部分是因为后共产主义国家（首先是俄罗斯）过去乐此不疲地美化历史，部分是因为许多国家竭力使民族主义为政治服务。比如，正如迈克尔·沃尔泽（Michael Walzer）所强调的，民主"要求世界由各个群体组成，

---

① 比如，参见 Rick Shenkman, *Just How Stupid We Are? Facing the Truth about the American Voter*, New York: Basic Books, 2008。

② 参见 Фарид Закария, *Будущее свободы*, перевод с англ. под редакцией и со вступ. ст. В. Л. Иноземцева, Москва: Логос, 2004, cc. 262-263。

③ 参见 Al Gore, *The Assault on Reason*, New York: The Penguin Press, 2007, pp. 5-6, 12, 16。

其成员是独立的个体，不允许其中的一个对另一个实施强制"①；事实上，越来越多的群体正是由其成员的先天特征，而不是由他们的自由选择决定的。随着这类群体变得越来越多，民主程序将变成多数压迫少数的工具。值得注意的是，宗教政策近来开始考虑全球结盟的问题：一位最臭名昭著的美国保守分子号召同伊斯兰激进派结盟，并不是偶然的，这首先是因为"他们对待传统价值的态度使我们成为了天然盟友"②。所有这一切都意味着，在公民以种族或宗教关系为基础构建自己的同一性社会中，推行（或保持）自由民主制度，就算可能，也是极其困难的。这类人如果在西方社会大量出现，对于民主和自由主义来说将是莫大的威胁。

当代民主制度足够有效吗？

今天，这个问题经常被提出来，虽然在我看来，它的意义并没那么大。这基于经济内幕：确认当代民主国家虽然早在工业时代就达到了经济高度发展的程度，但今天在亚洲威权主义经济巨头迅猛成长的背景下正在快速失去其竞争优势。我认为，虽然说得耸人听闻，但形势看起来并不那么明显，而且有许多原因。

第一，不应忘记，今天发展中国家对发达国家的模仿，不仅表现在是知识和技术的净进口者，而且在众多高技术产品名录上都扮演着纯模仿者的角色，这充分表明了发达国家而不是发展中国家的优势。此外，发展中国家的竞争优势是有条件的，或者是因为拥有可观的自然财富，或者是因为拥有廉价的劳动力，同时在劳动生产率指标上的差距也是巨大的，这种差距对于新兴工业国家来说绝非好事。此外，这些新兴游戏者在经济"棋盘"上的迅速发展之所以成为可能，是有赖于西方的投资和西方的销售市场；它们的发展迄今为止还不完全是独立的和可持续的——而中国应该是幸运的，大多数美国公司进入中国市场时甚至没想过离开。然而可否就相信，这些公司的首脑们永远不会有这一想法？

---

① Michael Walzer, *Politics and Passion: Toward a More Egalitarian Liberalism*, New Haven（Ct.），London：Yale Univ. Press, 2004, p. 66.

② Dinesh D'Souza, *The Enemy at Home: The Cultural Left and Its Responsibility for 9/11*, New York, London：Doubleday, 2007, p. 276.

第二，更为重要的是，经济上已经进入后工业时代的西方世界，可以更多得多地支配比原料储备或发达的工业生产链条更大范围和更无穷尽的财富来源。今天，富国创造出世界各地都在采用的技术，保持着自身完善和发展的可能性，然而发展中国家仍然只是利用者。不仅如此，发达国家形成了再生产的全新模式：因为如果人的个人创造力成为生产的主要因素，那么大部分消费性支出（在工业社会中看起来正是支出）在新的条件下就变成对人力资本的投资。在不减少消费的情况下使增加投资成为可能，这在历史上是第一次——想必，世界暂时还未认识到这一因素的意义。

第三，任何统计结果都取决于测量的方法。当代世界评价经济结果以总产值为标准，这一在工业时代制定的标准用于计算生产出的财富。今天，绝大部分社会财富体现为知识和社会资本。此外，在过去的标准中，影响生活质量的许多因素（其中的一些因素在统计上提升了国内总产值，实际上却可能对生活质量造成破坏性影响）得不到评估。此外，不是金融指标，而是自我实现和创造的可能性越来越影响到人们的决定。所有这一切导致 GDP 的指示器可能会十分错误地反映经济实力和竞争力，比如农民的数量（这可以用于比较 15—17 世纪欧洲各国的实力，但在今天已经丝毫谈不上了）。

同时，可以测量民主国家效率的标准还有：在这些国家中表现出的思想的水平，它们的文化对其余世界的影响，最后一个也是最重要的整体指标，即向外移民的途径和规模。移民的方向，在今天是从发展中国家到发达国家，而不是相反。所有这一切都可以说明，发达的民主强国当今在经济上并不弱，这些国家仍在确定生活质量的标准，并且在精神和思想领域占据绝对优势。民主时代的没落只可能是这一政治制度内部危机的结果，它是不会在外部竞争者面前认输的。

当代的特点

为什么民主正是在今天遇到了许多危险的挑战，为什么有如此之多的理由来怀疑民主的"生命力"？我似乎看到三个看起来令人担忧的趋势。

第一，民主成为了自身普适性的人质。在几百年来，民主的信徒不仅认为这一政治制度是最完善的（为此有一切理由），而且认为是能够传播到全世界并同样适用于任何社会的。他们采用了许多方法来证明这一论点（然而，其中的任何一个方法都不能令人完全信服）。"广泛地"推行民主这种疯狂想法侵蚀了民主标准本身：出现了许多概念，如"非自由主义的"、"模仿的"或者某某的"民主"，这表明西方的顾问和政治家们尚未准备好把世界严格划分为民主国家和非民主国家。民主是不能加以量化的标准，它或者是有，或者是没有。不能是"稍微有点儿民主的"：只让所喜欢的政党登记，拒绝其他政党，对一些选举准确计票，而伪造其他选举结果，等等。然而，20世纪下半叶民主的思想家和实践者们更看重的是广度，而不是深度——结果，今天世界上近200个国家当中只有4个国家公开声明自己是非民主性质的；据美国非政府组织"自由之家"的统计，拥有选举民主的国家数量为116个；只有89个国家符合西方权利和自由的标准。在20世纪90年代的扩张中，选举民主国家的数量从76个增加到120个，而进入21世纪后则发生了停滞和倒退，数量从120个减少到前面讲的116个。① 此时，民主失去了自己的独特地位——这种独特地位在实践中赋予民主比理论的普适性更多的内在力量。西方试图将这种独特地位变成发展全球民主的优势——但今天看来，这或者还为时过早，或者通常没能产生效果。民主的"酵母"被扔进一个大试验桶里，它应该在桶里发酵，但在当今形势下，它更会直接沉入桶底，而不会产生预期效果。如果民主只是"黑暗王国中一道细细的光线"，这比起它企图成为照耀所有人和每个人的太阳来说，会让它处于更加危险的境地。扩张迫使民主去适应目前的形势，这绝不总会给民主在世界外围国家加分，反而使民主在自己的地盘明显贬值。

　　第二，当代西方社会形成的权利概念遇到了大问题。众所周知，民主思想最重要的里程碑之一是1789年由巴黎国民议会通过的《人权和公民权宣言》（*Déclaration des droits de l'Homme et du Citoyen*）。今天，大多数涉及权利问题的文件，几乎再无最新的成果。人权思想，尽管具有其巨大的人道主义潜能，却不好拿来同民主原则相比照，因为人权思想避而不谈由公民地位生

---

① 参见 *Freedom in the World 2010*：*The Annual Survey of Political Rights and Civil Liberties*，www.freedomhouse.org/uploads/fiw10/FIW_2010_Tables_and_Graphs.pdf。

成的义务。民主的前提是公民参与创造制度和财富，而人权更着重于没有附加义务地享有这些制度和财富。由于人权学说的传播，平等思想吸纳了这些以往的民主理论中从未有过的内容。平等思想不再是争取以相应义务为条件进行平等政治参与斗争的动因，而变成坚决要求再分配物质财富和社会财富的根据——包括有利于那些对社会的富裕没有作任何贡献的人。民主企图成为世界主义的，但这未必对民主有利。

第三，社会治理的过程隐藏在当代民主的背后，这比启蒙运动时代最伟大的思想家所能够预想到的过程还要复杂得多。大部分选民客观上不可能弄清楚所发生的事件，也不可能在民主地表达意愿的过程中作出深思熟虑的选择。在这种情况下，精英们越来越积极从事"洗脑"活动——所幸，把这样那样的指示灌输给公民的方法十分巧妙。结果，民主退化了，变成某种庶民政治，其目的就是使精英制定的一定的政治方针合法化。这一过程的历史还不太长，然而其下一阶段（现在已经很明显，而且首先表现在"模仿"民主中）不仅将亵渎选民，而且将亵渎代表选民的精英。今天"民主的"领导人——这首先在后共产主义国家的例子中看得很清楚，在这些国家，精英们不能把有吸引力的发展方案提供给自己的人民，他们只能说些陈词滥调——更应满足群众的诉求，就像历史上伟大的自由主义者和民主主义者当年竭力建构这些理想和诉求一样。然而，反常的是，近几十年来最成功的传播民主的"举措"是由欧盟实施的，而无论过去和现在，所有人只要愿意都可以把"民主赤字"归咎于欧盟，就像当年未感受到这种民主赤字的美国的政策曾经激起西方对外围国家普遍失望一样。①

因此，在新条件下，民主理论家和实践政治家们至少需要思考几个问题。第一个将被提出和解决的问题看来是：停止世纪之交普遍实行的使世界民主化的尝试。假如这些尝试不是悄悄地收拢，而是能明确声明民主国家将竭力保持自己的同一性并推动将民主传播到西方世界之外而非挑动民主，就再好

---

① 详见 Michael Mandelbaum, *Democracy's Good Name: The Rise and Risks of the World's Most Popular Form of Government*, New York: Public Affairs, 2007; Jeremy Rifkin, *The European Dream: How Europe's Vision of the Future Is Quietly Eclipsing the American Dream*, New York: Jeremy P. Tarcher/Penguin, 2004。

不过了。第二个问题较复杂，因为要求回归对权利的传统理解，一方面，这个权利是来源于义务，而不是先于义务，另一方面，这个权利是个体的权利，不是群体的权利。当发达的民主国家迅速变成由各种族和各民族构成的、有着高度社会保障的社会时，做到这一点将十分不易。多元文化主义和政治正确的意识形态，看来将要牺牲传统的自由主义观念。不然，保持自古以来的民主价值的可能性很小。还有一些问题可能更为复杂，不容易解决。

在临界点

与有关民主的流行看法相反，民主在自己大部分的发展史中不是"普适的"，更多是"限制严格的"价值。在古雅典繁荣时代，只有自由男性公民才有选举权，他们在理论上有可能参与民主过程，各种统计显示，这部分人约占人口的8%—11%。在18世纪末的英国和美国，只有2%—5%的居民享有这一权利；有几十种限制选举权的因素。就在现代自由民主制度故乡的英国，从1832年起，所有拥有不动产的家庭的家长获得了选举权，从1867年起，除农业地区的居民外，所有家庭的家长获得了选举权，从1884年起，所有家庭的家长获得了选举权；只是在1918年才出现男性的普选权（对于妇女保留了财产资格要求），从1928年起妇女取得了与男性平等的选举权，只是在1948年废除了一个选民可有两票以上投票权的所谓复票制。在美国，以前的奴隶1870年获得选举权，妇女1920年得到选举权，财产资格在1964年被彻底废除。在这些国家，选民年龄在1969年和1971年相应地从21岁降低到了18岁。因此，我们习惯认为普选权是民主的显著标志，它以今天的面貌存在于最发达的民主社会总共只有40年的时间。

正如我已经指出的，19—20世纪民主过程的发展带来公民自由权利的扩大和法律制度的形成，在法律范围内，这些权利和自由有可能得到捍卫和完善。社会获得比以往更大程度的对最高当局的监督权。基本的公民权利建立了起来并开始得到持续的维护。与此同时，政治精英与社会分离，官僚成倍增加，成为某种封闭的阶级。经济和政治的需要开始迫使接受一些通过投票方式未必能得到大多数支持的决定。各种强加的立场通过大众传媒达到了前所未有的规模，就像各种院外活动集团的努力一样。在最大限度地考虑各群体和各团体的同一性方面，民主理论得到了发展。

在这种情形下，古典民主有蜕变的严重风险，它或者蜕变成盲从的群众有时会作出"唯一正确"选择的庶民政治，或者蜕变成旨在追求使各种公民群体的要求达至平衡的制度。无论怎样，这最可能导致公民社会的衰落和对权利与自由的践踏——而这破坏了当今发达社会的政治和社会基础。还有一个风险是形式民主的实践迅速推广到全世界，其结果是不同形式的"非自由主义的"民主增加，败坏了民主和公民社会应有的形象。

摆脱现有形势的唯一出路，我觉得是限制民主制度数量上的扩张，加强民主制度的"精英"因素。发达社会为了在民主程序发展过程中拟定能实际取得应有成绩的目标，应该限制参与民主过程主体的数量。民主化"浪潮"使选民从占成年人口比重的5%—10%增长到几乎占100%，并且带来了当代公民社会的所有主要制度，应该有一个退潮，以巩固这些制度。必须重新审视的不是民主过程的原则，而是其主体因素。这里说的不是古典的精英统治（柏拉图、孔夫子，甚至托马斯·杰斐逊都曾经描述过，在那里，人在权力阶梯中的位置是由他的智识或者其他功绩决定的），而是民主的新说法——比现有的表述更多层次。

这如何实现，现在实际上还说不好。不过，我很清楚，参与民主过程的权利不同于受法律保护的权利和自由社会公认的拥有自由的权利，公民不能也不应自动地分享。普遍的选举民主有个很少受到注意的怪现象：那些希望占据选举出的职位的人，通过某种竞选，向选民证明自己的能力，与其他力量相当的竞争对手一争高下——而那些在选举中投票的人却没必要这样做，因为他们拥有投票权只是由于出生在一定的家庭或一定的地域以及成年。在一定阶段上普遍准许参加投票的持续试验表明，存在两种出路：或者西方国家变成"可控的民主"，要求它必须有效地解决各种各样的治理任务，但这最终将导致民主制度的破产；或者保持民主过程各种各样的形式，不过是在"较狭小的地域内"。

民主是发达的文明社会的政治组织形式之一，实现并发展了启蒙运动时代自由和平等的伟大理念。民主理想在近两百年间鼓舞人们去争取公正的社会，它倡导权利至上和保障政治自由，并以广泛的民众参与政治过程为前提。

今天，在发达国家这些目标实现了，然而实践表明在这条道路上的前进步伐并未停止。它将继续朝着哪个方向前进——民主是否将成为"跨文化对话"的工具，堕落成庶民政治，亦或以某种"可控的"的形式依附于政治寡头的个人利益，今天谁也无法预测。不过，我觉得，最佳方案是保存仍沿用至今的民主治理形式的所有成就。为此，必须保存民主那些最重要的自由主义原则，今天这些原则正受到多元文化主义、平民主义和官僚精英主张的威胁。克服这些威胁的条件只可能是，民主将作为精英（在这个词的积极意义上）方案得到反思——顺便提一下，不久以前确实是这样做的。在20—21世纪之交，民主跑得太远了；如果今天开始对民主进行全面反思，那么完全有理由说历史回归了。这将开启真正的新的历史。

（高晓惠 译　徐向梅 校）

参考文献

Daniel Bell, "The Resumption of History in the New Century", in Daniel Bell, *The End of Ideology: On the Exhaustion of Political Ideas in the Fifties*, Cambridge (Ma.), London: Harvard Univ. Press, 2000.

Dinesh D'Souza, *The Enemy at Home: The Cultural Left and Its Responsibility for 9/11*, New York, London: Doubleday, 2007, p. 276.

Freedom in the World 2010: The Annual Survey of Political Rights and Civil Liberties, www.freedomhouse.org/uploads/fiw10/FIW_2010_Tables_and_Graphs.pdf.

Francis Fukuyama, *The End of History and the Last Man*, London, New York: Penguin, 1992.

Al Gore, *The Assault on Reason*, New York: The Penguin Press, 2007.

Robert Kagan, *The Return of History and the End of Dreams*, New York: Alfred A. Knopf, 2008.

Michael Mandelbaum, *Democracy's Good Name: The Rise and Risks of the World's Most Popular Form of Government*, New York: Public Affairs, 2007.

Robert Putnam, *Bowling Alone: The Collapse and Revival of American Commu-*

nity, New York: Simon & Schuster, 2000.

Jeremy Rifkin, *The European Dream: How Europe's Vision of the Future Is Quietly Eclipsing the American Dream*, New York: Jeremy P. Tarcher/Penguin, 2004.

Rick Shenkman, *Just How Stupid We Are? Facing the Truth about the American Voter*, New York: Basic Books, 2008.

Michael Walzer, *Politics and Passion: Toward a More Egalitarian Liberalism*, New Haven (Ct.), London: Yale Univ. Press, 2004.

Зигмунт Бауман, *Индивидуализированное общество*, пер. с англ. под ред. и со вступ. ст. В. Л. Иноземцева, Москва: Логос, 2002.

Фарид Закария, *Будущее свободы*, пер. с англ. под ред. и со вступ. ст. В. Л. Иноземцева, Москва: Логос, 2004.

从广场到市场：由此走向何方？

〔英〕齐格蒙特·鲍曼*

民主是广场（agora）生活的形式：它是联接或分离城邦中其他两个部门——公民大会和现代之前家庭——的媒介。在亚里士多德的论述中，现代之前的家庭代表家庭户，在其中，特定的利益得以形成并受到追求；公民大会代表"公众"——代表由选举产生、指定或抽签决定的地方行政长官组成的议事会（popular council），其功能是处理有关城邦中所有市民的共同事务，例如战争与和平、城邦的防卫和管理城邦中市民共同生活的规章等事宜；该词来源于动词"Kalein"，意思是召唤、召集、聚集，"公民大会"这一概念的出现先要有广场的存在——这里是民主的场所。

在城邦中，广场是每月一次或多次召集所有市民（各家庭的户主）举行公民大会和议事会的一个实际的场所，在此讨论和决定涉及共同利益的事宜，并选举或抽签产生其成员。由于显而易见的原因，这种程序是不可持续的，一旦城邦的领土或政治体的扩张大大超出城市边界时，广场在词意上就不再意味着一个国家的所有市民都被期待出席会议并参与决策过程的公共广场。然而，这并不意味着广场被赋予的使命及其功能已经丧失了意义或将被永久抛弃。民主的历史可以被描述为在其最初的物质基础消失后，为保持其目标

---

* 齐格蒙特·鲍曼（Zygmunt Bauman）——杰出的波兰裔英国哲学家，是世界上研究社会向后现代和全球化时代转型的最知名学者之一。英国利兹大学荣誉教授。从2010年9月起担任利兹大学鲍曼研究所所长。著有57部书，2000多篇文章，其中包括：《思想、理想和意识形态》（1963）、《在阶级与精英之间》（1972）、《论后现代道德》（1993）、《全球化对于人的后果》（1998）、《个性化社会》（2001）、《欧洲——一个未完成的冒险》（2004）。

并追求这一目标而进行的不懈努力的过程。

或者,人们可以说民主的历史是不断变化的,是由对广场的记忆指导并保持在正确的轨道上的。人们同样可以也应该说,保持和复苏对广场的记忆不得不沿着不同的路径,并采取不同的形式。不存在一条能够完成在现代之前的家庭和公民大会之间进行转化任务的独一无二的道路,也几乎没有一种模式可以一帆风顺。在两千年后的今天,我们需要从多样的民主形式的角度来考虑问题。

广场产生的目标(有时是明确的但在多数情况下是隐含的),是且一直是不断协调"私人"(以现代之前的家庭为基础的)和"公众"(公民大会管理的)之间的利益。而且广场的功能曾是而且仍然是为这种协调提供基本的和必要的条件,即在个人或家庭的利益和话语与公共的利益和话语之间的双向转化。从根本上说,人们期望在广场能够实现的事情,是把私人关注的事情和愿望重新融入公共事务中;反过来,广场也能够将公众关注的事务重新融入个人的权利和责任中。这样,人们或许能用此种转化的成功与失败、顺利或曲折来衡量一种政体的民主程度,即用达到其基本目标的程度来衡量,而不是像在一般情况下那样,用是否严格遵循被错误地认为是民主的充分条件的这样或那样的程序来衡量。

由于"直接民主"的城邦模式(以及其仅仅根据亲身参与和在决策过程中发言的市民的人数对转化的成功与否作出当场评估的机会)显然对现代的、复兴的民主概念不适用(特别是对于大型社会不适用,这种社会被公认为人们想象出的抽象的实体,超出了市民的经验和影响范围),所以,现代政治理论致力于发现或制定出人们可以借以评估一个政体民主程度的替代性标准:即可以被论证并表明反映广场的目标和功能被充分满足和实现的可能性的指数。在这些替代性的标准中可能最流行的是量化的标准:在"代议制"民主中参加选举的市民的百分比替代了在法律制定过程中的切身参与和利益表达。然而,这种间接参与的有效性是一个有争议的话题,特别是自从普选开始成为统治者合法性的唯一可接受的来源以来,那些既不能包容公众的不同意见也不能同反对派对话的公认的威权的、独裁的、极权主义的和专制的政权,可能比注意尊重和保护意见与言论自由的政府容易拥有更高的参与选举投票的选民比例(这样,按照形式上的标准,这些统治者的政策能获得更为广泛的大众支持）。难怪今天每当民主的定义性特征得到清楚的解释时，它就是后一种标准，其关注点往往不再是选民参加和不参加投票的统计数据。依据阿尔伯特·O. 赫希曼（Albert O. Hirshman）提出的"退出"和"表达"的概念①，这是消费者可能（而且往往）用于获得对市场政策发挥真正影响的两个重要策略，它常常使人想起公民公开表达不同意见的权利，为公民提供表达不同意见和将它传达到所针对的听众那里的工具，以及选择离开其憎恨或不赞成的政体的主权领域的权利，这是政治制度为了让其民主资格受到承认而必须满足的必要条件。

在赫希曼产生极大影响的著作的副标题中，他将卖家与委托人以及国家与市民之间的关系置于同一范畴中，使它们服从于同样的绩效衡量标准。这种做法得以合法化借助于这样一种假设，即政治自由和市场自由是密切相关的——它们相互需要、相互促进；支撑并促进经济增长的市场自由最终被认为是培育政治民主的必要条件，也是其基础——而民主政治是有效地追求并实现经济成功的唯一框架。然而，这一假设至少是有争议的。智利的皮诺切特、韩国的李承晚、新加坡的李光耀、台湾的蒋介石，除了他们给自己的官职所取的名称之外，无论过去还是现在都是不折不扣的独裁者（亚里士多德会把他们称为"僭主"）。但是他们推动了市场力量的快速扩张和迅猛发展。如果不是由于长期的"政府独裁"，那么上面列举的国家和地区都不会成为当今"经济奇迹"的典型。而且，我们或许能补充说，它们成为这样的典型并不是偶然的。

我们都知道，所谓的资本"原始积累"总是导致空前的和令人痛恨的社会动荡，生计被剥夺和生活条件两极分化；它必然导致潜在的爆炸性的社会紧张，而为了逐渐成长起来的企业主和商人这种社会紧张局势必须受到一个强有力的、无情的和高压的国家专政的抑制。我顺带提一下，战后日本和德国的"经济奇迹"在很大程度上可以用从当地政治机构手里接管了的强制和抑制功能的外国占领军的存在，以及对被占领国家的民主制度约束的有效规避来解释。

---

① Albert O. Hirschman, *Exit, Voice, and Loyalty: Responses to Decline in Firms, Organizations, and States*, Cambridge, MA: Harvard University Press, 1970.

＊ ＊ ＊ ＊ ＊

民主政体的一个最声名狼藉的缺陷是民主权利形式上的普遍性（所有市民皆平等）与实际行使这些权利的能力不够普及之间的矛盾。换句话说，在"法律上的公民"的合法身份与事实上的公民的实践能力之间存在差距；这一差距可望通过个人调动他们自己的技能和资源得到弥补，然而，个人或许缺乏这些技能和资源。

贝弗里奇勋爵（Lord Beveridge）——我们把后来被不少欧洲国家效仿的英国战后"福利国家"的蓝图归功于他——是一名自由主义者，而不是社会主义者。他相信，他关于保障给每个人提供全面的和集体支持的愿景，是个人自由的自由主义理念的必然结果和必要补充，同时也是自由主义民主的必要条件。富兰克林·德拉诺·罗斯福向恐惧宣战的宣言以及约瑟夫·西伯姆·朗特里（Joseph Seebohm Rowntree）对人类贫困及其恶化程度和原因的开创性研究确是基于同样的假设。毕竟，选择的自由使人们承担不计其数的失败的风险；很多人会认为这些风险是不能承受的，担心它们可能超出其个人能力所能承受的范围。除非对失败的恐惧能够通过以共同体的名义发布的、大多数人在遭遇个人失败或命运打击的情况下能够相信并依赖的保障政策加以缓和，否则对大多数人来说，选择自由的自由主义理念仍然是一个难以捉摸的幻影和毫无意义的梦想。

如果民主权利和与这些权利相伴的自由在理论上可行而在实践中实现不了，无望的痛苦必将由于不幸的羞辱而加剧；每天都受到考验的应对生活挑战的能力，归根到底是这样的一个场所，个人的自信及其自尊在其中都被舍弃或消磨殆尽。人们认为，在不是或拒绝成为社会福利国家的政治国家，会出现几乎或根本不帮助个人摆脱懒惰和无能的情况。如果全体公民不享有社会权利，那么很多且数量可能不断增加的人们会觉得他们的政治权利几乎没有用，不值得重视。如果政治权利对于社会权利的奠定是必要的，那么社会权利对于政治权利"成为现实"和发挥作用就是不可缺少的。两种权利在其存在上互相需要；这种存在只能是二者共同的成就。

社会国家曾经是大众理念的终极的现代体现，也就是这种理念以其由相互依赖、奉献、忠诚、团结和信任编织出来的"想象的总体"的现代形式在制度上的重生。社会权利可以说是想象的社会总体（这就是民主制度被置于其中的那一框架）的有形的、"能够感知的"表示，这种社会总体将抽象的概念与日常的现实联系起来，使想象在日常生活的沃土中生根成长。这些权利证实了人与人之间相互信任的真实性和现实性，也证实了人们对共有的、支持和确认集体团结的制度网络的那种信任。

大约在60年前，T. H. 马歇尔[1]重新分析了那个年代的流行氛围，结论是他相信已经存在而且一定会继续存在人类进步的一般规律：从产权到政治权利，从政治权利再到社会权利……按照他的观点，政治自由是经济自由的必然结果，同时它本身必然导致社会权利的产生——由此两种自由的运行于全体都是可行的和合理的。马歇尔相信，随政治权利的持续扩大，广场会变得更加包容，会有更多人获得发言权，越来越多的不平等会被铲除，越来越多的歧视会被消灭。大约25年后，约翰·肯尼斯·加尔布雷斯[2]发现了另外一个规律（如果说这不是对马歇尔的预测的直接驳斥，也必定是重大修正）：当社会权利开始普及起来，越来越多的享有政治权利的人们倾向于行使他们的投票权来支持导致下列后果的个人动议：扩大，而不是消除或拉平收入、生活水平和生活前景的不平等……加尔布雷斯将这种倾向归因于社会出现的"满意的多数"截然不同的情绪和生活哲学。在充满巨大风险和巨大机遇的世界上，现在在职场和家中感到安稳的多数人觉得在"福利国家"中别无所求，他们越来越认识到福利国家的安排是一个囚笼而不是一个保障网，是一种束缚而不是一种放开——也是一种浪费的施舍，他们这些有能力依靠自己资源满意的人很可能从来不需要这种施舍，也从来不可能从中获益。在他们看来，地方的贫困人口不再是"劳动力后备军"，用于使他们保持良好状态的费用是浪费。对广泛的、"超越左右"的被 T. H. 马歇尔视为"人权历史逻辑"终极目标的社会国家的支持，开始越来越快地萎缩、坍塌和消失。

实际上，如果工厂主不认为顾及"劳动力后备军"（其一旦被召回从事

---

[1] T. H. Marshall, *Citizenship and Social Class and other Essays*, Cambridge: CUP, 1950.

[2] See among other of John Kenneth Galbraith's works, or his *The Culture of Contentment*, Houghton Mifflin, 1992.

积极的服务时保持良好状态）是一项有利可图的投资，那么福利（社会）国家就几乎不能出现。社会国家的推行曾经是一个"超越左右"的问题；然而，现在由于其局限性和它逐渐被分解成为"超越左右"的问题而出现转折。如果福利国家目前资金不足，四分五裂或被主动废除，那是因为资本家的利润慢慢降低，或者是因为资本家已经由对工厂工人的剥削转向对消费者的剥削。而且，因为穷人被剥夺了需要对消费市场的诱惑作出反应的资源，他们需要现金和信用账户（而不是"福利国家"提供的那种服务）以起到任何消费资本所理解的"有益"的作用……

"福利国家"（我重复一下，最好称其为社会国家，这样就可将强调的重点从物质利益的分配转向构建提供这些物质利益的共同性动机）更像是一种似乎为防止目前的强迫"私有化"运动（一种对推广本质上反共享的、使个人之间相互竞争的消费市场风格的个性化模式的隐晦的说法）而被发明和推动的一种安排：这种运动的结果是削弱和破坏人际关系网络，破坏人类团结的社会基础。尽管"社会国家"倾向于团结其成员以试图保护所有以及其中的任何一个人远离无情的、毁灭道德的竞争，即"所有人反对所有人的战争"，但"私有化"将抗击和（有希望）解决社会制造的问题的艰巨任务转移到个人的肩膀上，在大多数情况下，用于实现这一目的的资源过于匮乏。

当一个国家提倡用公共支持的集体保障来对抗个人的不幸及其后果的原则时，它就是"社会的"。正是这一被宣示、在实践中运行并被确信有效的原则，将"想象的社会"提升到"真实的总体"的层面，即有形的、可以感受的并且是活生生的共同体，从而用鼓励信任和团结的"平等的秩序"代替[用约翰·邓恩（John Dunn）的话说]制造不信任和怀疑的"利己主义秩序"。正是同样的原则使政治机构成为民主的机构：它将社会成员提升到公民的地位，使他们成为利益相关者，并成为政治组织的股东：既是受益者，也是对福利的创造和公平分配负责的行动者。简而言之，公民是由他们在公共财产和责任中的重大利益界定和改变的。运用这一原则能（而且正在）保护人们免受发言权被剥夺、受到排斥和羞辱三大伤害——但最重要的是，它能（总的说来如此）成为社会团结的不竭的源泉，把"社会"变成共同的、公共的福祉。

* * * * *

然而，目前我们（"发达"国家中的主动的"我们"以及"发展中"国家中的处于全球市场、国际货币基金组织和世界银行的综合压力之下的"我们"）看起来是与此方向背道而驰的：真实的或想象的"总体"，社会和"共同体"变得越来越"缺位"。个人自主的范围在不断扩大，但也需要负担曾经被视为是国家下放给个人自己的一些责任。国家不再全力支持保障政策，变得越来越有保留，把获得福利并保证其稳定的任务留给个人去追求。

这样，没有太多的理由推动人们造访广场——而促使他们参与其中的理由更少。个人越来越必须依靠他们自己的资源和才智，人们期望对社会造成的问题提出个人的解决方案，并使用个人的技能和个人拥有的有利条件以个人的方式去实施。这种期望使个人处于相互竞争的状态，使共同体的团结被视为即使不是完全对生产起反作用之物，也基本上是一种无关紧要的东西。如果不是由于制度干预而得到缓解，这种"依照法令的个人化"将不可避免地造成个人机会的差异化和两极分化；实际上，它正在使前途和机会的两极分化进入自我驱动和加速的过程中。这种趋势的后果不难预测，而且现在就能被清点出来。例如在英国，最高端的1%的人的收入占国民收入的百分比从1982年的6.5%增长了1倍，达到13%，而位列富时股票交易指数前100家大公司首席执行官的收入在30年前不到普通人平均收入的20倍，但现在超过133倍。

然而，这还不是故事的全部。由于在广度和深度上迅速发展的"信息高速公路"网络的出现，任何个人——男人或女人，成人或儿童，富人或穷人，都被邀约、诱惑并引导（更确切地说是被强迫）将自己个人的处境与其他所有人的处境进行比较，特别是与那些大众偶像（经常在聚光灯下、电视屏幕和小报以及浮华杂志封面上曝光的名流）的奢侈消费进行比较，用他们炫耀的富足来衡量生活的价值。同时，当令人满意的生活的现实景象继续急剧分化时，人们所向往的"幸福生活"的标准与他们垂涎的幸福生活的标志往往被混为一谈——因为人们行动的驱动力量不再是"赶上地位相同的人"的大体现实的渴望，而是"赶上名流"、赶上超模、赶上足球超级联赛的球星和排名前十位的歌星这样一些极其含糊不清的想法。正如奥利弗·詹姆斯

(Oliver James)最近指出的那样,真正的毒品是由堆积起来的"不切实际的愿望以及对梦想成真的期望"制造的。只不过众多英国人"相信他们能够变得富有且出名","每个人都能成为阿兰·苏格(Alan Sugar)或比尔·盖茨,而不去考虑这种情况发生的现实可能性其实自20世纪70年代以来已经一去不复返了"①。

当今的国家越来越没有能力,也越来越不愿意对其国民的生存保障(即众所周知的弗兰克林·德拉诺·罗斯福所说的"免于恐惧的自由")作出承诺。获得生存保障的任务——在人类社会中获得并保持合法的和有尊严的地位以及免于被排斥的威胁——现在在越来越大的程度上取决于每一个体自己的技能和资源;这意味着个人承担这些任务必然承担的巨大风险和不确定性的苦恼。民主国家及其后继者——社会国家——曾经承诺根除的那种恐惧以更强的势头卷土重来。从社会底层到社会上层,我们中的大多数人现在都对一种被排斥、被证实没有能力接受挑战、被怠慢、尊严被否定及被羞辱的威胁感到恐惧,尽管这种威胁还很模糊。

政治家和消费市场都渴望利用这种广泛渗透于当今社会中的模糊的恐惧。提供消费商品和服务的商人将其商品宣传为医治人们讨厌的不确定性和模糊不清的威胁感觉的方便可靠的药物。平民主义运动和平民主义政治家们重新担负起了完成正在被削弱和即将消失的社会国家以及许多现在遗留下来、但基本上已经成为过去的社会民主党所放弃的任务。但他们完全反对社会国家,对扩大而不是减少恐惧的内容感兴趣,特别是对扩大从电视上能看到的那种被勇敢抵抗、反击和保卫国家的危险的恐惧感兴趣。问题是媒体大肆宣扬、不断报道的耸人听闻的威胁,如果有也很少碰巧正是导致大众焦虑和恐惧的危险。无论国家在抵御这些被渲染的威胁方面做得多么成功——焦虑、周围萦绕着的不确定性和社会的不安全感的真正来源,那些引起对现代资本主义生活方式特有的恐惧的根本原因仍然没有受到触动,而且一旦出现什么事件,它们还会被加剧。

在选举期间,人们都会通过他们在"安全竞赛"过程中的严厉程度来评

---

① 参见奥利弗·詹姆斯:《自私的资本主义对我们的精神健康是有害的》,载《卫报》,2008年1月3日。

判政治领袖们，无论是对在任者还是其竞争者。政治家们都试图作出承诺，以示自己将比对手更严厉地解决造成这种不安全的罪魁祸首（无论是真正的还是假定的），但这样的罪魁祸首都是相似的、触手可及的、可以被战胜或打败的东西，或者至少是被认为或表现得能被解决的东西。许诺保护勤奋工作的伦巴第人不被懒惰的卡拉布里亚人掠夺，保护伦巴第人和卡拉布里亚人不受新移民（新移民使他们想到自身地位的摇摇欲坠和不可救药的脆弱性）的威胁，保护所有选民不受纠缠不休的乞丐、小偷、抢劫犯，当然也包括吉普赛人的威胁，意大利力量党（Forza Italia）或北方联盟（the Lega）或许能在大选中获胜。从所有未被触及的人中，将产生对人类体面的生活和尊严，从而也是对民主生活的最可怕的威胁。

民主国家当前所遭遇到的危险部分地归因于这些国家的政府，它们不（像从前那样）保护其公民的社会作用，保护他们在社会中受尊重的地位，保护他们免受排斥、尊严不被否定及不受羞辱，而是试图通过拼命展示实力并表现他们面对无休止的、真实或假定的对人身的威胁的坚定决心，来使其统治权合法化，并要求人们遵守规则——这些是原因所在。我说"部分地"，是因为民主目前处于危险之中的第二个原因只能说是"自由疲劳"——它表现得很温和，由于它，我们大多数人接受了对来之不易的自由、隐私权、在法庭上的辩护权以及在被证明有罪前被视为无辜者的权利逐步限制的过程……洛朗·博内利（Laurent Bonnelli）最近创造了"扼杀自由"（liberticide）一词，以表示国家近来不太靠谱的野心与公民的胆怯和冷漠的结合。

前不久，我在电视上看到上千名旅客在又一次"恐怖主义恐慌"中滞留在英国机场——当宣布一枚"液体炸弹"的"无法形容的危险"和一个世界性的炸机阴谋被发现之后，航班被取消……滞留的这数千名旅客由于航班取消而耽误了假期，错过了重要的商务会议和家庭团聚。但是他们没有抱怨！没有丝毫抱怨……在他们被稽查犬搜查时，在他们在安检处排起看不到头的长队并接受可以肯定地认为在正常情况下是对他们尊严的冒犯的身体检查时，他们也没有抱怨。相反，他们都兴高采烈，喜气洋洋且充满感激："我们从未像现在这样感到安全"，他们不断地重复着。"我们非常感谢当局能够如此警惕，并对我们的安全如此关注！"

从今天一些极端的例子中，我们获悉不经起诉就把犯人经年累月地监禁在像关塔那摩、阿布格莱布之类的监狱，或许监禁在许多保密的因而也更险恶、更不人道的监狱中的行径。这些事情偶尔引起低调的抗议，但几乎没有引起公众的强烈抗议，更不用说引起有效的抵抗。我们这些"民主的大多数"，安慰自己说所有那些对人权的侵犯是针对"他们"，而不是"我们"的——是针对不同种类的人的（"私下说，他们真的是人吗?!"）。而且，那些耸人听闻的事件与我们这些正派的人无关。我们很容易忘记马丁·尼莫拉的悲惨教训，这位路德派牧师和纳粹暴行的受害者控诉道：他们首先要追杀共产主义者，他沉思了一下——但我不是共产主义者，所以我保持沉默。然后他们又追杀工会分子，我不是工会分子，所以我没有说话。然后他们又追杀犹太人，我不是犹太人……然后是基督教徒，我不是基督教徒……最后他们奔我而来，而那时却再也没有人为别人说话。

  在一个不安全的世界里，安全是游戏的名义。安全是游戏的主要目标和首要利益，即使在理论中不是这样，安全在实践中是一种使其他一切价值相形见绌并使这些价值离开人们的视线和关注的价值，包括对"我们"来说珍贵的、据说被"他们"憎恨的价值，这个理由说明了他们想伤害我们、而我们的职责是战胜和惩罚他们的首要原因。处于一个像我们所处的这样的不安全的世界中，言论和行动的个人自由、隐私权、了解真相的权利——我们过去把所有这一切与民主联系在一起，现在仍旧以它们的名义发动战争——需要被削减或暂时取消……或者，这至少是官方的说法，也被官方的行为所证实。

＊　＊　＊　＊　＊

  尽管如此，我们只有把民主置于危险的境地才可以忽略的真理是，如果我们在家里将自己与世隔绝且仅仅关注我们个人的事务，那么我们就不可能有效地捍卫我们的自由。

  阶级不过是种种不平等的历史形式中的一种，民族国家不过是它的一种历史框架，同样，"国家阶级社会的终结"（"国家阶级社会"的时代是不是确实已经结束，这是个悬而未决的问题）并不预示着"社会不平等的终结"。现在我们需要使不平等的问题超越误导的、狭隘的人均收入范围，将其扩大到贫困与社会脆弱性之间、腐败与危险的积聚之间,以及羞辱与对否定尊严之间致命的相关性方面,也就是扩大到观点和行为的形成因素以及群体整合(在这些情况下,更正确地说是分裂群体的)的因素,这些因素的重要性在信息全球化时代快速提升。

我相信目前的"不平等的全球化"其实是对马克斯·韦伯在现代资本主义的起源中发现,并称之为"商业从家庭中分离出来"的过程的重复,尽管这次是全球性的。换句话说,"商业从家庭中分离出来"的过程就是将商业利益从现有的一切受道德约束的监督和控制的社会、文化制度中解放出来(那时集中在家庭作坊,并通过它们延伸到地方社区)——其结果是商业不再追求其他任何价值而只关注利润最大化。这个事后聪明的好处使我们可以将目前的背离当做是对原来进行了两个世纪的过程的放大的重复。结果是同样的:苦难的飞速传播[贫困、家庭和社区的瓦解,人际关系逐渐弱化为托马斯·卡莱尔(Thomas Carlyle)所说的"金钱关系"]和新出现的"三不管地带"(一种后来由好莱坞制片厂再现的"荒蛮的西部")——没有有效的法律、没有行政监督、偶尔有游侠到来主持正义的地方。商业的最初解放后,随之而来的是崛起国家进行的以侵略、征服和殖民为目的的长期、狂热而又艰难的争斗,最后,对这块秩序混乱的土地进行"规范的管理",为"想象的共同体"打下制度基础(被称为"国家"),这意味着接管以前由家庭、教区、手工艺人行会以及其他迫使商业服从其社会价值的机构执行的维持生活的功能,但现在摆脱了行政权力被剥夺掉的地方社区的越来越软弱的控制。目前我们正在经历"商业分离的第二个阶段":这次,轮到民族国家被置于"家庭"和"狭隘的地方主义"的地位;人们对它不以为然,将其视为和指责为阻碍现代化的、非理性的和反经济的历史残余。

与第一次分离一样,第二次分离的实质仍然是权力和政治的分离。在努力降低第一次分离对社会和文化的破坏的过程中(在"二战"后的"黄金三十年"间达到高潮),崛起的现代国家成功地打造了政治和治理制度,使权力(Macht,Herrschaft)与政治在民族和国家的地域联合体框架内结合起来。随着权力部分挥发到网络空间,部分分流到好斗和险峻的非政治市场中,部分"下放"("通过法令"强制性地)到最近"被解放了的"(也是通过法令)的个人,权力和政治的结合(更准确地说是它们在民族国家内的共生)

目前以分离而告终。

这个结果和第一次分离的情况非常一致；只是这一次是在极其广阔的范围内发生的。然而，人们现在看不到被假定的"主权民族国家"的对等之物，这种"主权民族国家"能够（或被希望能够）设想（姑且不说去推行）这样一种现实的前景，即驯服迄今为止完全消极的（破坏性的、瓦解制度的、熔化结构的）全球化，重新掌控失控的力量，使它们服从一种基于道德的和政治操作的控制。至少是这样……我们现在有不受政治约束的权力，也有权力缺位的政治。权力已经是全球性的了；政治令人怜悯地呆在地方上。地域上的民族国家是负责"法律和秩序"的地方警察局分局，也是全球化制造的风险和问题的地方上的垃圾箱和垃圾清理回收处理厂。

有足够的理由可以假设，在一个全球化的地球上，任何一个人在任何地方的困境决定着所有其他人的困境，同时，它也为其他人的困境所决定，人们不再能"单独地"——在孤立的情况下，只在一个国家或少数几个被选出的国家中——保障并有效地保护民主。每一块土地上的自由和民主的命运都在全球舞台上受到决定和安排；而且，只有在那个舞台上它才能够被捍卫，并获得一个现实的取得持久成功的机会。自由和民主的命运不再取决于任何一个单独行动的国家的权力，无论这个国家资源多么丰富，装备如何精良，态度何等坚定且不妥协，这样的国家在国内捍卫所选择的价值，却对其边界之外的人们对这些价值的梦想和渴望置之不理。但准确地说，这种不愿帮助他人的做法，似乎正是我们欧洲人以外部世界的贫困为代价来保持富裕并使财富加倍增长时的做法。

几个例子就足以说明这一点。40年前世界5%最富裕人口的收入比5%最贫穷人口的收入高30倍，但在15年前已经到60倍，2002年则高达114倍。

雅克·阿塔利（Jacques Attali）在《人类的心声》[①]中指出，世界贸易的一半和全球投资的一多半仅使22个国家获益，仅覆盖了14%多的世界人口，然而居住在49个最贫困国家的11%的世界人口只得到了全球产品总额的0.5%——与地球上三位最富有的富翁的总收入大致相当。全世界总财富

[①] Jacques Attali, *La Voie humaine*, Fayard, 2004.

的 90% 仍然把持在 1% 的人手中。

坦桑尼亚全年的总收入是 22 亿美元，它们在 2500 万人口中分配。高盛银行的收入是 26 亿美元，它们在 161 个股东之间分配。

欧洲和美国每年把 170 亿美元花在动物食品上，而据专家估算，拯救世界饥饿人口费用的缺口是 190 亿美元。正如约瑟夫·斯蒂格利茨提醒准备参加墨西哥会议的各国商务部长①，欧洲对每头牛的平均补贴"与上千万人口勉强维持生存的每天 2 美元的贫困线水平相当"——而美国向 25000 名富裕农民支付的 40 亿美元棉花补助"使 1000 万非洲农民陷入困境，这远远抵消了美国对一些受此影响的国家的微不足道的援助"。人们有时听到欧洲和美国互相公开指责对方"不公平的农业补贴做法"。但斯蒂格利茨评论道，"看起来他们当中的任何一方都不愿作出重大让步"——然而，除了重大的让步，没有其他什么事情可以说服他人不再把"美国和欧洲野蛮的经济力量"的这种厚颜无耻的展示视为维护特权者权益的努力，视为保护富人的财富并为其利益服务的努力——在他们看来，这就是使财富越滚越大。

如果人类团结被提升到比民族国家更高的层面上并再次受到关注，那么其本质要素（如相互所属的情感和对共同的未来分担责任的情感，或相互关注对方的福利、寻求友好地和持久地解决偶发冲突办法的意愿）就需要建构一个意见形成和意志形成的制度框架。但在这一过程中，欧盟目标是（并走向——不过是缓慢和几乎停顿地）建立这种制度框架的基本的或初步的形式，遭遇的最突出障碍是现存的民族国家的抵制和它们对放弃一度属于其国家主权范围的任何职能的不情愿。人们很难明确指出当前的方向，而预测未来的发展变化更加困难，除非是进行毫无根据、不负责任和轻率的预测。

我们觉得、猜想、疑惑需要做些什么。但我们不可能知道这种制度框架最终将以什么样的形态和形式出现。不过，我们非常肯定的是，最终的形态将不是人们所熟悉的。它将会而且必定不同于我们在过去，即在国家形成和民族国家实现自主的时代已经习惯的一切情况。几乎不可能出现其他情况，因为目前我们所使用的一切政治制度都是为民族国家的领土主权而量身定做的；民族国家们抵制扩展到全球性的、超国家的尺度，为全球范围人类共同

---

① Joseph Stiglitz, "Trade Imbalance", *The Guardian*, 15 August, 2003.

体的自我构建服务的政治制度将不是也不可能是"相同的，只是范围会更大的"。如果亚里士多德被邀请出席伦敦、巴黎或华盛顿的议会会议，他可能会赞同其程序上的规则，并认可它为受其决定所影响的人提供的好处，但如果被告知向他展示的是"正在运行的民主"，他会大惑不解。这不是他——这个术语的发明者——所构想的"一个民主城邦"……

我们也充分意识到从"国家之间的"行动的机构或工具走向"普遍的"——全世界的、地球上的、人类范围的——制度必将是一个质的而不仅仅是量上的变化。所以我们可能会担心，目前合用的"国际政治"框架能否适用于正在出现的全球政治组织的实践，或能否作为它们的孵化器发挥作用，例如，联合国其诞生的任务是为了保护和捍卫国家对其领土不可分割和不容置疑的主权吗？国际法律的约束力——它能依靠"国际共同体"主权成员国的（公认的可撤销的）协议服从这些法律吗？

* * * * *

现代性在其前期阶段将人类的整合提高到民族的高度。在其完成使命前，现代性还需完成另一个更艰巨的任务：将人类的整合提高到包括地球上所有人的全人类的高度。无论这一任务可能被证明如何困难与棘手，它都是重要的和紧迫的，因为对于一个普遍相互依存的星球来说，这确实是（共）存或（共）亡的问题。郑重承诺并完成这一任务的一个重要条件是，创造与"社会国家"相当的全球性体制，社会国家圆满结束了现代历史的过往阶段，将地区和部落整合到民族国家中。这样，在某个角度上，社会主义"积极的乌托邦"的基本内核——共同对抗痛苦和不幸的集体责任和集体保障原则——的复兴可能不可或缺，虽然这次是在全球的范围，以人类整体作为目标。

在资本和商品贸易全球化已经达到的阶段上，单独一个或几个政府都不能做到收支平衡。而没有收支平衡，"社会国家"有效地根除国内贫困的持续的实践就是不可思议的。也难以想象，一个或多个政府能够对消费加以限制，并将税收提高到这种持续的实践所要求的水平，更不用说进一步扩大社会服务领域了。对市场的干预确实是非常需要的，但如果出现干预，是否会是一种国家干预？尤其是，除了纯粹的干预，它是否将产生实际的作用？这看起来更是非政府的、不依赖国家甚至与国家持不同意见的组织机构的工作。贫困和不平等,以及更普遍的由全球的自由放任带来的灾难性的副作用和"相关的损害",不能单独在地球其他地方的某个角落得到有效解决(除非是以朝鲜或缅甸人不得不付出人的生命为代价……)。不存在这样一种公道的方式,通过这种方式,一个或多个领土国家可以"退出"全人类的全球相互依存。"社会国家"不再是可行的;只有"社会地球"或许能接过社会国家曾经尝试并部分成功地履行了的功能。

我觉得可能将我们带到"社会地球"的工具不是领土上的主权国家,而是被公认的超越领土的世界性的非政府组织和协会;这样的组织和协会直接触及需要帮助的人们,不受地方"主权"政府的干预……

(刘英 译 童建挺 校)

参考文献

Jacques Attali, *La Voie humaine*: *Pour une nouvelle social-d mocratie*, Paris: Fayard, 2004.

John K. Galbraith, *The Culture of Contentment*, Boston (Ma.): Houghton Mifflin, 1992.

Alfred O. Hirschman, *Exit*, *Voice*, *and Loyalty*: *Responses to Decline in Firms*, *Organizations*, *and States*, Cambridge (Ma.): Harvard Univ. Press, 1970.

Oliver James, "Selfish Capitalism is Bad for Our Mental Health", in *The Guardian*, January 3, 2008.

Thomas H. Marshall, *Citizenship and Social Class*, *and Other Essays*, Cambridge: Cambridge Univ. Press, 1950.

Joseph Stiglitz, "Trade Imbalances", in *The Guardian*, August 15, 2003.

推翻专制的多数不是简单的任务

〔俄〕马克·乌尔诺夫[*]

在目前情况下，民主转型涉及一个很狭窄的方面：专制综合征这类转型社会的文化因素是对建立稳定的民主制度的威胁，这非常重要。

我这里说的民主转型，指的是社会从任何类型的专制制度[①]转变为自由民主的政治制度，其基础是政治精英以获得权力和影响力为目的来争取选票而进行的制度化的和公开的竞争。熊彼特把自由民主制描述成"争取领导权的竞争"或"争取自由公民选票的自由竞争"。[②]

实际上，专制综合征程度不同地表现在所有走上民主化道路的国家的文化中，并且让这些国家的民主化之路更曲折。而在民主转型的理论中，与经济问题和社会结构问题相比，一般文化问题，尤其是专制综合征问题都不是研究的兴趣重点所在。

---

[*] 马克·乌尔诺夫（Марк Урнов）——俄罗斯经济学家和社会学家，经济学副博士，政治学博士，1994—1996年任俄联邦总统分析局局长，高等经济学院应用政治学系主任（2004年起）和导师（2010年起），"开放论坛"社会俱乐部协调人。有多部专著或合著，包括：《俄罗斯的中产阶级：数量和质量评估》（2000）、《当代俄罗斯：挑战与应对》（2004），在国内外刊物上发表文章300多篇。

[①] 一般来说，这样的制度可以分为"传统的"威权专制和极权专制。参见 Самюэль Хантингтон（Samuel Huntington）, *Третья волна: Демократизация в конце XX века*, Москва: РОССПЭН, 2003, cc. 22-23（亨廷顿：《第三波》俄文版）。

[②] 参见 Joseph Schumpeter, *Capitalism, Socialism, and Democracy*, London: George Allen & Unwin, 1944, p. 271。

这种情况看起来很奇怪。在各种社会系统论和行为理论①中，文化一直都有着重要的独立地位。在极权主义和民主理论中的情况差不多：在极权理论中，从埃里希·弗洛姆的《逃避自由》（1941）和西奥多·阿多诺（Theodor Adorno）的《权威人格》（1950）开始，在民主思想中，至少是从加布里埃尔·阿尔蒙德（Gabriel A. Almond）和西德尼·维巴（Sidney Verba）的《公民文化》（1963）问世以来，文化都有独立的地位。

而在转型学中，情况完全不同。一些系统的转型学研究一般都不涉及文化问题。② 有一些著作把文化主要解释为从属于经济因素、社会结构等的现象③，而且这种看法总的来说占主导地位。有时，这种看法会出现更复杂和恰当的解释：文化尽管处于经济和社会进程的巨大影响力之下，但也能够决定新出现的政治制度的特征④，能为破坏尚不稳定的民主制度推波助澜⑤，

---

① 参见 Талкотт Парсонс（Talcott Parsons），*О социальных системах*，Москва：Академический проект，2002；Роберт Мертон（Robert King Merton），*Социальная теория и социальная структура*，Москва：АСТ，2006；Дэвид Макклелланд（David C. McClelland），*Мотивация человека*，СПБ.：Питер，2007；Гарри Триандис（Triandis Harry），*Культура и социальное поведение*，Москва：ФОРУМ，2007；Geert Hofstede，*Culture's Consequences: International Differences in Work-Related Values*，Newbury Park（Ca.），London，New Delhi：Sage Publications，1984；Shalom H. Schwartz and W. Bilsky，"Toward A Universal Psychological Structure of Human Values"，in *Journal of Personality and Social Psychology*，Vol. 53，No. 3，1987，pp. 550–562 и др。

② 参见 Adam Przeworski and Fernando Limongi，"Modernization: Theories and Facts"，in *World Politics*，Vol. 49，No. 2，1997，pp. 155–183；Адам Пшеворский（Adam Przeworski），*Демократия и рынок：Политические и экономические реформы в Восточной Европе и Латинской Америке*，Москва：РОССПЭН，2000。

③ 参见 Seymour M. Lipset，"Some Social Requisites of Democracy: Economic Development and Political Legitimacy"，in *American Political Sciences Review*，Vol. 53，No. 1，1959，pp. 69–105；Mancur Olson，"Rapid Growth as a Destabilizing Force"，in *Journal of Economic History*，Vol. 23，No. 4，1963，pp. 529–552；Fareed Zakaria，*The Future of Freedom: Illiberal Democracy at Home and Abroad*，New York，London：W. W. Norton & Co.，2003。

④ 参见 Ronald Inglehart and W. E. Baker，"Modernization, Cultural Change, and the Persistence of Traditional Values"，in *American Sociological Review*，2000，Vol. 65，No. 1，pp. 19–51；Ronald Inglehart，"How Solid Is Mass Support for Democracy: And How Can We Measure It?"，in *Political Sciences and Politics*，Vol. 36，No. 1，2003，pp. 51–37。

⑤ 参见 Самюэль Хантингтон，*Третья волна*。

等等。

但是，认为文化是独立的转型要素，能对民主化命运起决定性作用，这种看法并不是很普遍。支持这种看法的最著名的学者当属罗伯特·达尔了①，但是，他在分析多头政治的确立时，对文化的关注也比对社会结构、政治制度和经济进程的关注少得多，而且他在说文化时也十分谨慎。

我认为，应该把文化、经济、工艺、社会结构和政治看做民主转型过程中各种彼此关联和影响并相对独立的要素组成的体系。在每一这样的时刻，文化都在约束着个人、团体和整个社会可能的决策和行为。我说的文化，指的是该社会中存在的个体文化（personal cultures）的总和，其中每个文化都是主观思想、价值观、立场和模式的集合。②

我们一般意义上理解的文化或集体文化（collective culture），是规范性认识的总和，是周期性诉求的对象，个体文化与此不同，它直接调节人的行为。借用弗洛伊德的理论，可以说，集体文化起着类似于超我（super ego）的作用，而个体文化起的是自我（ego）的作用。

由于各种众所周知的原因，社会中个体文化的总和比集体文化有更大的异质性和内容的"多变性"，即能更快地改变其价值和思想。③ 在转型社会，

---

① 参见 Роберт Даль（Robert Alan Dahl），*Демократия и ее критики*，Москва：РОССПЭН，2003，с. 399。

② 关于个体文化的思想，参见 Ronald Fischer, "Congruence and Functions of Personal and Cultural Values: Do My Values Reflect My Culture's Values?", in *Personality and Social Psycology Bulletin*, Vol. 32, Issue 11, 2006, pp. 1419–1431; Jaan Valsiner, "Personal Culture and Conduct of Value", in *Journal of Social, Evolutionary and Cultural Psychology*, Vol. 1, No. 2, 2007, pp. 59–65; Рождественский Юрий，*Введение в культуроведение*，Москва：Добросвет，2000。

③ 要构建个体文化多变性的理论模式，可以利用认同理论中常使用的稳定性这个概念（salience）。谢尔登·斯特赖克（Sheldon Stryker）和伯克·皮特（Burke Peter）定义的认同稳定性是，"一个人在不同环境中或不同人在相似环境中的行为表现出认同的可能性［的程度］"。参见 Sheldon Stryker and Peter Burke, "The Past, Present and Future of an Identity Theory", in *Social Psychology Quarterly*, Vol. 63, No. 4, 2000, p. 286。理查德·塞尔普（Richard Serpe）和谢尔登·斯特赖克认为，当人们找不到高稳定性认同的行为方式或无法使用这种方式时，认同稳定性的程度会变化。参见 Richard Serpe and Sheldon Stryker, "The Construction of Self and Reconstruction of Social Relationships", in Edward Lawer and Barry Markovsky (eds.), *Advances in Group Processes: A Research Annual 1987*, Greenwich (Ct.): JAI Press, 1987, pp. 41–66——引自 Sheldon Stryker and Peter Burke, "The Past, Present, and Future of an Identity Theory", pp. 286–287。

文化的多变性表现得尤其明显。在这类社会中，经常可以看到的怨恨①增多等现象，或者相反的现象，"全民接受"新价值和告别过去，都属于个体文化范畴。

我现在要明确说明一下专制综合征的几个意见。在刚提到的西奥多·阿多诺的书出版后 60 年的时间内，专制综合征思想发生了巨大变化。从纯心理学的解读到文化学的解释，不仅包含了专制人格的典型心理特征，还包含价值、思想取向，以及日常行为和政治行为的模式。不仅形成了对法律的认识，也形成了对左倾专制主义的认识。②

对专制综合征的大量经验研究，都让我们有理由认为，专制综合征这种现象的基本内容，在各种文化环境中大多是不变的。③ 我们在这里不研究专制综合征的所有内容，只看其中一个主要的内容——对权力的态度。各种情况表明，这种态度是绝大多数专制制度国家所特有的——苏联，欧洲纳粹德国、法西斯意大利、佛朗哥西班牙的殖民地和同时期拉丁美洲的左派专政，虽然表现程度不同。

用最简单的话来说，专制对权力的态度就是愿意把权力载体当做"父亲"或"老大哥"，这些人具有不容置疑的权威，比其他人"更加平等"。这是最温和的说法，它一边发展一边强化，就变成了这样一种观点：当权者就是最优秀的人，是国家、世界无产阶级或全人类的领袖，是神在地球上的代表，等等。④

显然，专制体制下，很难把政权机关看做是雇佣经理人机制，更不要奢

---

① 马克斯·舍勒说，"怨恨是心灵的自我毒害"，是"报复冲动、仇恨、妒忌及其他表现形式与无能为力之间的紧张冲突"造成的持久感受。参见 Макс Шелер (Max Scheler), *Ресентимент в структуре моралей*, СПб.: Наука, 1999, cc. 13, 49。舍勒认为，"怨恨生长的土壤，首先就是那些尊严被冒犯了的人。"（同上，c. 18）

② 汉斯·艾森克是最早描述了左倾专制主义现象的人之一。参见 Ганс Айзенк (Hans Jürgen Eysenck), *Парадоксы психологии*, Москва: Эксмо, 2009, cc. 246–286

③ 或许这是因为，专制综合征活跃的心理机制（为了传统的或伪传统的家长式关系，放弃个人自由和个体责任，有其内在的理由和外在的诱因）和满足放弃自由这个要求所需的组织条件，在各种文化中是不变的。

④ 为了说明这一点，我建议读者可以自己评价一下，1924 年冬天举着标语"列宁墓——人类的摇篮"经过刚建成的列宁墓的农民对列宁的态度。

望会有自由主义文化中重要的"对权力的合理蔑视"①。显而易见的是，专制的态度越强，分权制衡、权力透明、制度化冲突、政治竞争，当然还有政治参与等概念，就越难保持。这些概念，多半会被当做没意义因而也就没用的思想，或者被当做反价值来看待。

专制文化更显著的特征是：权力自然集中在一部分人手中；社会与政权、领袖与人民团结一致；不准有公开的冲突②；每个人必须做好自己的事：掌权者——掌管权力，普通公民——诚实工作，等等。

在用价值和概念等术语描述专制综合征时，我们不能忘记，它们只是文化这个冰山的顶部。冰山的水下部分是与价值和概念相关联的行为模式，行为模式很难用语言表达，但对理解文化如何影响政治制度的建立是非常重要的。

专制综合征对民主转型的威胁表现可能各有不同，这首先取决于其强度和在社会中的普及程度，其次取决于民主转型的特点。第一个因素是很明显的，而第二个就需要作一些说明。

民主化（从专制制度向民主制度的转变）是社会体系极大复杂化的过程，总会导致社会中的创新分子与保守分子之间的文化冲突。这个冲突必然会把精英牵扯进来。绝对自下而上和绝对自上而下的民主化模式都不符合现实。精英与社会其他人总是相互作用的。但是，成功的民主化对精英的文化状况和社会整体文化状况的"要求"，因转型方式和具体环境的不同而在很大范围内有所变化。

法里德·扎卡利亚（Fareed Zakaria）说，经济自由化的"非既定政治结果"③ 是"不苛求文化的"转型。这样的自由化开始于与政治家的自由主义

---

① 参见 Фридрих Хайек（Friedrich Hayek），*Дорога к рабству*, Москва: Новое издательство, 2005, c. 152。

② 在这里要提一下亚历山大·赫尔岑在《往事与随想》中援引的杜贝尔特将军的话，将军用富有特色的语言概括了19世纪的专制制度，这个制度大大不同于我们时代的其他专制制度，它派头十足并深信自身的合法性："在法国，政府与各党派水火不相容，而各党派也任意诋毁政府；可我们不同，我们的政府像慈父，一切都可以在内部解决。"参见 Александр Герцен, *Былое и думы. Кн. 1*, Москва: Государственное издательство художественной литературы, 1962, cc. 382–383。

③ 参见 Фарид Закария, *Будущее свободы*, c. 82。

民主理想相距甚远的实用想法，不过它引起文化、社会结构、政治制度的相互作用。这个相互作用会逐渐带来（或者不会带来）对民主化有利的社会文化的改变。

在这种情况下，专制综合征在经济自由化开始时就不会给正在到来的民主化造成什么政治上的威胁。政治民主制度不是一下子就出现的，而是在社会习惯了新的生活环境几十年后，也就是随着专制主义价值观、观念和模式在社会文化中失去（如果能失去）主导地位而出现的。

社会精英也不必从最开始就掌握彻底的自由主义价值和观念，不需要在价值层面上接受经济中的自由主义创新（只要这些创新在文化可以接受的范围就足够了）。所以，精英们可以允许有使自我意识缓慢民主化这种"过分之举"。我认为，不苛求文化正是这种民主化最容易成功的一个主要原因。

如果没有经济的"前奏"就开始民主化，如果直接从政治制度改革开始，那就会出现完全不同的情况。在民主转型起步时，社会文化在自由主义价值和观念上至少是很不发达的，而且专制综合征还有很大可能是根深蒂固的。如果是后一种情况，要成功开始民主化，就必须适度削弱专制综合征。

在这种情况下要成功实现民主化，对改革精英的要求就更多了：深谙民主价值观，能与思想上的对手谈判，对很可能出现的社会怨恨浪潮有抵抗力，了解导致怨恨的各种情况，善于缓和怨恨。一句话，精英需要智慧、知识和经验，而这些，精英们大都无处可得。

因此毫不奇怪，在这种民主化的情况下，民主力量遭到失败的可能性是相当大的。破坏尚不稳固的民主制度的方式可能各有不同。

破坏可能进行得很缓慢，途径是使各种专制做法慢慢地渗入到形式上是民主制度的日常运作中。比如，扩大对政治竞争、媒体自由和司法系统独立的各种限制，将专制作风普及到政治制度的内部和公民与政权之间的关系中，将那些不适应这一风格的人排挤出权力机关，提高宣扬专制口号的政治家的受欢迎度，等等。

结果就是，民主制度重新变成了专制制度。过一段时间后，这些变化用法律和其他法规的形式固定下来。其实，这就是 21 世纪初俄罗斯所发生的事。① 如果人民积极地或消极地支持政变，或把权力民主地交给那些宣称其政治目标是反对"各种假民主"的人，推翻民主制度，有时也发生得非常快。但是，无论以什么样的速度放弃民主，成功的必要条件是，大规模出现从马克斯·舍勒时代以来政治学中所说的怨恨浪潮以及 20 世纪 70 年代末西班牙和其后拉丁美洲政治实践中显露出的"幻灭"（"el desencanto"）② 感。

在处于民主转型过程的社会中，怨恨的主要内容是专制综合征的活跃，即与民主化开始时相比专制综合征加强了，专制综合征的种种表现变成了文化的主导特征。换句话说，这是在价值、认知、情感和行为的层面脱离民主的浪潮。

某种力量的怨恨，几乎是民主转型的共有特征。在"第三波"民主化波及的绝大多数国家，包括人民狂热欢迎最初的民主化措施的国家（苏联、西班牙、葡萄牙等），怨恨都在增加。

专制综合征加重的原因有许多：幻想和希望破灭，政权低效，社会不平等增加，腐败，物质生活条件和地位恶化，习惯的日常生活受到损害，必须适应新的、不熟悉的和更复杂的情况等。对局势的不满增加，推动这些因素加重了专制综合征。根据释放不满的原理，这大部分现象都属于导致挫败的因素，即在实现目标的道路上遇到的人们希望绕过或克服的那些障碍。

在现代性文化相对不发达的社会中（从 20 世纪初到现在进行民主转型的大多数国家都是如此），经济增长可能成为带来严重挫败的原因。

在这些社会中，经济增长所带来的挫败效果主要由两个因素引起。其中一个因素是，实际的经济发展造成不平等增加，加剧了社会的嫉妒心理。这个现象不仅在转型社会中有，在稳定的现代文化，甚至在后现代文化的社会

---

① 关于俄罗斯政治制度的转型，详见 Макс Урнов и Валерия Касамара, *Современная Россия：Вызовы и ответы*, Москва：ФАП "Экспертиза", 2005, cc. 25 - 44; Марк Урнов, «Трансформация политического режима в России：содержание и возможные последствия», в Юрий Красин（ред.）, *Демократия и федерализм в России*, Москва：РОССПЭН, 2007, cc. 87 - 103。

② 参见 Самюэль Хантингтон, *Третья волна*, cc. 275 - 277。

中都可以看到。另一个因素,是开始现代化的社会特有的,这就是虚妄抱负①的倾向,所以产生这种倾向,是因为这些社会典型的以自我实现为目标的、首先是像现实的目标设定这样的行为特征不够发达。②

虚妄抱负倾向在发展中的表现是,在经济增长期,随着成功度的提升(如收入增加),虚妄抱负的增长就大大高于合理的预期。而当想有与能有之间的差距拉大③,便产生了挫败感,结果导致攻击性和不满。在经济下滑时,社会中的抱负水平则会严重下降,抱负与预期之间的差异缩小,挫败感也减弱。在这方面,这样的社会不同于发达的现代主义文化,更不同于后现代主义文化的社会,在这里经济增长是降低挫败感的因素,经济下滑则是引起挫

---

① 这个词是法国社会学家弗·洛贝在1957年引入的。参见 Francine Robaye, *Niveaux d'aspiration et d'expectation*, Paris: Presses Universitaires de France, 1957。

② 关于以自我实现为目标的行为特征,参见 Марк Урнов, *Эмоции в политическом поведении*, Москва: Аспект Пресс, 2008。关于现实的目标设定,参见 W. Garry Runciman, *Relative Deprivation and Social Justice: A Study of Attitudes to Social Inequality in Twentieth-Century England*, Aldershot: Gregg Revivals, 1993, p. 27; Курт Левин, *Разрешение социальных конфликтов*, СПб.: Речь, 2000, с. 253; Абрахам Маслоу, *Мотивация и личность*, СПб.: Евразия, 1999, с. 73。关于现实的目标设定与动机实现的成熟水平之间的联系,参见 John W. Atikinson, "Motivational Determinants of Risk-taking Behavior", in *Psychological Review*, Vol. 64, No. 6, Part 1, 1957, pp. 359–372。

③ 遵循严格的理论要求,提请注意,这里说的是想有与能有之间的差距,而不是想有与既有的差距。因为大多数关于攻击性的著名政治心理模式都用"我想有的"与"我已得到的"之间的差距,来解释社会攻击性的增加。参见 James Davies, "Towards a Theory of Revolution", in *American Sociological Review*, Vol. 27, No. 1, 1962, pp. 5–19; Ted Gurr, *Why Men Rebel*, Princeton (NJ): Princeton Univ. Press, 1970; Morton Deutsch, "Field Theory in Social Psychology", in Gardner Lindzey and Elliott Aronson (eds.), *The Handbook of Social Psychology*, 2nd ed., *Vol. 1*, London: Addison-Wesley, 1968, pp. 412–487。但是,对攻击性的这种解释,内在地要求政治人(homo politicus)具有最原始的行为模式。假定,在任何想有与既有之间存在着实质性差距的情况下,不论在追求想有的道路上是否有障碍,政治人都倾向于攻击。此外,这个解释与心理学中对挫败的理解是矛盾的,会导致挫败这个概念与"相对丧失"概念的混淆。把攻击性发展看做是"我想有的"与"我认为能得到的"之间差距产生的一个从属现象,就没有这些缺点。详见 Марк Урнов, *Эмоции в политическом поведении*, Москва: Аспект Пресс, 2008。

败感的因素。①

　　我们说过，怨恨浪潮是绝大多数转型社会都有的，但是，这种浪潮的力度在各个国家是完全不同的。之所以有这些区别，是因为有些国家的文化中具有反怨恨成分，有些国家的文化中则没有这样的成分。

　　对成功民主社会的认同就是这样的文化成分。在东欧国家和波罗的海国家，这个因素的影响是很容易看到的。这些国家在极权统治时期对民主的西方表现出不同程度的归属感，在苏联帝国垮台时仍然是文化中的主导因素。对西方的认同感和在制度上强化认同感的努力，是东欧国家民主化的一个主要诱因。如果我们认为，努力重归西方对它们来说，是与恢复民族独立一样重要的民主化因素，这应该是不会错的。随着转型过程和由此产生的问题的发展，亲西方的定位大大缓和了国内的怨恨，阻止了专制主义报复的可能性。

　　在苏联和后苏联的俄罗斯，亲西方的定位也起过并正在起着阻止专制综合征的作用。大多数的社会调查表明，在俄罗斯人的意识中，"西方主义"与民主价值紧密相连，而斯拉夫主义、欧亚主义和其他把俄罗斯与西方对立起来的形式，都对应着各种专制综合征的因素。

　　但是，西方主义在俄罗斯不如在东欧国家盛行，而且有些不同的特点，大部分亲西方的人，认为俄罗斯与其说是西方的一部分，不如说是西方的伙伴。俄罗斯文化中西方主义相对薄弱的原因是，这种思想一直以来与强国思想对立，俄罗斯人更希望看到自己的国家是独立的世界游戏者，它令人害怕，被人尊重②，能把自己的意志强加于人，而不希望看到俄罗斯是某个社会平等的一分子。

---

　　① 关于经济增长条件下挫败感的增长和经济危机时挫败感的减轻，详见 Марк Урнов, *Эмоции в политическом поведении*, Москва: Аспект Пресс, 2008。这里有其他国家和地区的几个例子，在现代化较早阶段，经济增长时就加剧了挫败感和社会紧张情绪，如20世纪50—60年代的希腊，60年代的西班牙，60年代末到70年代初的巴西，60—80年代的台湾和韩国，80年代的伊朗和中国。参见 Самюэль Хантингтон, *Третья волна*, сс. 82–84。

　　② 我在2004年对"俄罗斯大众意识中的极端专制综合征"的研究显示，60%的受访者同意这种说法："其他国家应该害怕俄罗斯，并因此尊重俄罗斯。"参见 Марк Урнов и Валерия Касамара, *Современная Россия: Вызовы и ответы*, с. 54。

强国思想是至少两百多年来俄罗斯同一性中的一个不变的内容。① 在 19 世纪，俄罗斯文化中的强国思想与反西方主义之间的联系变得非常明显，而且，在历史发展中，反西方主义作为强国思想的一个补充因素，其强度稳定增加。苏联时期，达到了顶点，戈尔巴乔夫试图把俄罗斯文化的这两个组成因素结合起来，众所周知，以失败告终。

在当代俄罗斯文化中，强国思想与反西方主义之间还保持着正相关性。今天还像过去一样，俄罗斯文化中亲西方的方针与强国思想玩着"零和游戏"，强国思想的普及范围越广，西方主义就越不受欢迎，反之亦然。今天俄罗斯强国情绪增长，带有强烈的反西方倾向，这不是偶然的。② 根据俄罗斯科学院社会学所的数据，在 1995—2007 年间，受访的俄罗斯人中，对提到美国持肯定态度的比例从 77% 下降到了 37%，而对提到美国感到不愉快的人，从 9% 增加到了 40%。在俄罗斯，西欧的形象也在下降，在 2002—2007 年间，受访者提到西欧的负面特点的数量大大增加了，从 37% 增加到了 45%。在负面特点中增长最大的有："压迫"从 19% 增加到 34%，"威胁"从 43% 增加到 57%，"软弱"从 12% 增加到 25%，"道德颓丧"从 33% 到 45%，"危机"从 14% 到 24%。③

文化中存在的能缓和怨恨的因素，使改革精英们的民主转型过程明显变容易了。

如果没有这些因素，或者这些因素很不明显，民主精英们就应想办法建立一些缓和机制，尤其是采取一系列措施将专制文化转型为民主文化（孟德斯鸠和托克维尔就论述过有意培养价值观和行为模式对于发展和践行民主的

---

① 20 世纪俄罗斯历史上有两个短暂时期（每个时期大约十年），强国思想不受欢迎：一个是从 1917 年到 20 年代中期，另一个是从 80 年代中期到 90 年代中期。这两次"非典型的"情绪是由各种原因引起的，并以不同方式表现在政治实践中，但是这样的时期都被强国思想和民族主义的强大浪潮取代了。

② 这些情绪的表现有间接的标志，那就是在俄罗斯民众和精英的意识中，不能以健康的心态自我嘲讽这种对国家强大的全民关注心态。结果，强国热情有时就十分可笑地表现在日常生活中：货架上摆放的熏肠名为"帝国"牌。

③ 参见 *Российская идентичность в социологическом измерении*, Москва, 2007。

特殊作用，当然，他们用的不是这些词)①。

许多年过去后，1944年，20世纪最伟大的心理学家之一库尔特·勒温写道，必须系统地改造德国纳粹制度所形成的文化。②

我认为，对转型社会进行文化"重组"的措施至少应包括：

——有针对性地摧毁专制文化的神话、价值观、观念和模式，借助电子媒体、互联网、中等和高等教育机构，推动自由主义文化的普及（给社会"注入自由主义"）；

——向各级权力机构的代表普及民主管理的方法（勒温认为这是从极权文化向民主文化转变的首要措施③)；

——国家扶持发展公民社会组织和社会生活中的任何民主实践；

——通过国家政策，提高（至少要支持）对文化转型有巨大影响力的社会团体（中学教师、大学教师、文艺和科学知识分子、记者）的社会地位，最广泛地吸收这些团体的代表与政权合作。

当然，上述措施不能保证不产生怨恨浪潮，但完全可以降低怨恨的程度。

许多自由主义改革家都对文化转型思想的重要性估计不足或者否认这种思想。④ 这是因为，在意识形态上，自由主义世界观反对国家以任何形式干预个人的选择。

前面提到的文化是经济和社会结构变化的从属现象，是这一立场的实用基础。这种看法在目前最流行的一种表现是，认定发展中产阶级是民主变革不可逆转的最好保障。许多人认为，中产阶级有各种价值体系，凭借其价值

---

① 孟德斯鸠说，"共和政体需要教育的全部力量"。参见 Шарль-Луи де Секонда, барон Ля Брэд и де Монтескье, *О духе законов*, Москва: Мысль, 1999, с.39。托克维尔写道，"在我们这一代，领导社会的人肩负的首要任务"是"教导人们民主，如有可能，重新唤起民主的理想，洁化民主的风尚；规制民主的行动，使公民逐步参与管理国家，防止经验的不足"，如果不是这样，那么民主就像法国大革命时期一样"任凭其野蛮的本能去支配"。（Алексис де Токвиль, *Демократия в Америке*, Москва: Прогресс, 1992, с.30.）

② 参见 Курт Левин, *Разрешение социальных конфликтов*, сс. 160–196。

③ 参见 Курт Левин, *Разрешение социальных конфликтов*, с. 171。

④ 他们在这方面与极权主义改革家不同。极权主义改革家非常重视文化在保持政治制度稳定方面的作用，在获得或夺取政权后，立刻就开始实施某种形式的"文化革命"。

体系，就可以同样成功地或者成为民主制度的支柱或者成为专制制度的支柱①，而这个观点一般未受到注意。

无论怎样解释低估民主化的文化因素的原因，都不为过。所以就不能不同意勒温的观点，勒温说，"民主领袖想要小团体气氛民主点，他就应该拥有权力，应该利用权力进行积极的再培训"，"对周围人宽容这一民主原则有一个重要的限制性条件：'以民主的不宽容对待不宽容'②同样是必要的"。

说到把文化调整到民主轨道的各个方面，那么应该指出的是，调整的对象不是纯粹的专制文化，而是转型文化，它并不十分完备，其中专制综合征的各种因素有时与完全不同源的因素神奇地结合在一起。

把极端的个人主义与来自国家的同样极端的家长式预期结合起来，是转型社会文化最常遇到的也是最危险的幻想。在日常语言中，个人主义原则和集体主义原则的杂交可以表达如下：我有权做我想做的，我对社会和国家都没有义务，不过社会和国家有义务保证我的福利。

这个"个人主义家长制"不但与成熟的专制文化不相容，而且与成熟的民主文化也不相容。但是，在正瓦解的或正确立的左派专制社会中，可以很容易地发现它，在摆脱了左派专制制度但尚未完成民主转型的社会中也能发现它。在社会主义制度末期的苏联和后苏联的当今俄罗斯，这种个人主义家长制都很普遍。③ 在后苏联国家、后社会主义的东欧国家和当今委内瑞拉某种程度上也很普遍。

在处于民主化过程的社会里"个人主义家长制"越普遍，社会面临的选

---

① 详见 Seymour M. Lipset, *Political Man: The Social Basis of Politics*, Baltimore (Md.): The Johns Hopkins University Press, 1981, pp. 127–179。

② Курт Левин, *Резрешение социальных конфликтов*, сс. 170, 162.

③ 再一次引用我 2004 年的研究。在该项研究中，在"国家应保证每个人有体面的工作和生活水平"还是"国家应只关心那些确实无法工作的人（老人、孩子、残疾人）的幸福"之间作出选择时，68%的受访者更倾向第一种观点，28%的人选择第二种，4%的人表示难以回答。我在其中指出，认为国家是保护者和庇护者的观点，与对国家的深刻不信任完全可以并存。在该项研究中，72%的受访者同意"俄罗斯的大多数官员都是窃贼"的说法，大约同样数量（75%）的受访者认为，"电力、煤炭、石油工业、铁路这样的战略部门应该归国家所有"。参见 Марк Урнов и Валерия Касамара, *Современная Россия: Вызовы и ответы*, сс. 56, 62。

择就越具戏剧性：是放弃对个体权利和国家的社会作用的简单化认识，建立有效的市场经济和稳定的民主政治制度？还是回到比民主化尝试之前存在的制度更腐败更低效的专制制度？

对这个问题的回答是，国家在垮掉前能经受多少不成功的民主化尝试，在很大程度上取决于其文化状况。

（彭晓宇 译　高晓惠 校）

参考文献

John W. Atkinson, "Motivational Determinations of Risk-taking Behavior", in *Psychological Review*, Vol. 64, No. 6, Part 1, 1957.

James Davies, "Towards a Theory of Revolution", in *American Sociological Review*, Vol. 27, No. 1, 1962.

Morton Deutsch, "Field Theory in Social Psychology", in Gardner Lindzey and Elliott Aronson (eds.), *The Handbook of Social Psychology*, 2nd ed., Vol. 1, London: Addison-Wesley, 1968.

Ronald Fischer, "Congruence and Functions of Personal and Cultural Values: Do My Values Reflect My Culture's Values?", in *Personality and Social Psychology Bulletin*, Vol. 32, Issue 11, 2006.

Ted Gurr, *Why Men Rebel*, Princeton (NJ): Princeton Univ. Press, 1970.

Geert Hofstede, *Culture's Consequences: International Differences in Work-Related Values*, Newbury Park (Ca.), London, New Delhi: Sage Publications, 1984.

Ronald Inglehart, "How Solid Is Mass Support for Democracy: And How Can We Measure It?", in *Political Science and Politics*, Vol. 36, No. 1, 2003.

Ronald Inglehart and W. E. Baker, "Modernization, Cultural Change and the Persistence of Traditional Values", in *American Sociological Review*, Vol. 65, No. 1, 2000.

Seymour M. Lipset, *Political Man: The Social Basis of Politics*, Baltimore (Md.): The Johns Hopkins Univ. Press, 1981.

Seymour M. Lipset, "Some Social Requisites of Democracy: Economic Development and Political Legitimacy", in *American Political Science Review*, Vol. 53,

No. 1, 1959.

Mancur Oslon, "Rapid Growth as a Destabilizing Force", in *Journal of Economic History*, Vol. 23, No. 4, 1963.

Adam Przeworski and Fernando Limongi, "Modernization: Theories and Facts", in *World Politics*, Vol. 49, No. 2, 1997.

Francine Robaye, *Niveaux d'aspiration et d'expectation*, Paris: Presses Universitaires de France, 1957.

W. Garry Runciman, *Relative Deprivation and Social Justice: A Study of Attitudes to Social Inequality in Twentieth-Century England*, Aldershot: Gregg Revivals, 1993.

Joseph Schumpeter, *Capitalism, Socialism, and Democracy*, London: George, Allen & Unwin, 1944.

Shalom H. Schwartz and W. Bilsky, "Toward a Universal Psychological Structure of Human Values", in *Journal of Personality and Social Psychology*, Vol. 53, No. 3, 1987.

Richard Serpe and Sheldon Stryker, "The Construction of Self and Reconstruction of Social Relationships", in Edward Lawer and Barry Markovsky (eds.), *Advances in Group Processes: A Research Annual 1987*, Greenwich (Ct.): JAI Press, 1987.

Sheldon Stryker and Peter Burke, "The Past, Present, and Future of an Identity Theory", in *Social Psychology Quarterly*, Vol. 63, No. 4, 2000.

Jaan Valsiner, "Personal culture and conduct of value", in *Journal of Social, Evolutionary, and Cultural Psychology*, Vol. 1, No. 2, 2007.

Ганс Айзенк, *Парадоксы психологии*, Москва: Эксмо, 2009.

Александр Герцен, *Былое и думы. Кн. 1*, Москва: Государственное издательство художественной литературы, 1962.

Роберт Даль, *Демократия и ее критики*, Москва: РОССПЭН, 2003.

Фарид Закария, *Будущее свободы*, Пер. с анг. под ред. и со вступ. ст. В. Л. Иноземцева, Москва: Логос, 2004.

Курт Левин, *Разрешение социальных конфликтов*, СПб.: Речь, 2000.

Дэвид Макклелланд, *Мотивация человека*, СПб.: Питер, 2007.

Абрахам Маслоу, *Мотивация и личность*, СПб.: Евразия, 1999.

Роберт Мертон, *Социальная теория и социальная структура*, Москва: АСТ, 2006.

Шарль-Луи де Секонда, барон Ля Брэд и де Монтескье, *О духе законов*, Москва: Мысль, 1999.

Талкотт Парсонс, *О социальных системах*, Москва: Академический проект, 2002.

Адам Пшеворски, *Демократия и рынок. Политические и экономические реформы в Восточной Европе и Латинской Америке*, Москва: РОССПЭН, 2000.

Юрий Рождественский, *Введение в культуроведение*, Москва: Добросвет, 2000.

Алексис де Токвиль, *Демократия в Америке*, Москва: Прогресс, 1992.

Гарри Триандис, *Культура и социальное поведение*, Москва: Форум, 2007.

Марк Урнов, «Трансформация политического режима в России: содержание и возможные последствия», в Юрий Красин (ред.), *Демократия и федерализм в России*, Москва: РОССПЭН, 2007.

Марк Урнов, *Эмоции в политическом поведении*, Москва: Аспект Пресс, 2008.

Марк Урнов и Валерия Касамара, *Современная Россия: Вызовы и ответы*, Москва: ФАП «Экспертиза», 2005.

Фридрих Хайек, *Дорога к рабству*, Москва: Новое издательство, 2005.

Самюэль Хантингтон, *Третья волна: Демократизация в конце XX века*, Москва: РОССПЭН, 2003.

Макс Шелер, *Ресентимент в структуре моралей*, СПб.: Наука, 1999.

第二部分

民主化实践及其特点

从19世纪的民主制走向21世纪的民主制:下一步如何?

民主的苦涩胜利

民主在中国:挑战还是机遇?

民主及其在俄罗斯的运用

民主和不满

从19世纪的民主制走向21世纪的民主制：下一步如何？

〔俄〕阿列克谢·米勒*

为了从总体上评估民主制在当代的前景，特别是在后共产主义欧洲国家的前景，从历史的视角去看待这个问题是有益的。与形成和发展于18和19世纪的民族观念相关联的现代民主制的历史，用历史尺度来度量是相当短暂的。当然，像任何一种政治制度和思想一样，这种类型的民主制自然也注重建构一条深远的传承线——一直可以上溯到希腊城邦。不过相比20世纪的共产主义制度与古基督教公社共产主义之间的共同之处而言，现代民主制与古希腊城邦民主制之间的共性要略多一些。

把民族作为政治代表制民主形式的框架，有两种明显不同的模式，一为不列颠模式，一为法兰西模式。在地理意义上的欧洲之外，作为现代民主政治形式的民族国家的发展首先与大英帝国和法兰西帝国的霸权有关。18和19世纪在这些宗主国内形成了一些民族国家，每个帝国都非常积极地向这些民族国家输出自己的民主模式，而且很多时候这种输出是在英法帝国"硬实力"和"软实力"组合作用下进行的。有人不无讽刺地说，英国没有抛弃殖民地就为了给它们留下一部没用的宪法。众所周知，拿破仑法典的输出不仅仅是因为人权与公民权宣言思想的魅力，而且还借助于近卫军的刺刀。

---

* 阿列克谢·米勒（Алексей Миллер）——俄罗斯历史学家，历史学博士，俄罗斯科学院社会科学情报所研究员，布达佩斯中欧大学教授，俄罗斯和东欧国家政治史问题专家。著有多部著作，包括：《权力政治和俄罗斯社会舆论中的乌克兰问题（19世纪下半叶）》（2000）、《罗曼诺夫帝国与民族主义》（2006）、《俄罗斯帝国的西部边陲》（合著，2006），在国内外刊物上发表数十篇学术论文。

第一次世界大战之前民主制在欧洲大陆上始终没能成为一种稳定的制度。法国在 19 世纪至少经历了五次严重的政治危机。19 世纪下半叶有些国家的代议制度运行得相对顺利，首先是因为存在一些额外的稳定性制度和（或者）政治势力中心。这甚至可能是某些传统的制度——比如说奥匈帝国的君主制和皇室，它们可以弥补 1867 年后建立的帝国议会制度的缺陷。总之，无论对拿破仑三世时期的法国，还是对俾斯麦时期的普鲁士来说，这种典型的被称为"波拿巴主义"的现象都应该被视为议会制度形成过程的一部分，而不只是作为一种反常现象（君主制即使在今天也能履行某些类似的职能，比如西班牙）。这可能是一些非正式的、常常是不公开的"俱乐部"或者包厢，它们在那些民主制度无能为力的领域作出政治决策（这种机制直到现在还存在于很多民主体制中，比如美国[①]）。

凡尔赛体系在第一次世界大战后缔造了一系列新兴国家，并明确要求它们建立民主政体和采取民主化举措——特别是在对待少数民族的问题上。最后这个要求对于在瓦解的大陆帝国空间上建设民族国家显得特别重要，这样的空间很不适合实施该类计划。对于新兴的东欧国家来说，排斥和压迫少数民族问题那时即已成为其民主制的原生之痛。巴尔干问题的战后条约，特别是《洛迦诺公约》，第一次从国际法的角度批准了大规模移民，这完全可以称之为种族和宗教意义上的驱逐，实质上是让这些移民充当了建立民族国家的工具。这显然证明，20 世纪初的民主制不善于用非同化的融合方式有效地解决文化各异的少数民族问题。不过，更多早期民主制的经验，包括法国的、英国的和美国的，也依赖于残酷排斥少数种族的机制。

这种机制在后共产主义空间又以各种不同的版本重现——从南斯拉夫和格鲁吉亚的种族内战和强迫迁徙版本，到摩尔多瓦导致德涅斯特河沿岸地区从摩尔多瓦政治版图上消失的短暂武力冲突版本[②]，再到波罗的海地区俄语族群被和平剥夺公民权。我们将在讨论引起新移民浪潮的现代西方社会问题

[①] 比如，确定小布什与艾伯特·戈尔之间竞选结果的危机是如何解决的，就是一个明显的介入的例子，这种介入表面上看是体系外的，但实质上对于权力中心制度运行来说是极端重要的。

[②] 这是在摩尔多瓦实施民族国家方案的必要条件。

时再次回到这个论题，以便证实一点，现代民主制即使在21世纪也还没有完全学会如何应对来自不可同化的少数族群方面的挑战。

我们还是回到两次世界大战之间的时代。缺乏非正式的内部和外部稳定机制，恶劣的国际环境，特别是从1929年开始的经济危机，导致绝大多数新生国家的民主政体于20世纪20年代即已或多或少地向威权体制转变。并且很多情况下这些依靠传统社会结构和精英的威权体制，在对待各种左翼和右翼革命极权主义运动及其政治信仰上，往往都表现出高度的抵抗力。对东欧、巴尔干，对伊比利亚半岛，甚至某种程度上对于战前的意大利，都是如此①。正是在那些威权体制没能成功地取代不稳定民主制的地方——正如1917年的俄国和1933年的德国，大规模的极权主义运动才得以上台执政。②

与两次大战期间的凡尔赛体系不同，在"冷战"背景下西方主要民主国家建立起一系列体制（首先是北约和欧盟），来扮演欧洲边缘民主制度外部稳定器的角色。西班牙、葡萄牙、希腊和土耳其的实例表明，没有这样的外部稳定器，欧洲外围的民主制度在今天仍不具备足够的内部稳定性。如果不是落入米兰·昆德拉（Milan Kundera）"被绑架的中欧"的隐喻——中欧据称是在苏联控制下被剥夺了"重归民主"的机会，那么可以肯定地认为，大陆这部分国家的政治发展将类似于欧洲外围那些非共产主义国家。换句话说，民主制度要获得稳定当且仅当它们被纳入到一种能够履行外部稳定器职能的体制的时候。③ 正是在20世纪80年代末到90年代初共产主义制度衰落之后，一系列新独立国家被纳入到西方体制中去。那些获得了这种外部稳定器的后共产主义国家，尽管还存在大量问题和缺陷，却从那时起逐渐巩固了西方模式的民主体制。那些还没有加入欧盟和北约也看不到能成为其成员国的明朗前景的国家，尽管表现出多多少少的政治多元化，但是没有稳定的民主制。这对于包括俄罗斯在内的所有后苏联共和国来说都是如此（不包括已加入欧

---

① 今天北非一些穆斯林国家威权制度履行着封锁伊斯兰原教旨主义之类的职能——比如阿尔及利亚和埃及。

② 当然，这不能全面解释共产党人和纳粹分子在这些国家获得的成功。

③ 很难想象，这种情况在第二次世界大战结束后不久就会出现。事实是，这种可能性存在的前提是战争不会将欧洲分割成两个阵营。而同时，正是"冷战"和华沙条约组织的存在成为北约和欧盟诞生与加固的主要动因。

盟和北约的立陶宛、拉脱维亚和爱沙尼亚）。

在没有悠久民主传统的国家——特别是那些至少在共产主义制度统治下度过40年的国家——凸显出不稳定民主制的两个问题。第一，在这些国家，旧的能促使不稳定、有缺陷的民主程序稳定下来的非正式内部机制没有保存下来，而新的又来不及建立。正因如此，在那些缺乏以欧盟为代表的外部稳定器的后共产主义国家，经常发生选举后危机，谁都不愿意承认自己在选举中的失败，操纵选举运动和（或者）操纵计票工作，如果公布的结果对自己不利的话，要求修改选举结果或者重新举行选举。在这种情况下除了加入欧盟（或者能看到很快成为其一员的明朗前景），来自欧洲安全与合作组织及其他机构对选举的任何外部监督都不可能保障民主程序的合法性和稳定性。

第二，在20世纪确立民主制的所有国家，其民主"政治领域"的形成机制完全不同。事实上，西欧和美国18与19世纪的民主制带有鲜明的精英特征，有投票权的人数不仅受种族且也受阶层等级、财产和教育程度的严格限制。不仅政党制度，而且那些非正式的利益协调和冲突调解机制，都是在这些背景下成长起来的，离开这些制度和机制，民主制作为一种正式的制度不可能具有稳定性。同样重要的是，一些获得选举权的新群体已经作为有着明确集团利益的有组织势力登上已架构完成的政治角斗场。① 在20世纪已经适应了民主制的那些国家应该很快就要面对普选权问题②，而后共产主义国家和被共产主义制度操练过的居民还在积极争取参加选举模仿秀。而且一般来说，在这些甚至比西方社会受到更有效社会原子化（социальная атомизация）的国家中，无论是整个政党体制还是各个政党的架构都很薄弱，而社会中有明确利益的有组织的政治和社会集团不多。③

这加重了所有民主国家共性问题的负面影响。

第一，当"阶级变成了群众"时，各个社会集团的政治作用和组织性就被削弱了。政党已经不具有阶级属性，而是努力按"争取所有人"的原则去

---

① 只需看看19世纪下半叶威尔士的工人俱乐部就能明白这里说的是什么意思了。

② 在一些国家这或多或少会由当地对选民的传统监督机制所弥补。例如，西班牙的卡西克主义（caciquismo）。

③ 例如，在波兰，到现在为止没有一个政党没经历过丧权之痛，除了"民主左翼"，而它们也处于瓦解的边缘。

建构自己的纲领和选举战略。第二，发生选战的媒体空间遭遇了革命性的变化。过去的舞文弄墨，即发表政治论文，报刊上的政论以及在竞选集会或者议会内发表的长篇大论——也会见诸报端，现在已经被艾伯特·戈尔所说的最好的"电视帝国"① 所取代。大多数竞选活动正是借助于电视短片开展的，这必不可免地造成形式大于内容。结果就导致政治辩论的议程被简化和阉割，一些重要议题则完全消失了。只要回忆一下，在这次经济危机之前主流经济秩序原则在哪里都从未成为竞选活动的话题，因为一直以来受推崇的观点认为制度是稳定的，能够自我调节，而这对于"普通"选民来说又太难以理解。在危机之前试图提出这些问题的政治家们被当做激进分子或巧言惑众者受到排挤。政治辩论意义的下降与选民的大众性和媒体空间的特点有关——这是常见的问题，看不到解决的办法。在有些情况下，当有意义的内容在选战中被阉割掉，一些替代性主题常常脱颖而出。一个典型的例子是，在后共产主义国家"历史政治"② 所扮演的角色。

在有着悠久民主传统的国家，政治议程变质问题多多少少会被结构复杂而稳定的政党的存在所弥补，它们在党内开展政治辩论。在后共产主义国家，这一因素基本上不存在。综上所述，可以得出结论，今天在后共产主义国家民主体制得以建立的条件根本不同于西方式民主生长的背景，"自发的"进程就不可能得到相似的结果。

近十年来出现了向欧洲外围国家输出民主的几次浪潮。不过只有当这些国家本身"被输入"到一种超国家的起到外部稳定器作用的西方体制中的时候，这种输出才导致稳定民主制度的建立。除这一机制之外，后共产主义社会中西方模式的民主制要获得稳定发展看起来鲜有可能性。因此，可以提一下"民主俱乐部"，在这个俱乐部里民主不只是获得成员身份的标准，甚至在更大程度上是加入俱乐部的结果。

在"俱乐部外"所进行的模仿西方民主体制的尝试引起外围社会开始运行一些程序（选举）和制度（议会），它们在很多方面貌似西方模式，但实

---

① 参见 Al Gore, *The Assault on Reason*, New York: The Penguin Press, 2007, pp. 5–6。
② 详见 Алексей Миллер, ««Историческая политика»и ее российская версия», в *Pro et contra*, No 3, 2009。

际上执行的是完全不同的辅助性的、协商的，常常是装饰性的职能。其中之一就是非民主的制度被合法化，这与民主思想本身在全球范围内被歪曲密切相关。在对外政策领域，那些制度之所以能够借助于选举而获得合法化，只是由于民主政府出于各种原因宁愿在这出戏中采取附和态度——它们或者是重要的政治盟友，或者是拥有极为重要的自然资源。在这些国家内部"模仿的"民主可以给现行体制提供一种蛊惑性的手段，用以呼吁大多数人的认同。①

同时，民主的一个重要职能是保护少数人。乍听起来这种观点可能很荒谬，而从历史上说威权制度的确比民主制特别是不稳定的民主制能更好地担负起这种职能。"帝国"历史学家多米尼克·列文（Dominic Lieven）曾经指出，从殖民地居民的角度，被宗主国实行传统威权制度的帝国统治要好于被宗主国实行民主体制的帝国统治。在民主体制下发生种族灭绝和种族清洗是完全可能的，甚至更加可能，假如民主被理解成占人口多数的种族和宗教的权利的话，而且这不只是在殖民地，在民族国家自身形成过程中也是如此。②与此相关，还可以指出，"自发"发展民主的国家不同于那些打算在21世纪或多或少顺利地适应现代民主制的国家。后者不得不与"地域化"的少数民族打交道，这些少数民族已形成相当发达的民族自觉意识。因此，法国、英国和美国的民主制按各自的方式所进行的归化和同化实践在19世纪相当成功，但现在不仅不起作用，而且实际上还起反作用。认清这个因素是把民族—国家和国家—民族进行比较的基础，这是近年来阿尔弗雷德·斯捷潘和胡安·林茨提出的观点。③他们注意到，一些现代民主制脱离了民族—国家模

---

① 在对外和对内政策上的双重标准和双重道德，是民主制不可分割的特点。这是我们应该学习的——就像要按照正确的比例去混合鸡尾酒。不过这个原则正越来越多地被威权制度的精英们所利用——因此，在偏离了自己所宣称的原则的民主派精英和那些仿效这些原则的威权派精英之间当然就产生明显的更大的分歧。

② 参见 Michael Mann, *The Dark Side of Democracy: Explaining Ethnic Cleansing*, Cambridge: Cambridge Univ. Press, 2005。

③ 参见 Alfred Stepan, "Comparative Theory and Political Practice: Do We Need a 'State-Nation' Model as well as a 'Nation-State' Model?", in *Government and Opposition*, Vol. 43, No. 1, 2008, pp. 1–25; Alfred Stepan, Juan Linz and Yogendra Yadav, *Democracy in Multinational Societies: India and Other Polities*, Baltimore, London: Johns Hopkins Univ. Press, 2008。

式——这种模式假定一个国家中只有一个民族能够存在。他们建构了一套制度体系,承认在一个国家里可以有数个民族共存(加拿大、印度)的事实。比较"民族—国家"模式和"国家—民族"模式,斯捷潘建构了下面一系列个对立:尊重一种"文化文明传统"与尊重一个以上同类传统的对立,但条件是尊重不同的传统不妨碍对整个国家认同的可能性;强迫文化同化政策与承认和支持多种文化同等权利的对立;单一国家或单一民族的联邦与通常是不均衡的文化多元的联邦体系的对立。斯捷潘在其他著作中还指出,对于民族—国家模式来说通常更典型的是总统制共和国,而对于国家—民族模式则是议会制共和国。①

相较于不久前特别流行的威尔·金里卡②的多元文化理论,这个观点更为谨慎,它是对协和式民主③(consociational democracy)概念思想的发展。不过在阿尔弗雷德·斯捷潘和胡安·林茨那里可以观察到某些过分乐观的成分。公正地说,国家—民族政策在某些情况下可以预防发生严重的危机,这通常是由于试图对那些有着强烈民族认同感的少数民族采取强迫同化政策而产生的。他们对比利时的案例重视不够,比利时的经验表明,在国家—民族模式下国家完整性可能会出现什么样的问题。

就后苏联空间而言,斯捷潘正确地指出,在一系列新生国家,国家—民族模式要比民族—国家模式更加适宜,因为存在像俄罗斯这样的潜在的欲收复失地的邻居,后一种政策实际推行起来比较困难。他以乌克兰为例来解释这种观点④,实际对格鲁吉亚、摩尔多瓦,甚至爱沙尼亚和拉脱维亚来说,也都是这样。爱沙尼亚和拉脱维亚有些地区,其中包括临近俄罗斯边界的地

---

① 参见 Alfred Stepan, "Comparative Theory and Political Practice: Do We Need a 'State-Nation' Model as well as a 'Nation-State' Model?", pp. 1–25。

② 参见 Will Kymlicka, "Multicultural States and Intercultural Citizens", in *Theory and Research in Education*, Vol. 1, No. 2, 2003, pp. 147–169。

③ 参见 Arend Lijphart, *Democracy in Plural Societies: A Comparative Exploration*, New Haven (Ct.): Yale Univ. Press, 1977; Brendan O'Leary, "Debating Consociational Politics: Normative and Explanatory Arguments", in Sid Noel Jr., *From Power Sharing to Democracy: Post-Conflict Institutions in Ethnically Divided Societies*, Montreal: McGill-Queen's Press, 2005, pp. 3–43。

④ 参见 Alfred Stepan, "Ukraine: Improbable Democratic 'Nation-State' but Possible Democratic 'State-Nation'?", in *Post-Soviet Affairs*, No. 4, 2005, pp. 279–308。

区，是少数俄罗斯族人的聚居地；摩尔多瓦德涅斯特河沿岸分离主义倾向严重的地区表现出明显的亲俄罗斯取向；格鲁吉亚分离主义倾向严重的南奥塞梯和阿布哈兹地区也同俄罗斯接壤，如今它们在俄罗斯的支持下已经获得了独立地位，尽管承认其独立的国家不多。乌克兰克里木自治区俄罗斯族人占大多数，而该国东部地区，除了重要的作为少数民族存在的俄罗斯族，还居住着占人口绝大多数的讲俄语的居民。任何一种行政自治，尤其是联邦，都被这些国家的中央理解成是孕育中的分离主义或者是为俄罗斯的民族统一创造有利的条件。

不只是对那些准备在20和21世纪适应民主制的国家，而且对那些"老牌"民主国家来说，来自未被同化的少数民族方面对经典的民族—国家模式的挑战都是很突出的。人口因素和全球化使得在一系列"老牌"民主国家形成了大量移民群落，大体上穆斯林不仅不想被同化，而且力求维护自己的难以与西欧后基督教社会价值取向和行为规范相兼容的文化以及宗教传统和规范。法国、英国、德国和荷兰在以各种不同方式处理这个问题的时候有一个共同特点：我们看不到任何明确的解决这个问题的战略。我们已经看到，美国的人身保护权（Habeas Corpus）原则在"反恐战争"中是怎样轻易被抛弃的。当然，民主和法治的原则在欧洲国家比在美国受到更加一贯的遵循。不过，在未被同化的穆斯林群落其绝对数量和相对数量必然增加，以及经常受到暴力升级包括恐怖活动威胁的情况下，现在要预测这些国家在未来二三十年民主制的前景是很困难的。这是民主的民族—国家模式最明显的危机和挑战，它能够改变而且已经在改变传统的民主标准，包括限制对私人生活的干涉，限制对权力使用，对言论和结社自由的干涉，等等。今天值得乐观的理由很少。很可能民主的很多元素都会被牺牲掉，而宁愿让位于本质上属于威权制度的做法，这些做法能够保证稳定和实施更强硬的政治上消除有问题的少数民族的机制。

那些没有纳入到西方体制中的社会要建立西方式民主制的可能性极小，从前面的论述可以清楚地得出这个结论。[①] 事实上，在全球扩大西方式民主

---

① 日本和韩国的例子证实了这个论题，但是应该进行单独的讨论，而笔者对此不具权威性。

领地前景的问题只不过是这样一个问题，即现代"民主俱乐部"是否能推广今天既存的稳定结构（首先是欧盟），或者创造一些新的能保证更广泛会员加入"俱乐部"的体制。但是现代西方民主形式与一般意义上的民主之间能划等号吗？如果查尔斯·蒂利（Charles Tilly）是对的，他把民主定义为"当局与社会之间相互制约的安全对话"，那么事情就不是这个样子。在这个定义中实际上根本就没谈到制度的评价标准。① 就是说，在其政治体制与西方式民主制完全不同的社会中也可以找到民主元素。这样的元素可以依不同方式来评价（尽管常见的方法是把这类社会与西方模式相对比，进而把它们描述成苦于"民主赤字"的社会）。

不过，这种方法大大限制了我们理解非民主社会所发生的演变的机会。

如果说专制与民主是政治制度的两极，那么在二者之间就为形形色色的威权主义制度留下了巨大空间，而且其中一些版本就最重要的一组特征来看，它们比起与残酷独裁的距离来说更接近于民主制。威权主义不一定要被看做（极权的）独裁的前奏，只是许多东欧自由主义者习惯于这样认为。

第一，我提醒大家，在两次世界大战之间的欧洲威权主义比起不牢固的民主制常常能更有效地反抗极权主义倾向。第二，拥有广泛的社会支持并努力维护这种支持（例如，当代俄罗斯）的威权主义与"坐在刺刀上"的残酷独裁之间距离相当遥远。这种威权制度常常能在保证社会和个人发展的那些重要参数方面取得不错的结果，这些参数有别于民主制，在我看来，它们处于比民主制本身更高的价值尺度上。这里说的是人身安全，说的是能保证一定的社会保障水平的有效率的国家，说的是个体的自由。② 这类威权主义不只是声明而且常常会保证国内外迁徙的自由，保证获得信息的自由（对于那些希望搜寻一些国家电视频道新闻节目以外信息的人来说），保证言论自由（也是除主要电视频道之外），保证一系列重要的个体经济的自由。笔者就生

---

① 参见 Чарльз Тилли, Демократия, Москва: Институт общественного проектирования, 2007。

② 查尔斯·蒂利公正地以牙买加作为拥有所有重要民主制度的社会的范例，但是按照其政府能力（state capacity）来度量，它几乎处于失败国家（failed state）的边缘。这个例子清楚地显示，如果没有有效率的国家，比起一些威权主义制度版本来说，民主制只能提供更低程度的社会保护和个体自由。

活在显然是不符合民主标准的俄罗斯，但感觉到自身是自由的。所有这一切都非常重要，因为如果我们寄希望于在那些没有"被输入"到西方体制中的国家里发生渐进的自发的民主发展过程，我们就应该拥有富裕的现代化的居民，他们有责任享有个体自由，而作为结果——"逐渐成熟"到可以负责任地参与民主活动，并有能力负责任地去为争取这样的参与权而斗争，而不只是通过在自己首都中央广场上举行零星的抗议活动来反对虚假的选举。

其实很可能我前面讲的不过是一种闲时的梦想，这种"温和"的威权主义制度从长远看不会改变其性质。因此，我们应该研究这些政治制度，不是从其向民主制度演变的潜力的角度，而是从在不改变其自身制度性质而适应查尔斯·蒂利所定义的民主元素的能力的角度。

当代世界威权主义体制所展现出的社会经济发展成果，大大撼动了民主制是经济繁荣必要条件的观点。更应该提出的问题是，哪些类型的威权主义制度能够保证其经济发展速度常常超过西方国家的稳定的社会经济发展。在这一背景下产生了在沃勒斯坦（Immanuel Wallerstein）理论框架内的一个有意思的问题——什么类型的威权主义制度既能保证竞争效率，同时又能保证民主和威权政体在一个世界体系内的政治兼容性。归根到底，民主制度能够在世界的政治、文化、经济和军事关系中占主导，但从来没有在数量上占过多数。今天我们没有合理的理由认为，这种状况将会朝着适应西方式民主模式的国家数量不断扩大的方向改变。在世界体系内，民主西方的主导权正在受到削弱，从而导致该模式的吸引力也受到削弱，这一迹象已清晰可见。

（徐向梅 译　李铁军 校）

参考文献：

Al Gore, *The Assault on Reason*, New York: The Penguin Press, 2007.

Will Kimlicka, "Multicultural States and Intercultural Citizens", in *Theory and Research in Education*, Vol. 1, No. 2, 2003.

Arend Lijphart, *Democracy in Plural Societies: A Comparative Exploration*, New Haven (Ct.): Yale Univ. Press, 1977.

Michael Mann, *The Dark Side of Democracy: Explaining Ethnic Cleansing*,

Cambridge: Cambridge Univ. Press, 2005.

Brendan O'Leary, "Debating Consociational Politics: Normative and Explanatory Arguments", in Sid Noel Jr., *From Power Sharing to Democracy: Post-Conflict Institutions in Ethnically Divided Societies*, Montreal: McGill-Queen's Press, 2005.

Alfred Stepan, "Comparative Theory and Political Practice: Do We Need a 'State-Nation' Model as well as a 'Nation-State' Model?", in *Government and Opposition*, Vol. 43, No. 1, 2008.

Alfred Stepan, "Ukraine: Improbable Democratic 'Nation-State' but Possible Democratic 'State-Nation'?", in *Post-Soviet Affairs*, No. 4, 2005.

Alfred Stepan, Juan Linz and Yogendra Yadav, *Democracy in Multinational Societies: India and Other Polities*, Baltimore, London: Johns Hopkins Univ. Press, 2008.

Алексей Миллер, ""Историческая политика" и ее российская версия", в *Pro et Contra*, №3, 2009.

Чарльз Тилли, *Демократия*, Москва: Институт общественного проектирования, 2007.

民主的苦涩胜利

〔法〕多米尼克·莫瓦希[*]

引 子

"我们将做出某种对你们来说是可怕的事情,因为我们将不再作为你们联盟的反面黏合剂而存在了。"——亚历山大·雅科夫列夫目睹了他曾怀着敬意为之奉献了大半生才智的苏联及其帝国土崩瓦解,倍感辛酸和无能为力,同时,他对西方国家发出了如上警告。当然,上述引文并非雅科夫列夫预言的准确措辞,但却依然道出了他发出的警告的实质。

雅科夫列夫的这番话不只是说明了北约近 20 年来遭遇的困难。来自苏联威胁所造成的黏合剂一旦消失,联盟将如何保持一体?长期以来它们惯于以苏联为对立面,用否定的方式来界定自身的利益和价值,如今当如何从正面来做呢?

今天,雅科夫列夫的直觉的预见对于西方民主国家来说具有更加丰富的含义。这里可以将之概述如下:在取得对苏联极权模式的意识形态上的胜利之后,西方国家对于他人不但表现得盛气凌人,而且过分地自鸣得意了。

那种认为自己已经取得完胜的幻想是无比危险的。1991 年后,弗朗西

---

[*] 多米尼克·莫瓦希(Dominique Moisi)——法国历史学家和政治学家,欧洲各国政治史和当代地缘政治问题专家,法国国际关系研究所(IFRI)创始人,长期担任该所副所长和顾问。巴黎高等政治学院教授,华沙欧洲学院教研室主任。有多部专著问世,其中《情感地缘政治学——恐惧、羞辱与希望的文化如何重塑我们的世界》(2008)享誉国际,《金融时报》专栏作家。

斯·福山论述"历史的终结"的文章曾轰动一时,事实上,这完全是一种傲慢和轻率的反映。难道事实不是这样的吗:虽然民主制度在世界其余地区推广开来,在老牌民主国家内部,民主政治的内涵与实践却遭到了削弱?我们难道不是在向他人宣扬那些我们在本国都不再践行,或实施得一塌糊涂的价值观?难道我们不是由于对我们的原则深信不疑而又对我们自身及未来疑虑重重所产生的纠结,而狂热地大打普遍主义的牌吗?事实上,我们越是缺乏自信,我们就越是要表现对自身价值观优越性的绝对信心。

为了明白"到底发生了什么事",为了明白今日民主获得的胜利有多么苦涩,在进入21世纪前,我们有必要先回顾一下1990—2000年这十年。

1990—2000:凯旋的民主错失良机的十年

如何来界定1990—2000年这十年呢?它只是夹在两个世界之间的简单插曲吗?在它的一边是冷战世界,这个时代随着柏林墙的倒塌而终结,而柏林墙倒塌的直接结果就是苏联的崩溃和欧洲的统一;另一边是全球化世界,在这个世界,以美国为首的西方国家将历史的接力火炬交给了以中国和印度为首的东方;这一历史进程又随着2001年曼哈顿双子塔的毁灭和2008年雷曼兄弟公司的破产而加速了。

多年以来,1990—2000年这十年缺乏一个明确的定义。在没有更好选择的情况下,人们采用了"后冷战时代"这样一个表述。正因为人们不知道该如何界定这个时代,于是只能赋予它一个与其所承接的时代相关的称谓。

事实上,借用一下皮兰德娄①的表达,这十年是一个寻求主导性解释的时代,这个时代充斥着观念上的"消化不良":一些人追随福山及其著名而充满争议的"历史终结论";在他们看来,这十年是意识形态竞争时代的终结。一个阵营显然压倒了另一个阵营。自由主义和资本主义万岁!西方民主万岁!然而,对另一些人而言,是美国取得了胜利;用法国前外长于贝尔·

---

① 路易吉·皮兰德娄(Luigi Pirandello,1867—1936),意大利小说家、剧作家和教育家。——译者注

韦德里纳的话来说，是冷战的两极化世界让位于美国这个超级强国的单极化世界。美国握有全部筹码，即便是它自己并没有完全意识到，或并未充分利用好这一优势。

在另外一些人看来，这十年首先是以战争回归欧洲为标志的。用雷蒙·阿隆的名言来说，在被冷战分裂的欧洲，虽不可能有和平，但也未必会有战争。那么，在统一之后的欧洲，是不是和平就指日可待，而战争也迫在眉睫了？对于像皮埃尔·哈斯纳这样的阿隆信徒而言，在巴尔干地区的致命分裂之后，战争回归欧洲就标志着欧洲重新回到"新中世纪"？这十年间中非发生的种族屠杀只不过是坚定了某种形式的普遍悲观主义。福山的乐观主义完全是不合时宜的。塞缪尔·亨廷顿的悲观主义使他在1993年就提出了"文明冲突论"，这难道不是对我们周围现实的更忠实的反映吗？

最后，还有一些人，赞同著名的《纽约时报》专栏作家汤姆·弗里德曼的观点，强调一个崭新的、独立的和透明的新世界——全球化世界的出现。在这个世界中，冷战遗留下来的一切人为障碍统统瓦解，人类社会受益于通讯和信息革命，它对我们时代的影响不亚于百余年前的交通运输革命。

民主的最终胜利带来历史的终结，美国一超独霸世界，战争回归欧洲，全球化世界的崛起，等等，等等；人们会理解，为什么冷战后的世界对于地缘政治学家而言，是一个极其丰富和复杂的十年，充斥着希望和恐惧。在全球层面和地区层面，历史似乎都在踟躇不前。在以色列和巴勒斯坦之间，中东和平仿佛从未如此临近。如果不是1995年的刺杀拉宾事件突然地打断了两个民族人民的互相信任和进步逻辑，那么谁又知道将会发生什么呢？就在昨天，和平似乎已经触手可及，今天，它似乎遥遥无期。

为了简明扼要一些，我们在这里主要探讨对这十年的两种可能的解释：超级强国美国的时代，以及战争回归欧洲。事实上，正是这两种对最近的过去的理解，对理解今天我们生活于其中的世界尤为重要。这两条演化路径均以错失良机为特征：在1990—2000年这十年间，美国本来有机会构建一个更加法治和公正的"新世界"。它攥着一手绝佳的牌，但是由于它的无意识、肤浅和懒惰，这些好牌要么被它浪费掉了，要么隐忍不发。历史不会"从头再来"，昨天丧失掉的良机很大程度上说明了对今天造成的缺失；对于欧洲来说，因为某种疏忽，"良辰"已过，在自由世界中和平统一并没有为它带来即时的积极后果。在版图复归完整的同时，欧洲也遭遇到了它历史上最黑暗和消极的一面：战争。

美国的"单极"时代

在 1990—2000 年这十年间，美国难道不是错过了一个按自己的价值观"塑造"国际体系的绝佳机会吗？无论如何，克林顿在他第二个任期结束时就意识到了这一点。在他最亲密的一群幕僚跟前，克林顿后悔自己在第一个任期内浪费了太多时间，而在第二任内又为"各种事务"缠身以至于着手太迟。某个个人的软弱难道不是一个民族迟疑与矛盾的反映吗？在美国人赢得冷战之后——第一次海湾战争的军事成就再度肯定了这个胜利——他们在几种矛盾感情间左右为难：他们为自己不可动摇的地位而骄傲，他们有"让世界更美好"的明显愿望，也有首先致力于改善自身处境的不可阻遏的意向。乔治·布什在 1992 年就意识到，自己将与第二次世界大战结束后的英国首相丘吉尔同病相怜——由于国际层面上的胜利无法掩盖国内经济和社会所面临的巨大困难，他将得到国内选民的"回报"[①]。"关键是经济，蠢货。"克林顿比任何人都清楚地感受到了美国人的极度失落：美国是超级军事强国，其基础设施却与第三世界国家相差无几。

当美国独自集实力、军事、经济和政治等优势于一身时，在这个对它来说是极不寻常的十年，它却表现得懦弱，如果不是缺乏勇气，那也是缺乏清醒的头脑。它错误地认为，欧洲在巴尔干问题上会有不俗的表现，毅然决然地进行了干涉，可惜，为时已晚，此时已经丧失了太多的生命。如果说美国因为自己对欧盟的冷漠和过分信任而犯了错误，那么它同时也因为对俄罗斯的冷漠和蔑视而吃了亏。在美国看来，莫斯科外交不过是美国外交的附属物，"对付俄罗斯，要该拉就拉，该打就打"。这足以概括美国对俄罗斯的政策。北约的扩张是必要和合理的，但对于敏感的俄罗斯来说，这样做太粗暴了。

美国并不是某些人所谴责的那个高傲的超级强国，它只是一个表面上的强国，它挥霍了自己普世启示的力量，在克林顿当政期间，它总是拥有正确

[①] 作者在这里似乎使用了一个双关语，"回报"原文为加了引号的"remercier"，在法文中既有"感谢"又有"辞退"之意，因为丘吉尔带领英国人赢得"二战"胜利，却因国内的社会和经济问题竞选失败。——译者注。

的直觉，但在行动上却虎头蛇尾。使美国与联合国更加接近，建议一个以美国为首的更加公正和均衡的国际秩序，这些还只是"良好的意愿"。同样的，美国重启巴以和平进程的努力，也开始得太晚，无法改变大局。当然，美国在巴尔干表现得引人注目，它介入了科索沃，甚至轰炸了贝尔格莱德，这一行动深深地刺激了莫斯科那些主张与贝尔格莱德联盟的"正统派"。在美国介入科索沃的前夕，一位华府高官对我说："美国人不喜欢欧洲人被人胁迫。"

战争回归欧洲

柏林墙的倒塌、冷战的结束和苏联帝国的解体，远未能给欧洲带来一个和平、民主和繁荣的时代，反倒是在它的"后院"——巴尔干地区——燃起了战火。人们不应该低估前南斯拉夫的内讧对欧洲人的士气和欧盟未来的灾难性影响。直到今天，对于它那个神秘的过去所积累的矛盾突然爆发的深层原因，还存在着种种争论。铁托统治时代难道不是将南斯拉夫变成了一个"社会主义冷藏库"吗？在这个国家内部，形形色色的民族主义的对立慢慢地，甚至是极其缓慢地在数十年间激化。或者说，战争回归欧洲预示着一个潜在的宿命？还是说，这场战争首先反映出的是欧洲的无能，表明了它始终无法转变为一个公共安全和外交政策的真正行为体？可以肯定的是，正是巴尔干战火和欧洲（至少在开头）的可悲的援助，使得美国的精英们验证了对欧洲人的更糟糕的担忧。20世纪90年代初，一位美国外交高官对我说："你不能再信任欧洲了，让它自己去解决问题吧！当它表现出分裂和无能的时候，它就想自我毁灭，而美国会再一次地介入，独自充当起拯救者，来收拾残局。"如果说美国不再信任欧洲了，那么欧洲也越来越疏远美国，它开始更多地依据美国"是什么"而不是"做了什么"，依据它的"本质"而非它的"业绩"来评判美国："一个文化沼泽"，一个不断施行死刑的国家，美国诚然是西方的一端，只是不够人性和文明！

正当凯旋的西方列强表现出它们的相对冷漠、实际上的无能和某些分裂之时，历史的天平已经悄然向东方倾斜。在20世纪最后十年即将结束之际，1998年席卷亚洲的金融危机很快便被克服了，并验证了以中国和印度为首的亚洲国家的如下直觉：它们的时代到来了。苏联解体不仅使得美国对自身的实力盲目骄傲，还将印度从其瘫痪的经济模式和令人生厌的战略盟友手中解脱出来。这一1991年的"解放"开启了印度持续增长的时代。同样，苏联解体也使中国确信了自己选择的正确性。中国起初优先搞经济开放，而不是像苏联那样先搞政治开放，这是一个"正确的抉择"，它现在确信了这一点。

20世纪末难免让人回想起19世纪末。在这两个历史时期中，主导因素难道不都是全球化进程、昨天的信息革命和前天的交通革命吗？在这两个时期，直接的解读也许都不是适当的。美国在第一次全球化中胜利地崛起，以中印为代表的亚洲则在第二次全球化中崛起。在第一次全球化中，欧洲近乎自我毁灭，让位于美国。在第二次全球化中，美国不会像欧洲那样自我毁灭，但依然会分裂，会误入歧途，拱手将历史接力火炬交给亚洲。

1990—2000年这十年是令人迷惑的十年。在美国的表面胜利背后，亚洲在逐渐崛起。而在亚洲的胜利背后，隐藏着西方与世界其余部分之间关系至少是不稳定的问题。

在中国以年增长率超过百分之十的速度增长并积累着外贸顺差，而西方却深陷逆差，增长极度缓慢（如果不是负增长的话）的今天，民主制度对于发展还是不可或缺的吗？从这里，21世纪开启了双重的疑问：民主制度对一切制度的优越性还是那么明显吗？进而会提出，这样一个时刻是否来临了的问题：为了面对它的敌人，民主面临着质疑自身原则的风险？

2000—2010：民主面临恐惧文化威胁的十年

在我们刚刚经历的上一个十年，合理的恐惧难道不是被一种过度的恐惧取代了吗？难道不是这种过度的恐惧将西方的本质及其与世界互动的能力带入了危险境地吗？

事实上，由于我们的民主政治制度设定为维系欧洲与美国的强有力的纽带，因此，在这里提到西方时使用民主而不是恐惧的用词，显然要更恰当也更让人放心一些。不幸的是，这种传统观点，尽管是建立在价值而非情感上的，却未能考虑到我们所处时代所具有的重要特点，也就是说，大西洋两岸的人民不再像以前那样为他们的民主模式和他们选出来的领导人而自豪。至少，在欧洲的多数国家以及美国，针对现行政策和推动这些政策的政治家进行的信任度调查反映出了这一点。在这些地方，对变革的渴望是与对现行政策愈来愈大的失望相伴随的。

当然，民主国家的公民们从来就不是最后揭露他们自身制度和政治家的缺陷和失败的人。用丘吉尔的名言来说，民主是最坏的政府形式——除了其他所有不断地被试验过的政府形式之外。但是，必须认识到，当今西方民主国家体验到的幻灭感，具有某种令人痛苦的、新的现实性质，并且它还在不断蔓延。我认为，在当前的全球化进程与民主理想的退步之间，存在一种联系。我不揣冒昧地说，这种联系或可概述如下：恐惧文化（la culture de la peur）缩小了民主制度与非民主制度之间的先前存在的质的差别，因为它不断地推动我们的国家违反它们自身的伦理原则，这些原则是建立在对法治国家的严格尊重之上的。如果我们继续宣扬那些我们自己不再付诸实践的价值观，我们就将失去我们道德的重要影响和吸引力，即便是——我充分地意识到了这一点——在民主制度即便是不完善的民主制度与像中国和俄罗斯这样的国家之间，不仅仅存在着程度之别，而且存在着质的差别。

我们也不应该将这种西方的"恐惧"的新特征绝对化。就其本身而言，恐惧绝非是什么新东西，它早已经在欧洲以及美国的政治和文化周期中起了决定作用。

21世纪的头十年——我并不认为它是从"9·11"算起的，这一事件不过是一种强化——新一轮的恐惧周期就在我们的意识中开始了。就程度来看，欧洲和美国表现出了许多共同特征。事实上，在大西洋的两岸，人们对"他者"，对于外国人感到恐惧，这些人侵入了他们的祖国，危及了他们的民族认同感并和他们争夺工作；人们还对恐怖分子和大规模杀伤性武器感到恐惧，这两者很容易就能扯上关系；人们害怕经济波动甚至经济崩溃；人们还害怕自然、环境和生态灾难，从全球变暖直到传染病。总之，人们对不确定的、充满威胁的未来感到恐惧，对这种未来，人类似乎难以或无法掌控。

欧洲的恐惧

"野兽并没有都死光，不过全体都得了病"。在17世纪，法国诗人拉封丹借喻于动物来谴责社会的恶。他的寓言诗《得了瘟疫的群兽》的头几行可说是对欧洲所遭受的巨大的认同危机的绝佳反映。① 这种危机由于对经济衰退的恐惧和对欧洲公民购买力的冲击而加剧了，但这要比后来所谓"次贷"造成的第一次冲击要早得多。要衡量危机的规模，只要看看法国、捷克或意大利等地的电视节目就足够了：我们不断地从晚间的电视节目上看到，人们在抨击欧盟委员会采取的那些匿名的严厉决策，这些决策要求一切就业人口，不论是渔民、是农民还是旅馆老板，都要为了经济的持续增长、政治稳定以及那些抽象的安全作出各种牺牲。直到今天，人们在欧洲看到的更多是问题不断被制造出来，而不是解决这些问题的方案。

在象征意义上，1989年柏林墙的倒塌标志着欧洲的希望文化达到了其顶峰。然而，20年之后，在2005年，法国和荷兰——紧接着是在2008年，爱尔兰——就对《欧洲宪法条约》投了反对票。所有这些都是一种恐惧文化在欧洲大陆滋生的明显迹象。1989年，欧洲欢庆柏林墙的倒塌，这一事件似乎象征着欧洲分裂的结束。然而，2008年，欧洲似乎在期待建立一堵新的墙，好保护它免遭外面世界的侵袭，将它与外面那几百万竞争者、数千移民和数十个恐怖分子隔离开来。恐惧，成了当今欧洲的"主色调"，而这又是出于多种原因。从情感层面讲，欧洲的扩张来得太迟了，也就是说，它到来时，柏林墙的倒塌和自由的突进时期早已过去了很久。而从制度层面看，相反，这种扩张实现得太早了，这时候，欧盟的"深化"还没有完成。正如最近辞世的一位欧洲伟人，波兰团结工会的前领导人和前外长布罗尼斯瓦夫·盖莱梅克一直主张的：欧洲不仅仅是一个经济区，它还是一个伦理建构，它需要一颗心脏，它应当是一个热心的共同体，具有某种精神维度。盖莱梅克教授说得很有道理。但是，如今有多少欧洲人像他那样思考？民族主义的冲动总是难以抑制的。

对于自身的命运、对超越过去满怀信心，这两点本来可以让欧洲以一种更加开放、慷慨大度和有效的方式迎接这些新的形势。

---

① 上文所引拉封丹的寓言诗原文为：Ils ne mouraient pas tous, mais tous étaient frappés. 此处采用了远方的中译文，作者提到的该诗的头几行为：一种充满恐怖的灾祸，瘟疫（既然我们不能不提到它的名字），向群兽宣了战，这是上天在暴怒中，为了惩罚人类而创造的。它在一天之内就把阿刻戎河填满。野兽并没有都死光，不过全体都得了病。见《拉封丹寓言诗选》，远方译，人民文学出版社1985年版。——译者注

对于"他者"的恐惧也包括了对于恐怖分子的恐惧,它尤其体现在了安放炸弹的伊斯兰原教旨主义者的形象中。对于那些最感恐惧的人中的很大一部分而言,这种恐惧表现为害怕欧洲为穆斯林世界征服,害怕出现一个"他们"在宗教和人口层面均占据统治地位的欧洲,害怕欧罗巴变成"欧拉伯"(Eurabie)①。

在这种对被侵入的恐惧背后,还隐藏着对遭受炸弹袭击的恐惧。不像美国,在欧洲,对恐怖主义的恐惧不是被单一的和大规模的袭击引发的。2004年在马德里,2005年在伦敦(还包括2007年在英国的几起未遂事件)发生的恐怖事件尽管很可怕,但其规模却比不上2001年9月11日在纽约发生的大灾难。

为了寻回自信心,欧洲应该更加辛勤地工作,更加迅速地增长。但是,它能够做到吗?如果说新兴国家人民的梦想就是像西方人那样消费,那么欧洲公民的梦魇就是要像亚洲人那样工作。欧洲与亚洲之间现实存在着的增长率差异,长期来看预示着一场灾难。只要债务还是西方国家的特权,而增长还是亚洲的特权,解体的前景就是不可避免的。

美国的恐惧

对于美国,我们甚至可以说:如今存在着两个美国,一个是由一种恐惧凝聚起来的美国,另一个是由对这种恐惧的恐惧团结起来的美国,后者集结在奥巴马竞选总统的希望旗帜之下。

与欧洲人不同,美国人从不为他们过去的幽灵所困扰。美国永远被视做是一种未来,一种规划,而不是一段历史。有三大疑问共同造成了当前的身份危机:我们是否失去了我们的灵魂,也就是说我们的道德优越性?我们是否丧失了目标,即我们的使命感?最后,我们是否失去了我们的地位,也就是说我们在走下坡路了?

这些疑问提出的过程,能促使美国重新质疑它自身模式和体系的普遍价

---

① Eurabie 是一个政治学上的新词,英语作 Eurabia,是在"欧洲"和"阿拉伯"两词的基础上创造的(Europe 和英语 Arabia,法语 Arabie),指代一种由于穆斯林人口出生率高、移民或欧洲精英的背叛而导致穆斯林在欧洲成为主要民族,欧洲为阿拉伯世界吞并的假设,此处酌情译为"欧拉伯"。——译者注

值和中心地位。对于美国有利的，可能并不意味着对世界其他人民有利，而既然美国人都不践行它所宣扬的价值观了，那么他们如何还能知道什么对他们才是有利的呢？

如果有人想分析美国的恐惧文化，那么他不应该从"9·11"着手。在美国历史上，恐惧始终存在。征服美国领土依靠的是暴力，这种暴力不但针对作为少数民族的印第安土著居民，也尤其存在于那些拓荒者之间。火器的自由流通直到今天仍然是美国的一大特征，但却不仅仅是个人主义和不受限制的象征，它还是那个野蛮的、充斥暴力的、危险的过去的遗产；在那时，"人对人是狼"，日常的生活都充满了恐惧。

"9·11"事件并没有滋生美国的恐惧，它只是因其前所未有的规模，让恐惧在美国扎下了根。数千生命在瞬间湮灭，几个具有象征性质的目标遭到了袭击——位于首都华盛顿的美国军事力量的大本营，曼哈顿南部的世贸中心双子塔（它曾经是纽约这个首屈一指的国际大都会不可复制的侧影）：美国在其如日中天之时突然发现了自己的脆弱性，而此时距离苏联解体不过十年。

即使"9·11"事件没有创造恐惧文化，它也的确给予了这种文化一种新的深度。自冷战开始之初，美国人就明白了，他们的地理位置不再是保护他们的屏障。但是，"9·11"事件在一夜之间就将这种抽象的条件变成了具体的悲剧性现实。如果美国没有在事前低估了威胁，而在事后又高估了这种威胁。如果它没有发动伊拉克战争，这场战争本身及其采用的手段都是没有道理的，它将美国卷入了质疑的风暴，损害了美国的形象和利益。自由与安全之间的两难困境和世界本身一样古老。然而，在推动其"全球反恐战争"之时，布什当局做得过火了。关塔那摩和预防性拘留问题于是成为"美国不光彩行径"的象征。

在历史上，正是乐观主义使得这个理想主义的、谦逊的、朴素的共和国在不到两百年时间中取得了帝国的地位。同样的一种希望精神如今依然是美国对世界的影响力和巨大吸引力的基础。

当然，所有这些既建立在美国梦又建立在共和政体的成就之上。乐观主义、理想主义、个人主义和良好意愿、对卓越成就的崇拜以及对一种独特命运的信仰，构成了这个国家成功的全部本质因素，它从不将自己看做是某种有待保护或超越的记忆或传统,而是作为某种有待构建的规划。欧洲是重建的而不是新建的,它超越了自身的历史。欧洲的强与弱,都依赖于它召唤和袪除作为它的过去的幽灵的能力。相比之下,美国是一种纯粹的未来。

但是,事情永远是这样吗?在一篇关于中国的文章中,大卫·布鲁克斯提出了如下问题:如果"集体主义社会在经济上取得了成功,与西方并驾齐驱",那么会产生什么后果呢?布鲁克斯给出了答案的要点:"中国的腾飞并不只是一个经济事件,还是一个文化事件。和谐的集体主义生活的理想同样可以像美国梦一样吸引人。"

结论:西方能够寻回"启蒙精神"吗?

西方世界已经与"他者""共存"了两个多世纪,在此期间,他者被视为是"低等的"。今天,面对人口学家向我们预言的这样一个世界:在2050年之前,美国和欧洲加起来也不过代表总人口的10%多一点,西方世界应该学习如何"与他者共同生活",将它们视为是平等的主体。"他者"拥有显然不同于我们的价值体系、政治基准和文化背景,我们往往会发现这些东西不见得合乎我们的口味,但是,它们的尊严必须得到我们的尊重。

既然我们已经进入了"后西方世界",我们应该回顾一下我们自身。在人类历史上,曾经有一些时期,各个文明平等相待。要确信这一点,只要读一读在君士坦丁堡陷落之后,威尼斯大使论述奥斯曼帝国兴起的书信,或者是16世纪曾经在中国生活过的耶稣会士利玛窦的回忆录就足够了,甚至可以回忆一下,在英国人在英属印度时期,利用莫卧儿帝国的虚弱来建立他们自己的帝国之前,东印度公司的前几年的情形。随着欧洲帝国主义继而是美利坚"帝国主义共和国"崛起而消失的,正是这种文明之间的均衡感。

今天,美国人和欧洲人应该重新思考一下他们感知世界和与他人相处的模式。在这样做的时候,他们应该保持谦逊又不丧失抱负,要保持谦逊是因为"在这个星球上,他们不再唯我独尊",要坚持抱负是因为他们始终体现着围绕着民主观念、法治国家观念和尊重人权观念的诸多价值、思想和理想,这些都是独一无二的。他们也应该相信,这个"亚洲的春天"与"西方的秋天"相伴随的时刻，不仅仅是一种挑战，同时也是一个难得的机遇，能使我们"返璞归真"。

西方世界的比较优势不在于人口，也不在军事、金融和经济领域，而是在观念和理想方面。像中国这样的大国登上世界的前台，这在世界近代史上还是第一次，但是它却不能提供一种普世的信息。而正是这种重新复活的、寻回新的尊严和合理性的普世信息——它是我们严肃的行动和我们的政治、经济和金融领袖们发挥才能的结果——才代表了西方世界的比较优势。我们的资本主义建立在民主的制度和价值观基础上，应该重新找到不断自我完善的动力，这是它此前因为某些人的贪婪，因为某些人的平庸，因为控制机制的失灵而失去的。

18世纪末，在西方对世界的绝对统治确立之初，产生了以进步思想为基础的思想运动，即"启蒙运动"。在这个时代，进步标志着人类从一切形式的偏见、迷信和宗教桎梏中解放出来。今天，什么将成为适应21世纪前50年的挑战的新"启蒙哲学"的内涵与工具呢？

"他者"是一面独特的镜子，能反映出我们自身的强与弱。在一个我们占如此少的人口比例的世界中，我们只能希望成为一个"示范窗口"。这是我们面对中国拥有的唯一优势，如果我们真的以身作则，那么我们还将保持这个优势。同样，我们以个人主义为基础的人人平等的观念，是我们面对印度及其种姓制度的比较优势。

西方在物质手段方面远占上风，而在"精神"和思想手段方面远处于下风了。对于西方世界而言，认识这一点的时刻已经来到了。

(周思成 译　李其庆 校)

民主在中国：挑战还是机遇*？

〔中国〕俞可平**

冷战结束后，东西方的许多知识分子和政治家都像福山那样认为，资本主义取得了最终胜利，历史将终结于西方的自由民主制度。然而，世界历史的进程似乎并非按照这样的方式发展。一方面，西方的自由民主制度在苏联、东欧国家并未真正生根开花，特别是俄罗斯的政治发展道路显然有别于西方的自由民主之路。拉丁美洲、伊拉克、阿富汗、菲律宾等国在推行西式民主方面效果很不理想。另一方面，中国则迅速崛起，其独特的政治发展模式既不同于传统的苏联式社会主义，又不同于西方的自由民主。所有这些都对传统的西方自由民主理论提出了严重的挑战：民主是否是人类的共同价值？是否存在一种非自由主义的民主？在中国，也爆发了一场自1949年中国共产党执掌政权后最热烈的民主讨论：民主与社会现代化究竟有什么关系？西方的民主是否适用中国？是否存在一种中国式的民主模式？民主对于中国是机遇还是挑战？2011年是中国结束封建专制统治建立第一个民主共和国100周年，中国100年的民主历程，特别是30年改革开放的政治发展历程，应当作一反思和总结。

---

* 本文是2010年9月9日在俄罗斯雅罗斯拉夫尔举行的第二届"全球政策论坛"上的演讲。

** 俞可平——中国政治学家，比较政治学、政治哲学和中国政治问题专家，中共中央编译局副局长，北京大学中国政府创新研究中心主任，"中国民主发展道路"学术—政治辩论发起人之一，"中国地方政府改革创新研究与奖励计划"总负责人。有多部著作，著名的包括：《民主是个好东西——俞可平访谈录》（2006）、《让民主造福中国——俞可平访谈录》（2009），在学术期刊上发表论文数百篇。

中国民主政治的先驱者孙中山在 100 多年前就把民主看做是世界的潮流，并告诫中国人民，"世界潮流，浩浩荡荡，顺之者昌，逆之者亡"。① 他组织并领导的国民党，发动中国历史上的第一次民主革命，推翻了清王朝，建立了中华民国。但他领导的民主事业最终并没有成功，中华民国成立后不仅出现过帝制的复辟，而且其后继的国民党领导人其实走上了独裁和腐败之路，失去了广大中国人民的支持，被中国共产党赶出了大陆。中国共产党之所以能够战胜国民党，其重要的法宝之一便是民主。中国共产党的创始人和领袖没有一个不强调民主的，最早的领袖陈独秀是中国近代最著名的民主运动——五四运动——的精神领袖。毛泽东也是中国民主政治的热烈倡导者，他在著名的《新民主主义论》中系统地阐述了中国共产党关于中国民主的纲领性原则。② 他领导的中国共产党在 1949 年建立的中华人民共和国，是中国民主政治史上的里程碑。毛泽东明确表示，只有民主政治才能避免政权的灭亡，才能实现中华民族的伟大复兴。1949 年以后，中国共产党在推进民主方面作出了大量的探索，取得了巨大成就。例如，废除封建的等级和特权，实现男女平等，让贫穷的工人农民有机会参与国家的管理，等等。但中国的民主很快再次遭遇重大倒退，"文化大革命"完全破坏了正常的民主法治进程，而使个人崇拜达到顶峰。

邓小平领导的改革开放，开辟了中国民主政治的新纪元。毫无疑问，从 1978 年开始的改革开放首先使中国经济迅速发展，创造了世界经济史的奇迹。1978—2008 年的 30 年间，GDP 总量从 3645 亿元增长到 300670 亿元，年均增长率超过 9%。人均国民总产值从 381 元增加到 22600 元。③ 国家的综合实力跃升到世界的第二位。不少西方学者认为，中国的改革开放只是经济现代化的成功，而没有政治的民主化相伴随。甚至不少学者认为，中国现代化的成功正是因为中国没有民主化改革④，而苏联之所以失败是因为苏联在经

---

① 孙中山：《三民主义》，见《孙中山全集》，中华书局 1986 年版。
② 毛泽东：《新民主主义论》，见《毛泽东选集》，人民出版社 1969 年版，第 662—771 页。
③ 国家统计局：《2009 年统计报告》。
④ Susan Shirk, *The Political Logic of Economic Reform in China*, Berkeley: UCLA Press, 1993.

济现代化之前先推行了民主化改革。其实，这种看法完全不符合中国改革开放的事实。中国的现代化是一个整体的社会变迁过程，不仅包含巨大的经济进步，也包含着重大的政治进步和文化进步。政治对于经济的推动作用，在中国甚至比在西方国家要更加明显。没有旨在民主化的政治改革，中国的现代化绝不可能成功。

中国的整个改革开放事业源自30年前的一场政治改革。被当做改革开放标志的中共十一届三中全会，实际上就是中国共产党发动的一场政治改革。三中全会调整了中国共产党的权力结构，重新确立了党的政治路线和工作重心。没有这一政治改革，就不可能有随后的经济体制改革。一些西方学者按照多党制、全民普选和三权分立的标准，来衡量改革时期中国的政治发展，认为中国的改革主要是经济体制的改革，政治体制基本没有变化。这是一种偏见和误解。随着经济体制的根本性变革，中国的政治体制也在进行着深刻的改革。政治体制对于经济发展的作用，在中国要比在西方国家大得多。没有政治体制的改革，不可能有经济体制的改革，这是中国改革的一条基本经验。领导中国改革的邓小平非常清楚这一点，他说："不改革政治体制，就不能保障经济体制改革的成果。""只搞经济体制改革，不搞政治体制改革，经济体制改革也搞不通……我们所有的改革最终能不能成功，还是取决于政治体制的改革。"① 现在我们可以非常清楚地看到，中国的改革开放过程，是一个包括社会的经济生活、政治生活和文化生活在内的整体性社会变迁过程。

政治意识形态的改革，是政治改革和民主建设的重要前提。推动并领导改革事业的邓小平认为思想观念的变化是中国全部改革事业的前提，因此，他把"解放思想"当做其改革运动的首要任务。他说："不打破思想僵化，不大大解放干部和群众的思想，四个现代化就没有希望。"② 简单地说，"解放思想"就是要使人们从旧的教条、旧的思想中挣脱出来，提出与社会进步和时

---

① 邓小平：《党和国家领导制度改革》，见《邓小平文选》第二卷，人民出版社1983年版，第320—343页。

② 邓小平：《解放思想，实事求是，团结一致向前看》，见《邓小平文选》第二卷，人民出版社1983年版，第143页。

代要求相一致的新思想、新理论，并用这些新的思想观念去指导社会的实践。中国30多年的改革事实充分证明，思想观念的变革，与社会政治的进步有着极其密切的关系。从某种意义上说，中国的改革开放过程，就是一个新旧思想观念的碰撞过程，是一个新的思想观念战胜旧的思想观念，从而推动社会进步的过程。就大的方面而言，改革开放以来，中国共产党最大的理论创新就是逐步建立中国特色的社会主义理论体系，包括邓小平理论、"三个代表"重要思想和科学发展观。就政治理论而言，以下这些新的观念，既是对传统政治思想的超越，也最直接而深刻地影响了改革开放后中国的社会政治生活，有力地推动了中国民主政治的进步。这些观念包括以人为本、人权、私有财产、法治、公民社会、和谐社会、政治文明和全球化。这些观念多数是从西方发达国家学习借鉴的，其中有一些在改革开放前一直被当做是资本主义的意识而加以批判和禁止的。[①]

意识形态和经济制度的革命性变化，促使中国政治发展重大变化。在过去的60年，中国政治基本上实现了从革命到改革，从斗争到和谐，从专政到民主，从人治到法治，从国家到社会的重大转变。特别是改革开放后的30年中，中国政治发展的总趋势是日益民主化。中国共产党从一个革命党转变成执政党；党和国家开始适度分离，党的活动被限制在国家法律范围之内；一个相对独立的公民社会开始出现，并发挥越来越大的作用；正式将依法治国确立了基本治国方略，已经初步建立起比较完备的法律体系；直接选举在广大农村普遍推行；人权正式受到国家宪法的保护。不过，中国的政治改革在很大程度上就是一种治理改革。政治改革的重点始终在改善政府治理，特别是在以下这些治理改革方面，效果极其明显：建设服务政府，改善公共服务质量；推进决策的民主化和科学化，普遍采用听证制度；推行政务公开，提高政治透明度。

从中国现代化的经验来看，那种认为政权合法性的基础是经济发展的成功以及随之而来的人民生活水平的提高，民主治理对政权的合法性和人民的信任无关紧要，是完全不对的。把中国改革开放的成功，当做是亚洲"开明专制"的典型，是不符合事实的。相反，中国现代化和改革开放的正反两个

---

① 俞可平：《思想解放和政治进步》，社会科学文献出版社2008年版。

方面的经验教训都证明，仅有经济的发展和人民生活水平的提高，并不能增加政权的合法性，也不能保证公民对政府的支持。从我们的调查数据来看，中国目前面临的最大挑战，或者说公民对政府最不满意的地方，并不在经济的增长，而在社会政治方面，如社会的不公平、贫富差距的扩大、官员的严重腐败、社会的不稳定、犯罪率的提高、公民权利没有得到很好的保护。解决这些问题，单靠经济发展是远远不够的，必须同时推进民主治理。在我看来，十分清楚的是，未来30年中国改革发展的重点，将逐渐从经济领域转向社会政治领域。这也是为什么胡锦涛强调要"科学发展"的根本原因，所谓科学发展，即是政治、经济、文化、社会与自然的、协调的、全面的和可持续的发展。① 这也是温家宝为何一直强调民主法治和公平正义是社会主义首要价值的根本原因。②

　　不过，必须坦率地承认，中国所走的政治发展道路，尤其是民主政治道路，与西方的道路极不相同。因此，从西方已有的民主理论，很难解释中国的民主政治；根据西方民主政治的基本标准，也很难承认中国政治是一种民主模式。按照现代西方的民主理论，多党制、普选制和立法、行政、司法的三权分立，通常被认为是判断民主政治的主要标准，不符合其中的一个标准，就不是民主政治。根据这样的标准，中国显然不属于"民主阵营"，不是"世界民主联盟"的成员。但是，按照中国主流的民主理论，民主的根本标准应当是"人民的统治"，而体现和保证"人民统治"的形式不应当局限于上述三种方式。只要能够从制度上保证政府的政策体现民意，公民能够参与国家的政治生活，政权能够代表人民的利益，无论采取何种政党制度、选举制度和分权制度，都应当是民主制度。所以，中国的领导人和主流学者坚持认为，中国不照搬西方的民主制度，而走一种中国特色的民主道路，实行中国式的民主。

　　中国式的民主是一种什么样的民主呢？中国共产党主张在中国推行四种

---

　　① 胡锦涛：《高举中国特色社会主义的伟大旗帜，为夺取全面建设小康社会新胜利而奋斗》，中国共产党十七届代表大会报告。
　　② 温家宝：《第十届全国人民代表大会第五次会议政府工作报告》，2007年3月5日。

形式的民主，即民主选举、民主决策、民主管理和民主监督。但是相对于选举而言，中国政府似乎更强调协商，所以有人认为中国的民主是一种协商民主。中国坚持共产党的一党领导，没有推行多党制和议会政治，但又不是简单的一党政治，而是"一党领导、多党合作"的政治体制。中国没有像西方国家那样推行立法、行政、司法之间完全的"三权分立"，但又坚持在立法、行政、司法之间实行相对的独立，三种权力分别属于三个不同的系统。在意识形态上，中国仍然坚持马克思主义在政治意识形态领域中的主导地位，但又允许其他不同思想流派的存在，政治意识形态的一元与社会思潮的多元处于并存的局面。在军队与政治的关系上，中国一直实行文官领导军队的制度，不允许军队干预政治，但又始终奉行党指挥枪的原则。在国家与社会的关系上，一个相对独立的公民社会已经产生，并且正在对社会生活产生日益重大的影响，但正像中国的市场经济是政府引导的市场经济一样，中国的公民社会也带有政府引导的性质，多数民间组织并不具有西方国家的民间组织那样的自主性。

　　自从我的《民主是个好东西》发表后，中国理论界开始了一场关于民主的大争论。争论的主要问题包括，民主是不是一种"普遍价值"？民主有没有共同的要素？民主的普遍性与特殊性是一种什么关系？我曾经在文章和访谈中多次回答说，民主政治是人类的普遍价值，有共同的要素。但是，由于实现民主需要一定的经济、政治、文化条件，而这些条件在不同的国家或同一国家的不同时期可能极不相同，因而，世界各国的民主都或多或少会带有自己的特征。民主制是普遍与特殊的统一。不能只看到民主是一种普遍价值，有其共同要素和形式，就认为世界上的民主只有一种模式，以民主的普遍性否定民主的特殊性；反之，同样也不能只看到民主的特殊性，不同的国家有不同的政治经济条件，就认为根本不存在民主的普遍性，以民主的特殊性去否定民主的普遍性，从而认为中国的民主与其他国家的民主没有任何共同之处。中国的民主也同样离不开人民的选举、权力的监督和公民的参与，但选举制度、监督制度和参与制度具有明显的中国特色。民主的根本意义，就是人民当家做主，具体体现为一系列确保公民民主权利的制度和机制。只要能够保证人民当家做主，不论采取什么样的政党制度、权力制衡制度和选举制度，都应当是民主制度。这里的关键是，人民真的有没有"当家做主"，以及在何种程度上"当家做主";政府的行为是不是体现人民的意志,代表人民的根本利益。这才是评价民主政治及其发展程度的根本标准。

总而言之,从中国政治发展的经验来看,我们不仅需要对传统的社会主义民主理论进行反思,也需要对流行的西方民主理论进行反思。中国的发展模式还没有定型,还面临着不少严峻的挑战,所以,并不敢说,中国的民主模式已经完全成功。但可以说,这种民主模式与传统的苏联模式和现在的西方代议民主模式极不相同,它既是中国现代化的产物,也是中国式现代化的组成部分。它基本上适应了中国的社会现代化进程,对于维护社会政治稳定,保障公民的基本权利,促进中国的善治,有着极其重要的积极意义。民主对于中国来说,既是机遇,也是挑战。经过 30 多年的改革开放,中国的民主政治和政治发展又到了一个重要关口,抓住机遇,在社会政治的重点领域和重点环节进行突破性改革,中国的政治进步就会大踏步推进。坐失改革的良机,政治发展的成本就将大大增加。从某种意义上说,发展中国特色的民主政治,不仅将造福于中国人民,也将是对全人类民主理论和实践的重要贡献。

参考文献

1. 孙中山:《三民主义》,见《孙中山全集》,中华书局 1986 年版。

2. 毛泽东:《新民主主义论》,见《毛泽东选集》,人民出版社 1969 年版。

3. 邓小平:《党和国家领导制度改革》,见《邓小平文选》,人民出版社 1983 年版。

4. 江泽民:《江泽民文选》,人民出版社 2006 年版。

5. 胡锦涛:《科学发展观重要论述摘编》,中央文献出版社 2008 年版。

6. Cheng Li (ed.), *China's Changing Political Landscape: Prospects for Democracy*, Washington D. C.: The Brookings Institution, 2008.

7. Kenneth Lieberthal, *Governing China: From Revolution to Reform*, New York: W. W. Norton, 1995.

8. Yu Keping, *Democracy Is a Good Thing*, Washington D. C.: Brookings Institution, 2009.

9. Susan L. Shirk, *The Political Logic of Economic Reform in China*, Berkeley:

UCLA Press, 1993.

 10. Fareed Zakaria, *The Future of Freedom: Illiberal Democracy at Home and Abroad*, New York: W. W. Norton, 2003.

民主及其在俄罗斯的运用

〔俄〕格列布·帕夫洛夫斯基*

弗拉基米尔·普京制度是民主理论中的一个难题。难的不是分类问题，而是这个制度没有找到公开的依据——所以总是难以回应对它缺少理论依据的指责。于是，这个没有思想基础的制度存在五年之后，其代表者弗拉季斯拉夫·苏尔科夫终于决定定义它的学说为主权民主。不过这并没让任何人兴奋。

伊曼纽尔·沃勒斯坦曾经指出，"一种人打算扩大多数人的自由和少数人的自由，另一种人则建立不自由的制度，但却做出样子，似乎在多数人的自由和少数人的自由之间进行选择。上述两种人之间存在着一条鸿沟"。这是重要的区别。2000年之后俄罗斯的转折时期是同普京的名字和"多数派"的概念联系在一起的。最初"普京多数派"这个组合起来的术语的出现是宣传性的，但渐渐地成了对新体制的权威解释。在进行政治辩护时，俄罗斯总是强调多数派的声音和权利。不过俄罗斯当权者私下里都相信，少数派在俄罗斯更重要（然而，没有人愿意宣布这些重要的少数派精英的名单）。在过去的十年里，当权者的宣传是典型平民式的，而且把所有的政治议程都归结为对普京的态度。但是，当权者在扩大受保护的少数派数量时，在取消对自己的某些限制时，也实施了一些其他限制——不想走建立查韦斯式的平民统

---

* 格列布·帕夫洛夫斯基（Глеб Павловский）——俄罗斯政治学家和政治顾问，苏联和后苏联政治史专家，曾经是苏联持不同政见者。有效政治基金会创办人之一和主席。俄罗斯研究所所长，《俄罗斯杂志》主编。在俄罗斯期刊上发表上百篇文章。从1996年至今，担任俄联邦总统办公厅顾问，高等经济学院教授。

治的简单道路。

没有民主，俄罗斯就过于另类了

民主制度的价值就在于能够解决"无法解决的"民族问题。俄罗斯的复杂性和多样性总是被看做其民主发展的障碍。很多理论家认为，俄罗斯历来就"不适合"搞民主，人民也不愿意搞民主。但实际上俄罗斯是世界上最多样化的社会之一。俄罗斯拥有能够讲200多种语言的民族，这些民族居住在其他民族也世世代代生活的土地上。多元文化、多民族和多样化的信仰——这是俄罗斯几个世纪以来找到的适合自己的国家原则的生存基础。

对于俄罗斯这个十分多样化的国家来说，国家的任务就是保证各宗教、民族和文化之间的交往。任何领导人都必须消除国内各群体交往中的矛盾。所以俄罗斯的民族统一最初是在民主基础上开始的。完全出乎怀疑论者的意料，俄罗斯找到了自己通往民主的道路。俄罗斯民族国家的建设不是在沙皇时期、也不是在苏维埃时期进行的，而是现在以民主为基础推进的。将具有如此多样化历史特点的国家转到新轨道上来，这是民主历史和理论的里程碑。民主如果不普及到俄罗斯各民族，就不可能成为长期的、全球性的主流。这是连我们都未预料到的民主的成就。

俄罗斯的民主选择——大概是最经常遭到批评的选择。人们把对民主选择的怀疑态度看做正常现象，把对民主的粗暴态度看做公理。这不仅是俄罗斯民主建设的薄弱环节和一些错误（有时是犯罪）造成的，而且也是当代民主中的某些错误观念造成的。有些错误观念是由"冷战"而产生的，这是人们了解并可以感觉到的——俄罗斯只不过是一个暂时隐藏起来和被削弱的敌人。还有一些错误观念则源于声名狼藉的"俄罗斯是另一个欧洲"的感受——常常把对俄罗斯的批评变成丑化俄罗斯人。"民主正统派"的傲慢态度对民主的理论和实践是有害的——100年前欧洲"社会民主主义正统派"的傲慢导致了世界大战和民族主义灾难。

问题在于，民主的理论家都是民主社会的成员，所以他们的理论就是民主社会的理论。但是，那些只在探索新的同一性的人会怎样对待民主发展的理论呢？又有谁会对那些只在寻求本国发展战略的社会的经验进行理论反思呢？任何人都不反对在广博的世界体系中建立本社会的理论。俄罗斯该怎么办？

过去经验的政治现实意义

组建欧盟的方案和过程从来都没有忽略"历史依据"——战争的例外情况，20世纪的经验，对反复出现民族主义冲突的忌讳等。然而在对待俄罗斯时，类似的依据被完全否定，虽然新俄罗斯拥有充足的历史依据。

在俄罗斯诞生之时，最重要的历史论据产生（并保持）了巨大影响。如果不深入分析与新俄罗斯1990—1991年诞生的重要时刻有关的潜在的历史创伤和禁忌，就无法理解俄罗斯的民主。什么是类似于欧洲的俄罗斯的"再也不要"呢？

简单地说，在俄罗斯诞生之时产生了一些大忌，它们后来变成了国家思维。比如，其中最简单的一个禁忌就是：如果一个政权几十年来强迫人民服从某些当权者，就不可能得到人民的拥护。苏联时期出现的领导者和被领导者之间明显的不平等就被称为——"勃列日涅夫之忌"。另一个通俗的法则可以称为"1991年之忌"，虽然它的名声并不好，但它让我们看到，所有错误和荒唐决定的后果都超出了作出决定者的控制能力。到20世纪90年代中期，这种危险性在新俄罗斯国家建设中成为主要问题。

俄罗斯的改革是非常痛苦的——公民要求避免再次出现以往那些残忍形式改革的可能。这种改革的代价是巨大的——但是人民认为自己心理上的恐惧感更大。国家应该帮助他们摆脱恐惧感，所以，普京宣布"对国家发生的所有事情"承担责任，这是他最重要的，远远超出政治宣言的举动。

如果不把俄罗斯民主的历史作为具有重要理论意义的经验加以研究，就会埋没俄罗斯的经验。俄罗斯民主如果失去了理论地位，也因此会失去其作用和创新精神。这附带会产生研究对象的全面政治化，到那时，俄罗斯民主将被视做人为的虚假摆设。不过，对俄罗斯民主的任何评价都缺乏不偏不倚的描述。所有的观点不是辩护，就是过度批判，但重要的是，任何说法，即使是官方的辩解，都没有成为政治辩论的主要因素。

克里姆林宫作为智库

从20世纪90年代后半期开始，克里姆林宫智库如何在所有智囊部门中脱颖而出呢？

有人说，俄罗斯没有创新。其实还是有一个的——这就是俄罗斯本身。这个创新是20年前宣布，而由普京实现了的，这就是主权民主。为此，克里姆林宫遭到了社会积极分子的抨击。为了自救，在非苏联的，但也不是过去民族国家的边界内，俄罗斯社会组成了一个新国家。社会在经历了自己造成的灾难后，完成了国家生存的任务，而在完成这个任务的过程中却产生了一个残酷的、不太文明的统治阶级——如今这个阶级本身就是一个政治问题。

现在经常犯的一个错误是把俄罗斯当局的战略简单化，简化为企图保留垄断地位。当然，这样做有充分理由。但是这个理由并不能解答，为什么克里姆林宫经常受到利用平民主义的诱惑，却又惧怕在政权中实行平民主义政策。按照克里姆林宫的观点，目前管理俄罗斯的目的是要使人民和当局不再作出历史上人所共知的而且不断重复的灾难性决定。体制不仅要避免群众中出现不理智的举动，而且也要避免执行权力机构作出不理智的决定。国家领导人不信任自己的机构——这是国家领导人关注民主实践的主要理由。因此，总统办公厅就成为制定社会发展战略的地点。它垄断了倡议权，成为阐释社会问题的最权威的机构。

乍一看，不难区分理论和宣传之间，尤其是和恶意宣传之间的界限，但是在运用民主理论时确实存在着方法论缺失的现象。这种缺失很隐讳，尽管指出来并不难：它没有正确区分民主理论和运用这个理论的实践活动。有时理论家本人就是运用这个理论的"推动者"，这只会把事情搞坏。给当局出谋划策，对支持率施加影响，充当传媒知识分子的角色，这样的理论家变成了政治家。他在运用自己的理论时，暗中将其加以改造，走上了一条危险的道路。于是，基于重要理论依据的多头政治理论突然变成了莫名其妙的"吵闹民主"，而且还用"民主化"的说教加以论证（引证2009年7月乔治·拜登在第比利斯的演讲："我们拥护这样的原则，即主权民主有权作出自己的决定"）。美国副总统讲这番话时，并没想附和苏尔科夫主权民主的观点，却对他的观点作了准确而简单的概括。我认为，苏尔科夫本人及其文章实际上阐释了一种高于政治利益的，能够把克里姆林宫班子团结起来的哲学。这种哲学的内涵是一种运用民主的形式，它是同"民主的和主权的俄罗斯"概念一起诞生的。20 年前这种模式发展成为权力体系。这个权力发明了自己，也发明了国家，因此认为自己是独一无二的。虽然未必是"最好的"，但却是比较好的，不可比拟的。

俄罗斯政权的独一无二性表现在哪些方面呢？首先表现在它过去的成果中。过去所有过激的任务都是由专门成立的班子完成的，而最后的这个班子迄今还在掌控着俄罗斯。很自然，这个班子坚信，将来任何任务都可以用这样的方式来解决。克里姆林宫并不害怕指责它是"有缺陷的民主"——因为正是这些缺陷过去成为向另一领域顺利扩张的刺激因素。但这个唯意志论是怀疑一切的唯意志论。国家本身永远存在问题。无论居民怎样信任这个国家，统治集团对此都持怀疑态度。执政者总是把恢复国家统一的任务作为单独的、专门的、技术性的任务来解决。

未被认可的民主化

新俄罗斯在理论上很不走运。新俄罗斯是在苏联消失后出现的，这时莫斯科已经不再是理论的唯一中心了。1989 年是欧洲的狂热时期，形成了西方的新意识形态，这对俄罗斯几乎没有什么影响。在莫斯科，此时关注的不是这个轰动一时的新闻，而是另一个思想，即独立的主权的俄罗斯的思想，它在 1989 年秋冬季出现与欧洲发生的事情没有关系。1989 年，民主变成了新世界的意识形态。俄罗斯正是在这个时候接受了民主——但只是把民主作为国家主权的暗语加以接受的。

莫斯科 1989 年的民主概念并不是源于 1989 年的欧洲，而是源于"更多民主——更多社会主义！"这个苏联口号。民主口号同欧洲的概念不一样。对民主的理解从一开始就隐含着差异。

普京在理论上也不走运。他的体制令理论家困惑,但他们很少去思考——尽管不解释在某种程度上是这个体制本身的特征。最初几年,它的意识形态是由一些随意解释堆砌起来的,有时简直就是报刊上的对白和类似"可控民主"这样的玩笑话。但社会情绪表现得更加反意识形态化。普京感觉到这一点,索性避开思想家。讨论体制只用结构、意图、意志、善和恶这样一些词句。可见,他有意给人造成一种印象,似乎他有规划,因此,制度的设计者有权自由替换体制中的任何构造。令人惊讶的是,理论家们一方面为普京无所不能的神话所左右,一方面却又在揭露这个神话。

无所不能的感觉是错误的,虽然它早在普京执政初期就产生了。这种感觉没有任何理由,也没有证据能证明,除了普京在选举中获得令人惊讶的胜利这个事实本身以外。这是毫无争议的多数派的胜利,而这个多数派似乎是凭空出现的。

20世纪80年代和90年代运用"多数派"战略

早在新俄罗斯建立之前,在戈尔巴乔夫统治的苏联时期,"激进的多数派"就已在筹备和酝酿当中。这是苏联体制——一种全民体制,当时称之为"绝大多数"① 体制的意识形态的产物。这样的多数是在进行任何可能的选举之前,也即未经任何选举就产生出来的,因为它根据上一届名单就确定了下来。戈尔巴乔夫在开始改革时希望不要触动"社会主义——我们的历史选择"。这一切说明,苏联人民的选择早已由另一些人作出了,现在没有必要再进行选择。

在新的条件下,这个无可选择的"绝大多数"集中在戈尔巴乔夫周围。"改革没有选择!""别无选择!"——这是当时民主派的口号。领导人在行动,而多数派——则没有动作,只是通过领导人象征性地履行政治权力。在苏联无人统计的"绝大多数"中间还有一批信任领导人的人,最初大概也构成多数派。这两个多数派都是现实存在的。在改革接近尾声时,1991年全民

---

① "绝大多数"的说法在苏联时期并没有贬义和威吓的意思。

公决最后一次统计出来的苏联的"全民多数派"占全国近四分之三。

协商一致原则是20世纪80年代末民主运动的乌托邦。苏联的"绝大多数派"恰恰就成为这个乌托邦的背景。全民协商一致原则不仅成为政策和决议具有合法性的依据，而且也是直接把人民吸引到政治中来的机制。只要"协商一致原则"代表全体人民，就可以把全体人民——或者几乎是全体人民——吸引到民主建设中来：民主似乎已经建立了起来。戈尔巴乔夫说："我们支持进行辩论"，但辩论不应（虽然可能）造成非此即彼的选择。把某种意见变成行动纲领是不能接受的，破坏"协商一致原则"也是令人反感的。

这正是戈尔巴乔夫最严重的错误，其根源出自他最主要的一个空想：在协商一致原则框架内——想干什么都行，在框架以外——干什么都不行（除坦克外）。戈尔巴乔夫无力掌控局面。戈尔巴乔夫的体制崩溃了——协商一致原则这个空想成为我们的遗产。

鲍里斯·叶利钦在协商一致原则的名义下成了新领袖。无论他如何谈民主，他思考的还是戈尔巴乔夫的"协商一致原则"——多数派（人数已没有意义）。人数可以减少，或者干脆就不存在——如同1993年对宪法进行的全民公决一样，但仍认为多数派是存在的。其余40%或几乎50%的票数根本就不统计，他们没有选择的余地。如果他们要选择，等待他们的是坦克。

总统是根据协商一致原则产生出来的人物，并以协商一致原则的名义执掌政权。国家领导人的权力成为特殊的权力，是不同于以往其他所有政权的权力，可以对政权行为不承担任何责任。整个政策都以协商一致原则的名义加以实施。由此出现一个口号："总统候选人只有一个"。只要以多数派名义提出一个政策思想，"全民多数派"必须对此协商一致。别无选择。

俄罗斯的"绝对多数"从来不是在选举中出现的——选举前就存在了。"绝对多数"的象征反映在总统的社会支持率上。从1992年起，"总统支持率"的概念进入政治词汇，并变成盲目追捧的对象。1993年10月，这个自我暗示的咒语成为叶利钦反对最高苏维埃的公开的政治论据——但是在当年12月选举中打算把原来的"多数派"原封不动地变成议会多数派的尝试失败了。弗拉基米尔·日里诺夫斯基获胜。于是出现了一个很难形成多数派的分裂的议会。叶利钦对杜马，特别是对政党制度的发展失去兴趣（当时他的班子正讨论杜马的"非政党化"草案)。杜马和总统开始对立,双方都觊觎获得"多数派"(杜马的弱势表现在,杜马的多数派在任何情况下都是某种意义上的聚合体)。总统始终没有自己的多数派,议会也不具备这样的条件——双方都寄希望出现"人民信任"的神话,很快就清楚了,总统选举是获得"无可选择的多数"的唯一机会。

1996年投票支持叶利钦的那些选民并不是选举他当自己的领导人——他们投票支持以"多数派"名义组建起来的总统专权制度本身。他们坚信,在国内应该建立"无可选择的"政权,让叶利钦掌握这个政权,总比根纳季·久加诺夫或总统的大总管亚历山大·科尔扎科夫强。选举之后,一直到1999年,"民主多数派"始终是虚拟的,但人们从未忘记它。对总统和政权其他机构支持率的统计逐渐变成一种有着鲜明全民公决色彩的政治手段。以"多数派"为标志的体系逐步形成,其实,根本没有多数派,这只不过是政权的需要。

可以把戈尔巴乔夫和叶利钦的历史描写成——当然,这只是一个侧面——争取难以捉摸的协商一致原则的一幕幕戏剧,它时而存在,时而失去,时而又重新获得。普京的历史——是获得协商一致原则的历史。而"梅普组合"——就是放弃协商一致原则,最初他们并没有发现,但还是愿意这样做。应该说,这是又一幕戏剧的开始。

叶利钦的离职和"普京多数派"的全民投票性质

在叶利钦总统第二任期即将结束时,对于打算参加角逐的人来说,唯一的筹码是掌握以多数派为名义的政权。1999—2000年选举的所有参加者都意在获得独享的、无可选择的政权——虽然这种政权在现实中并不存在。当时政权处于瘫痪状态,政治阶级却还幻想"新多数派"。大概,除"亚博卢"外,所有派别实际上都带有这种空谈特点。在这个问题上,共产党人、卢日科夫的支持者、右翼改革派和叶利钦的支持者之间没有任何区别。

1999年的民主政治进程看起来是反常的——叶利钦离职,他的任期结束应该是宪法必然发挥作用的结果。这里已经隐含着"可控民主"的悖论。一方面保留了民主的宪法和竞选机制，另一方面原则上确定了凌驾于民主设施之上的民主设施管理机制。

但是，谁来履行这种监督呢？只有按照宪法原则确定游戏规则并合法赢得这场游戏的人才能够实行这种监督。于是聚集在离职的叶利钦和上台的普京身边的一群人感到异常兴奋——他们自封为是能够真正捍卫俄罗斯民主制度"未来"的"宪法卫士"。民主标准并没有被废止——虽然在民主标准方面有争论，有些标准也被丢弃——因为控制被认为是一种临时状态，是用来以非宪法手段对付叶利钦的反对派的。

盼望中的"新多数派"的确出现了，最初是以选举奇迹的形式出现的——普京的支持率飙升。1999年选举的"战争"气氛发挥了作用——这种气氛在沙米利·巴萨耶夫入侵达吉斯坦之前就出现了，是北约对南斯拉夫发动春季战争时开始的。选民的激昂情绪——把普京看做是能够尽快地、无冲突地"把国家从叶利钦阴影下解救出来"的人物——也发挥了自己的作用。战争气氛也反映出多数派的新重点：多数派拥护"国家的统一"。多数派具体表现为，一方面作为普京身边的领导层中的多数，另一方面作为拥护国家的多数。从这个意义上讲，这个多数派同已经消失的、原苏联的"绝大多数"有某些相似之处。

从这时起，"无可选择的"政权最初自然获得很高的支持率，得到人民自觉和坚决的支持，从而使领导人价值倍增。于是形成了不经过选举衡量"普京多数派"支持率的全民投票机制。

争夺权力的斗争在俄罗斯从来都没有停止过。但他们要争夺什么样的权力呢？争夺在选举过程中产生的那个唯一结果吗？连反对派阵营中广为流行的口号都迫使人们对此持怀疑态度。比如，"推翻普京体制"的目的——实质上也是这样一个特殊使命，即建立"无可选择的政权"。目前是通过领导人的支持率来计算"无可选择的多数派"——基本上保持在50%—55%上下。信任度则更高些。这个状况几乎是世界历史上罕见的，即使今天在"梅普组合"的情况下也没有改变。他们的重量级别不同，但每个人都有相对稳定的支持群体，而且这些群体正在逐渐趋同。

"梅普组合"出现之后，"统一俄罗斯"党获得50%的信任度并始终保持在这个范围内。几年前，在普京当总统时，该党在两次选举之间也从未获得这样高的支持率，基本上保持在三分之一左右，但从未像现在这样达到半数。实际上，正是在普京离开总统职位之后，党才拥有了独立的价值，成为自主的"多数派"体制。

可见，"多数派"始终是俄罗斯民主制的中心。它离不开选举，但把选举变成展示多数派并证明其地位的场所。这样的多数派对差额选举不感兴趣。它始终是俄罗斯民主的核心和主要的政治神话。

多数派是宪法的协商一致原则的保证吗？

这个多数派是"支持国家"的吗？有时似乎是的。但是俄罗斯政治阶级不可能忘记，曾几何时，苏联时期的"绝大多数"放弃支持苏联。难道新的"普京多数派"是新俄罗斯国家未来的可靠保证吗？在没有对现状作出可预测的选择之前，不能对这个问题给予"是"和"不是"的明确答复，也不能对类似的判断给予肯定或否定……

与此同时，新体制得以稳定存在的特征逐渐显现出来。它必须始终把恢复国家统一的任务作为单独的政治性任务来完成。普京在2003年国情咨文中明确了这个任务的重要性并指出，像俄罗斯这样的大国应该为保持国家的完整和统一付出更多的努力。这个声明表明，一个国家和政治民族只依靠社会和标准化的制度是无法生存的。俄罗斯国家自古以来就存在很多问题。虽然居民信任国家，但统治集团却怀疑这一点。而且对前不久精英们虚无主义行为的经验也持谨慎态度。

从20世纪90年代末以来，人们始终认为，俄罗斯制度在其"自然状态"下是不稳定的，因此政治体制总是人为地，有时是强制地维护稳定的手段。"稳定"，这个过去十年的宝贵财富，现在变成了民主自治和社会发展的竞争者。梅德韦杰夫遇到的这个怪圈暂时还没有出现丝毫破裂。但俄罗斯社会中存在着主张"废除稳定"体制的方案，以便在"纯粹民主的基础上"继续稳定体制——不过，这样一来必然又使我们退回到1990—1991年尚未解决的问题上。什么是在从未属于民主国家范畴也从未有过民主制度的国家的"民主复辟"呢？

目前"普京多数派"依然存在，当然可以依靠它。这个多数派是俄罗斯民主的支柱，为"支持"或"反对"这个支柱而斗争，已成为国内公开政治生活的主题。长期以来，这个体制让"多数派"远离政治热情，滥用权利，将弗拉基米尔·普京一个人奉为"多数派"政治热情的代表者。如今，多数派的消极作用已经很明显，但尚不明显的是把行动的权力授予谁。授予普京吗？——当然是的。授予梅德韦杰夫和普京两个人吗？——自然也是对的。

在普京任总统期间，只要遇到现实威胁，他就可以利用自己的多数派。这种模式主要是基于全民公开投票而计算出的普京多数派，即前总统普京的个人支持率。但"梅普组合"正是由于自身的双重性失去了全民投票选择的机动性。在"梅普组合"内部选择被控制了起来，并且是封闭的。原来的多数派根本不愿意成为冲突的一方。所以给人的感觉是，多数派无法理解的所有问题都不能成为政治生活的话题，也不能作为媒体的重大题目。这种情况使媒体公开讨论的话题日益贫乏，政治语言越来越粗陋化。

政治上如何利用多数派，在俄罗斯是个重大和特殊的问题。需要弄清楚，俄罗斯民主是如何理解和运用"多数派"制度的——这是理解各种可能的民主选择的关键一环。毫无疑问，新俄罗斯政权极度依赖自己的"多数派"，这就必然出现一方面操纵"多数派"，另一方面还要奉承"多数派"的局面。

评价这些努力的前景并非总是轻而易举之事。我们看到，为了让媒体在政治上支持"多数派"，使它们始终有信心同国家政权保持紧密联系，政权机构花费了多大的努力，动用了怎样的手段。争取"无可选择的多数派"的斗争还在继续，并且是在"保守主义"的名义下保留这样的多数派。如今反对派放弃了争取差额选举的斗争，幻想"推翻普京多数派制度"。就连德米特里·梅德韦杰夫也在一次公开声明中认为，发展比稳定好。

十年前，新俄罗斯的建设者感兴趣的不是标准，而是效率。他们希望消除混乱，用体制的力量——警察和虚拟的全民投票——阻止革命，但并不打算把国家交给警察或街头。"梅普组合"的结构成为全民投票形式的终结。"梅普组合"是一种妥协，是反全民投票的政策。如果有人想恢复全民投票机制，他就必须从头开始——这可不是一件容易的事。比较容易做到的事还是就有效民主的标准进行协商。

当德米特里·梅德韦杰夫代表"绝大多数"人民讲话时，他不是作为多数派的领袖，倒像是个道德说教的领袖在演讲。他的支柱是以政治主权自居的道德多数派。梅德韦杰夫不单单想改变落后状况，他认为落后的根源是暴力、无秩序和虚无主义等奴隶现象。梅德韦杰夫不愿意当奴隶式的总统。在这方面，他继承了普京最初的热情——民族民主主义反抗的热情。梅德韦杰夫强调这一点，并赋予其意识形态色彩。（虽然这种意识形态还没有最终形成，但是它已经改变了政治氛围。）

梅德韦杰夫总是宣传"正常生活"和"正常行为方式"的标准和价值。毫无疑问，对总统来说，正常是重要的价值，特别是对已经厌倦了试验性生活方式的俄罗斯来说更为重要。但是，将"拯救国家"的任务同建立"居民正常而舒适的生活"联系在一起显然是奇谈怪论。当局确实想把俄罗斯变成一个正常的国家，但是对真正正常的生活却很陌生，因为正常生活从来都不是这个政权的基础。这个政权基本上没有对话者。只有在特殊情况下才使它具有罕见的合法性。它不信任媒体，实质上不是反对媒体，而是缺乏主动精神，是战略萎缩的表现。克里姆林宫在同社会接触时感到无聊，没有动力。现代化又为这个政权开创了一个特殊的新机遇，提供了存在的合法性。它再次把这个形势看成难得一遇的机会。这里重新出现了协商一致原则——就连自由派评论家叶夫根尼·亚辛都同意弗拉季斯拉夫·苏尔科夫的观点，认为"对我们来说，创新不是装饰品，而是求生存"。但是，亚辛当时在指责克里姆林宫"目标期限太短"时并不清楚，求生存——永远是短期的目标。而俄罗斯权力体系和俄罗斯社会很清楚这个目标，因为这个目标总使政权面临被破坏的威胁和失去尺度的问题。

国家政权的这种特殊性——是其传统的特征。但是在提出建立正常的法制国家任务时——梅德韦杰夫是要建立"个人权力"融入其中的正规的国家制度——即使这个任务会"或者拥有一切，或者失去一切"。如果政权确实能完成自己的这个任务，那么政权就不再和国家相互分离，那时将是国家和法制设施构成的政权。到那时，天才的个人、临时的政权就会消失。

俄罗斯的民主制及其全球化意义

20世纪80年代末，当我们开始实施民主制时，并没有进行"联邦主义者们"的辩论，也没有考虑重新设计民主制，因为认为它已经存在。但是实际上，俄罗斯以隐蔽的形式恢复了美国宪法通过之前进行的那种辩论。俄罗斯民主制不经意地触及了未来民主制的问题。这是在新的基础上实现全民多数派空想的尝试。因此，"民族"思想长期以来显得不合时宜，因为它冲击了协商一致的多数派的思想。但政党的思想也不太合时宜。谁都感觉不到政党的思想和政治俱乐部的思想之间的区别。实际上，政党就是在各省设有分支的首都的俱乐部。

我可以推测出这里面的含义——这就是叶利钦防止多党制、不愿意发展政党制度的谜底。按照他的观点，多党制是多余的环节。政党无事可做，要政党干什么。或者它们会像中国的各党派那样"协商一致"，或者它们是有害的。这就使我们感觉到，协商一致变成了彻底的唯意志论：政治就是中心的所作所为，就是中心的规划和中心为完成这些规划所采取的行动。但叶利钦的"协商一致"纲领不是别的什么，是整个俄罗斯。普京只是实施了这个纲领，而叶利钦——没有实施。

然而，俄罗斯20多年前开始的进程给民主制本身带来深层次的问题，即建立战略中心的问题，它在发生灾难的情况（甚至是连续不断的灾难，因为俄罗斯的民主制并不了解任何其他情况）下能够作出规划。这种"灾难后的民主制"具有合法性和包容性，但没有平民主义，不会有民族分裂和国家解体。在这个意义上，俄罗斯"多数派"概念使民主理论变成过于玄妙的空论。

过去的讨论大都围绕着"俄罗斯是民主国家吗"的题目展开。争论从防御性的辩解延伸到包罗万象的问题。得到本国大多数人支持，但对毗邻国家造成威胁的民主是那么安全吗？应该对有缺陷的民主国家（flawed democracie）的反抗进行国际制裁吗？一些民主国家可以对另一些国家进行原则评价吗？这种评价的标准是什么？谁来制定这样的标准——公共哲学家（public philosophers），还是像彼得雷乌斯将军那样公认的智力高度发达的人？

俄罗斯是世界民主进程的一部分，是全球各民主共同体的参加者。如今它正在考虑本国的技术性问题——从习惯到标准和价值基础的问题。

（孙凌齐 译　高晓惠 校）

民主和不满

〔保加利亚〕伊万·克拉斯特夫[*]

"一般来说,历史是'新教的'而不是'天主教的',它的基本特征是制度的、文化的和意识形态的多样性。但如果普遍的意识形态话语成为一种制度性现实,并且人们强烈地感觉到历史正在向着特定目标前进的话,短期的历史会有其'天主教时刻'。"[①] 后冷战时期就是这样一个"天主教时刻"。自由民主国家至少暂时被人们视为人类历史的终点站。与历史上的经验相反,在 20 世纪末,无论是上帝/传统,还是革命/意识形态,都不能授予政府以"统治的道德资格"。在自由且公平的选举中表达出来的人民意志成了现代社会愿意承认的合法政府的唯一来源。选举(常常是自由的以及有时是公平的)的全球扩散和人权话语的普遍接受,在新世纪初成了政治的显著特征。虽然从前的民主理论家们纠缠于"怎样让民主制运行起来并延续下去",1989 年之后的民主新理论则开始主要关注民主的普遍吸引力,关注民主政体在不大可能的地方以及在不同的文化和经济环境中的出现和存续。

布拉格和东柏林街头的革命人群是和平的、胜利的,坚持要求其在"正常社会"生活的权利,他们为自由民主制作为一种治理形式的优越性提供了最终的证明。在上两个世纪困扰欧洲民主经验的恐惧和矛盾似乎最终得到了

---

[*] 伊万·克拉斯特夫(Ivan Krastev)——保加利亚著名政治学家和历史学家,索菲亚自由战略中心创办人之一,1994 年起担任该中心理事会主席和研究项目的负责人,2005 年起担任美国政治学杂志《外交政策》保加利亚分社的出版人兼主编。欧盟外交关系委员会委员。有多部著作,最新作品为《反美百年》(2007)。

[①] Ken Jowitt, *New World Disorder: The Leninist Extinction*, University of California Press, 1992.

解决。民主不再需要证明。欧洲进入了坚信民主必胜的时代。

民主意味着平等人的自治，它现在得到了普遍的尊重，成为世界超过五分之三国家的制度，而且剩余的五分之二国家也将民主视为追求并为之而奋斗。到 2005 年，世界一半多的人口生活在民主国家，这是史无前例的。长达几个世纪的批评民主政体的合意性和可行性的观点，事实上消失了。民主可能尚未消灭完敌人，但它消灭了批判。反民主的观点和情绪销声匿迹。但现在问题来了……

民主的胜利产生了自相矛盾的结果。柏林墙倒塌 20 年后，对现实存在的民主政体的不满日益增长，并且人们越来越感到民主大厦的内部存在问题。民主的胜利也被证明是民主的危机。有人认为，我们已经到了格申克龙（Gerschenkron）所说的"节点"，在这个节点上，在一段相对较短的时间内，我们将见证、经历甚至有可能参与对民主意义在审美上、意识形态上、策略上以及最终制度上的重新界定。

有人认为，民主政体在共产主义死亡之后的扩散，致使政治理论家们未能理解民主政体内部的深刻转变，也不能理解与这种转变相关的历史后果。在 1989 年之后的几年内，很少有人注意到，那一年的划时代事件影响了理解民主的方式，民主国家自身的公民开始使用这种受到影响的理解方式来理解民主，也很少有人注意到争论更强化了这种影响。坚信民主必胜的话语腐蚀了现代民主政体的理性基础。民主再不仅仅是最不坏的治理形式——最坏中的最好，如果你乐意的话。相反，人们开始视其为最好的治理形式。人们开始寄希望于民主政体，不仅是为了使他们避免某种更坏的东西，还要用一个大而奢侈的套餐来提供和平、繁荣以及诚实和有效等所有的东西。1989 年的历史断点使得许多人认为，民主是和平和经济增长的同义语。坚信民主必胜的时代的根本特征是，试图把民主描述为所有社会问题的唯一解决之道，而且在证明民主的正确性时，不是把民主的优缺点与其竞争者的优缺点进行对比，而是根据民主满足现代消费者的物质需求的能力。民主被描述为许多互不相关问题的唯一正确答案。带来经济增长的最好方式是什么？答案是成为民主国家。保卫一个国家的最好方式是什么？答案是成为一个民主国家并且周围都是民主国家（"任何地方都自由，会让世界所有地方都更安全"）。抗击腐败的最好方法是什么？答案是成为民主国家。应对人口或者移民挑战的最好方式是什么?答案是更加民主和包容。花言巧语取得了对现实的胜利。民主传教士们没有认识到的是,主张腐败或者少数民族融合之类问题在民主环境中能够更好地解决是一回事,固执地认为引进自由公平的选举和采用自由主义的宪法就能解决所有这些问题,则是完全不同的另一回事。

不到十年,用经济增长、安全或者善治来证明民主的优越性,就开始产生适得其反的效果。全球经济危机和威权资本主义的出现叠加在一起,对人们长期持有的设想提出了挑战。民主最擅长促进经济增长这一主张被中国的成功所动摇。在最近30年内,非西方民主的中国是世界上增长最快的经济体。它正在逐步超越美国成为世界最大的制造国,并且已经取代德国成为世界的主要出口国。但不仅是中国,研究界非常清楚这样的事实,即正在出现的经济体中,那些表现最好的和表现最差的都是威权制度。因此,虽然大多数发达民主国家往往富裕而繁荣,民主却不是繁荣或者经济增长的同义语。

非洲的民主经验表明,在减少暴力方面,选举的推广并不必然产生有益的影响。牛津经济学家保罗·科利尔在其吸引人的著作《战争、枪炮和选票》[1]中证明,虽然在中等收入国家,选举系统地减少了政治暴力的风险,而在低收入国家,选举则使得社会更为危险。与"再思考"的开明修正主义的立场类似,以色列军事历史学家阿扎·迦特(Azar Gat)[2]甚至更进一步对当前的关于自由民主阵营的军事优势的正统观念提出挑战。在他的分析中,民主国家在最近的两场世界大战中的胜利,不应当用民主政治体制的固有优越性来解释,而应当用美国刚好处于民主阵营这一事实来解释。能够解释20世纪权力斗争结果的是美国的优越性而不是民主的优越性。阿扎·迦特质疑的是民主无敌的观念,而美国政治学家爱德华·曼斯菲尔德(Edward Mansfield)和杰克·斯奈德(Jack Snyder)[3]质疑的是把促进民主置于西方安全政策核心的策略。曼斯菲尔德和斯奈德收集了最近200年来的历史证据,他们质疑民主的和平理论。虽然这些作者赞同民主国家往往不会互相战争,但在

---

[1] Paul Collier, *Wars, Guns and Votes: Democracy in Dangerous Places*, HarperCollins Publishers, 2009.

[2] Azar Gat, "The Return of Authoritarian Great Powers", in *Foreign Affairs*, Jul./Aug. 2007.

[3] Edward Mansfield and Jack Snyder, "Democratization and War", in *Foreign Affairs*, May/June 1995.

他们的分析中，正在经历向民主转型时期的社会变得更多倾向于战争，而不是更少，而且它们确实与民主国家发生战争。因此，当你祈祷中国和俄罗斯有朝一日会开始或者重新开始民主转型的时候，你一定要知道你在祈祷什么。

罗伯特·卡根（Robert Kagan）[①]假设，"国家"的治理形式，而非它的"文明"或者"地理位置"，或许是其地缘政治结盟的最佳预报器。这种假设也受到了攻击。打开今天的报纸就足以使人注意到，当提及外交政策时，民主的土耳其、民主的印度或者民主的巴西，在充当主角时，并不倾向于站在从美国到欧盟等民主伙伴一边。就国家的地缘政治结盟而言，能够证明是更好的预报器的，是反殖民主义情绪和老式的国家利益与抱负，而不是国家的治理形式。因此，在最近十年，民主发生的事情就是这样一种事情，营销专家们会很容易地把这种事情认定为"过度销售"危机。最近的两次民主化浪潮制造了人们的预期，并使得一种关于民主的话语成为习惯，这种民主话语恰恰处于真正存在的民主政体的当前危机的核心。

大衰退

世界受到自大萧条以来最严重的经济危机的打击后，许多政治理论家预计，危机将导致的或者是俄罗斯或中国这样的新威权资本主义政体的失败，或者将以20世纪30年代的重演而结束，危机也将摧毁中东欧的新生民主国家。但危机既没有导致新威权国家的崩溃，也没有导致新生民主国家的消亡，这是有悖常情的。危机以一种奇怪的方式证明了亨廷顿在40年前所作的观察，即"国家之间的最重要的政治分歧，不在于它们的治理形式，而在于它们的统治强度"[②]。

在人们越来越不信任政治和商业两方面的精英的背景下，民主和威权之

[①] Robert Kagan, *The Return of History and the End of Dreams*, New York: Vintage Books, 2009.

[②] Samuel P. Huntington, *Political Order in Changing Societies*, New Haven and London: Yale University Press, 1968.

间的界限是模糊的,这种界限的模糊性和全球范围内现代社会日益深化的治理能力危机——而不是资本主义威权政体的出现,是我们时代的主要特征。

今天的威权资本主义政体的最好代表是中国和俄罗斯,这种政体并不根源于传统社会的权力结构,也不主要依赖于大规模镇压。俄国人和中国人虽然生活在非西方民主国家,却比他们历史上的任何时刻都要更自由、更富裕。支持这种政体的正是代表关键的社会支持者的两国的中产阶级。与苏联或者中国的共产主义不同,这种新的威权资本主义政体并不把自己描述为民主的替代者,而是把自己描述为民主的一个变种。新的威权主义反抗着与先前的民主化尝试联系在一起的恐惧或者失望,俄罗斯就是典型案例。

在最近四年中,盖洛普国际(Gallup International)每年都进行名为"人民之声"的全球调查,这一调查显示出一个有趣的悖论:虽然民主被普遍地接受为最好的治理形式,但在许多情况下,尤其是在中东欧,民主社会的公民不仅相对于那些生活在非民主社会中的公民对民主体制的优点更持批判态度,而且他们往往认为他们的声音在他们国家的管理方式上发挥的作用较小。哈维尔(Havel)关于极权社会的名著的著名标题是"无权者的权力",该著作在后共产主义时代的续篇用"被授权者的失败"的标题可以很容易地出版。

1989 年及其后

在柏林墙倒塌 20 年后的今天,人们对 1989 年的历史重要性和欧洲的(尤其是中欧的)民主状况的认识分歧越来越大。对民主制度(包括选举)的信心正在稳定减少。人们认为政治阶层腐败而自私自利。不再迷恋民主的人看来是越来越多。根据 2008 年的欧盟晴雨表(Eurobarometer)的调查,只有 21% 的立陶宛人、24% 的保加利亚人、24% 的罗马尼亚人、30% 的匈牙利人,以及 38% 的波兰人认为他们从柏林墙的倒塌中获益。[①]

[①] Eurobarometer 70, field work, October-November 2008, "Data", December 2008, p. 58. Available at http://ec.europa.eu/public_opinion/archives/eb/eb70/eb70_en.htm.

今天有许多人认为，获得自由并收获了 1989 年头彩的人是旧的精英，而不是人民。这种看法认为，共产主义的终结启动了一个过程，这一过程使得前共产主义精英们摆脱了（对清算的）恐惧，摆脱了（对致富的）负罪感，摆脱了意识形态，摆脱了社会联系，摆脱了对国家的忠诚，甚至摆脱了治理的需要。成为"历史的终结"的最大受益者是海外精英，而不是民主国家的公众。1989 年的民主革命用其反平等主义和反乌托邦主义迷惑了许多人。亚历克西·德·托克维尔（Alex de Tocqueville）如果知道，与以前的浪潮相反，最后一次民主化浪潮在新的民主国家内扩大了收入的不平等，是会感到惊讶的。

对 1989 年的真正历史意义改变看法的，不仅有街头的人们，而且有民主理论家。主要的民主思想家反思了自从 1974 年葡萄牙民主革命以来 30 年的民主传播的遗产后，正在得出清醒的结论。在《民主杂志》发表的一篇文章中，菲利普·施密特（Philippe Schmitter）① 声称，在当代的历史背景下，民主化已证明比以前想的更容易成功得多，但与此同时，最近的民主化浪潮比以前的民主化浪潮影响要小。在施密特的分析中，它之所以容易恰是因为它的影响要小。旧的精英们从当代的政治变化中获取的收益要比其前辈多得多。

旧的精英成为游戏的最大获胜者，恰是这一事实唤起了对最近历史进行修正主义解释的浪潮。美国历史学家斯蒂芬·科特金（Stephen Kotkin）② 在其新书《野蛮社会》中，令人信服地论证道，撇开波兰不谈，整个中东欧共产主义的崩溃最好理解为一个无效且士气受挫的共产主义组织（他的标题所指的"野蛮社会"）的内爆，而不是因为公民社会的反叛。布拉格和索菲亚街头的人民与其说是革命公民，不如说是不满足的消费者。在科特金的最后分析中，政治自由和市场经济两者都不是一场成功革命实现的目标，而是搞垮共产主义的无意识结果。

简言之，正如民主已变成其过度宣传的受害者那样，1989 年的革命正在

---

① Philippe C. Schmitter, "Twenty-Five Years, Fifteen Findings", in *Journal of Democracy*, Vol. 21, No. 1, January 2010, pp. 17–28.

② Stephen Kotkin, *Uncivil Society: 1989 and the Implosion of the Communist Establishment*, New York: Random House, 2009.

遭受其浅薄化的危害。我们需要问一些古老得我们已经忘记了正确答案的问题：什么使得民主成为最不坏的治理形式？1989年革命在再造欧洲民主传统中居于何种地位？

我的观点是，1989年的革命不是历史的终结，而是欧洲民主经验的一个转折点。那些革命确实成功地调解了自由主义和民主，但却是有代价的。常态思想（把民主描述为社会的自然状态，并使民主摆脱其历史矛盾的企图）是这些革命的推动力，它由于弱化了民主的免疫机制而促成了民主的当前危机。

告别魏玛

人们现在很难想象，欧洲人在柏林墙倒塌之前和之后对民主的看法，其间的裂痕到底有多么极端。人们很难接受，我们今天想当然的一切都不仅处于危险之中，而且甚至受到昨天还为其辩护的人的深刻质疑。1989年的革命作为欧洲的集体经验，再造了欧洲的政治文化。

现代欧洲历史受到了一种根深蒂固的是否把民主作为一种政治体制的矛盾情绪的影响。1934年，葡萄牙独裁者安东尼奥·萨拉查（Antonio Salazar）勇敢地预言道，"20年之内，如果政治演变中没有某种倒退运动，欧洲将不会有议院剩下。"① 漫长的19世纪（许多传统的记述过高估计了这一世纪的平静）的革命剧变时期以及两次大战之间民主国家的崩溃，使得许多欧洲人对大众政治参与的优点持怀疑态度。1918年之后，几乎没有几个欧洲国家的政府有幸存在超过12个月。德国魏玛共和国的短暂而悲惨的生命及其悲剧性的死亡——用彼得·盖伊（Peter Gay）的名句来说，"部分是谋杀，部分是消耗性疾病，部分是自杀"② ——在欧洲人对待民主的态度上留下了永久的

---

① Quoted in John Keane, *The Life and Death of Democracy*, Simon & Schuster UK Ltd, 2009.

② Peter Gay, *Weimar Culture: The Outsider as Insider*, New York: Harper and Row, 1968, p. xiii.

烙印。法西斯主义暴行在魏玛民主内部成长并最终在魏玛共和国的残骸上取得政权,魏玛民主与法西斯主义暴行的关系仍然沉重地压在许多人的心头。战后的西方民主理论,不过是对魏玛共和国瓦解的争相解释而已。

如果某个人不理解20世纪欧洲的许多政治经验背后的革命大众的恐惧,就不能理解这种经验。"我们往往在理论上把革命视为一种带来解放的运动,"雷蒙·阿隆(Raymond Aron)在20世纪70年代写道,"但20世纪的革命似乎恰恰相反地推进了奴役,或者至少是威权主义。"① 此前一个世纪,雅各布·伯克哈特(Jacob Burckhardt)更为明白,"我对历史知道的太多,除了将来的暴政之外,我预计群众的专制不会产生别的任何东西,而暴政将意味着历史的终结。"简言之,在欧洲大陆,在几乎两个世纪内,自由主义和民主并没有结合,而是分离的。自由主义者确信,谈论自由民主是矛盾的修辞。他们常常发现,他们在进行两条战线的战斗,既要反对威权主义稳定的支持者,也要反对激进(平民主义)民主的拥护者。"平民主义"一词在美国和欧洲的政治传统中的意思差别很大(在前者中多半是中性的,而在后者中主要是否定性的),这种差别揭示了民主和自由主义之间关系的两种相反模式。尤其是法国自由主义——天生的,因为它是对法国大革命过于激进的反应的一部分——不是把自己看做大众民主的一部分,而是把自己视为大众民主的替代物。对于弗朗索瓦·基佐(François Guizot)这样的人来说,拒绝成为民主主义者是作为自由主义者的不可或缺的组成部分。

即使在"民主"是西欧对抗苏联共产主义的战斗口号的时候,对民主的不信任也是冷战欧洲共识的一部分。民主国家被视为软弱无力的和不稳定的。它们在抗击毁灭性敌人的时候效率低下。当需要作出使用暴力的强硬决策时,民主国家太理想主义、行动太迟缓。民主决策短视、造成不和,而且容易受到煽动和操纵。机敏地观察到"对民主最好的反驳就是和普通选民交谈五分钟"的不是别人,而是温斯顿·丘吉尔自己。欧洲有教养阶级的理想是精英政治而非民主制。精英政治和自由主义理性主义——不是民主——为欧洲一体化这一工程奠定了基础。精英领导者而非民主主义者是欧盟的根本。

---

① Raymond Aron, *The Dawn of Universal History: Selected Essays from a Witness to the Twentieth Century*, New York: Basic Books, 2003, p. 163.

正是在1983年——仅仅在柏林墙被拆毁六年之前,让·弗朗索瓦·雷韦尔(Jean-François Revel)阐明了冷战一代人的恐惧,当时他写道,"毕竟,民主可能被证明是一个历史意外、一个简短的插入语,它正在我们的眼前结束。"① 之所以如此悲观,是因为他确信,民主因其成就而得到的荣誉太少,同时,相较于其敌手为自己的失败和错误所付的代价,民主为其失败和错误必须付出不知要高多少的代价。简言之,就在"天鹅绒革命"的前夕,人们仍继续把民主政体视为软弱得如果不立刻自杀,就会在不经意之间自我毁灭。靠着1989年革命,才消解了魏玛民主的经验,并深刻改变了欧洲人对民主的态度。当年11月9日的晚上,德国欢快的人群果断地打破柏林墙,终于驱除了刚好是51年前的11月那个傍晚的记忆,51年前,纳粹反犹太人的"水晶之夜"(Kristallnacht)暴行让世界注意到,文明和野蛮之间的那道"墙"正在欧洲的中心倒塌。在许多欧洲人的心中,1989年革命最终成功地使得革命经验与自由民主的理想实现了和解。自由主义者看到,变化具有非暴力的性质,并且新生的民主国家有坚定的决心通过有秩序的方式实行新宪法,他们发现,自己经过长期的艰辛努力赢得了民主事业的胜利。1989年革命向西欧人证明了他们自己经常抨击的政治模型的吸引力。

1989年革命以及后共产主义转型的经验也终结了欧洲内部长期存在的关于政治民主和市场资本主义之间关系的争论。在19世纪和20世纪的大多数时间中,欧洲右翼受困于这样的恐惧,即大众民主将最终摧毁财产权和个人自由,而马克思主义左翼则充满热情地主张,资产阶级民主只是有产阶级统治的一个方面。

今天,历史学家发现,他们总想把中东欧后共产主义转型的故事讲述成民主和资本主义之间具有不可抗拒的吸引力的传说。但20年前,人们常常把建设市场和建设民主的目标看做对立物。东欧大多数持不同政见者(都是有文化的人)都有在欧洲左翼那里常见的那种反资本主义情绪。而且,虽然政治理论家们在20世纪80年代末承认,就长期而言,自由市场和自由竞争的政治倾向于互相强化,但人们担心的是,当人们同时追求政治和经济改革时,这两种改革会相互冲突。你怎么能在给予人们作出自由选择的权力的同时,

---

① Jean-François Revel, *How Democracies Perish*, New York: Doubleday, 1983, p. 3.

又期望他们慷慨地接受削减预算、减少津贴以及解雇工人的痛苦呢？德国社会学家克劳斯·奥费（Claus Offe）表达了许多人的意见，他在转型的早期写道，"市场经济只有在前民主条件下才能发动。"①

常态及其不满

足够幸运的是，有时候在理论上行不通的东西在实践上行得通。中东欧确实努力进行了市场和民主两方面的同时转型。要想让这种成功成为可能，需要把观点、情感、环境、外部压力和领导力不可思议地混合在一起。该地区的改革者们在转变他们社会的努力中发现，共产主义的遗产是一个天然的盟友，即使是一个不情愿的盟友。人们在面对改革代价时具有耐心，是因为他们在摆脱共产主义时没有耐心。20世纪90年代早期是超现实主义的年代，工会主义者呼吁裁员，而前共产主义者表示他们热心于推进经济私有化。

有人对资本主义感到恼火，那些自认为是转型的纯粹失败者的人有着不成熟的反资本主义情感，但既没有一个政党，甚至也没有一个可用的政治词语来推动，或者表达这种情感。对市场的任何批评都被等同于对共产主义的怀旧。反共产主义者和前共产主义精英都支持变化，前者是因原则而支持，后者则是出于私利。普遍的"回归欧洲"的渴望帮助了前共产主义社会把民主的再分配本能与产生不平等的市场倾向调和起来。在欧洲一体化的紧身衣的约束下，中东欧在同一时间接受了政治和经济开放。民主、自由主义和资本主义不仅在东欧达成和解，而且在大陆的西部达成和解。东欧在模仿西方自由民主国家的尝试中，发明了这些东西。

简言之，作为1989年革命推动力的常态思想应因转型的成功和后转型政治学的空虚而受到赞扬。渴望回到正常的愿望鼓励了中东欧的政治领导人去寻找务实的解决方案，去模仿西方的制度和实践。常态思想在推进长达十年的欧盟扩大进程方面尤其有用，在欧盟扩大的过程中，许多后共产主义国家

---

① Claus Offe, *Varieties of Transition: The East European and East German Experience*, Cambridge: MIT Press, 1996, p. 67.

组织忙于通过法律，这些国家组织几乎没有停下来深思熟虑那些法律。然而，对于今天中东欧政治学中普遍存在的理性麻痹以及新生民主国家在自我改造过程中出现的较大失误来说，这同一种常态思想至少要承担部分责任。"常态化"的政治学以模仿代替了深思熟虑，引发了对平庸的尊敬，使政治决策者可能完成那种把"民主"和"善治"当做同义词使用时所需要的修辞戏法。中欧把没有创造性视为优点。在后共产主义时期，"实验"一词获得了否定性的内涵。悖论在于，当谈到政治实验时，较之后共产主义的民主国家，中国的后共产主义威权主义在许多方面要更有创造性，对实验也更友好。

中欧的常态思想断言民主就是社会的常态，并把民主化限定为模仿发达民主国家的制度和实践，它未能充分展开那种使民主更具有适应性和持久性的矛盾。例如，民主多数主义和自由立宪主义之间的矛盾，就并非转型的"成长痛苦"，而是恰处于民主政治的核心。这种矛盾不能凭愿望消除或者简单地解决；相反，社会必须学会忍受它们并充分利用它们。民主是一个联邦，组成联邦的共和国时常要就它们的共有疆界进行争论和重新谈判。民主是一种自我修正制度，这种制度是被其自身矛盾维持的。民主具有教育性，即使当代的常态理论家们往往把中欧平民主义的兴起解释为向政治病理深渊的跳跃，但在平民主义政府的国家（例如，保加利亚和斯洛伐克）中，公民对民主的"信任"在表达层面却大幅增长了。[①]

社会如何和为何似乎经常在密切关注公共事务的时期和私人问题占据上风的时代之间摇摆，阿尔伯特·赫希曼在试图解释这种问题时列举了公共事务的参与行动，人们参与公共事务，是因为他们预期公共事务将会带来满足，也能产生不满。[②] 赫希曼的见解是，消费社会的兴起和个人选择的扩大将会伴有不满的激增，在我看来，他的见解应当处于有关民主相对于其威权主义竞争者的优势的争论的核心。

民主相对于威权主义的优势，不在于民主直接让公民满足其需要和欲望

---

① Grigorij Mesežnikov, Olga Gyárfášová, and Daniel Smilov (eds.), *Populist Politics and Liberal Democracy in Central and Eastern Europe*, Bratislava: Institute for Public Policy, 2008.

② Albert O. Hirschman, *Shifting Involvements: Private Interest and Public Action*, Princeton: Princeton University Press, 1982.

的某些固有能力，而在于民主在制度上和思想上都具备应对其公民不满的优势。在这一方面，最近 20 年来民主必胜的信念，对于我们理解民主今天面对的挑战，是一种真正的和当下正面临的危险。虽然在 1989 年以前，民主国家往往把人们的不满视为当然，困扰着后 1989 年欧洲民主国家的常态思想往往把这样的不满视为不可理解和莫名其妙。民主不是坏的治理的替代物，它是革命的替代物。

事实上，正是民主社会克服其自身失误和从经验中学习的能力，给予了这些社会其最深刻且最持久的吸引力。在大多数欧洲人都害怕他们的未来不会像过去那样繁荣与和平的时刻，这一点尤为重要。

由于把民主定义为社会的自然状态，同时限制公众可以得到的受到认可的政策选择，后 1989 共识反常地损害了民主政体的这一基本优势。民主不是也不可能是"满足机器"。它们不能像面包师做油炸面圈那样产生善治（善治是民主治理的一种受欢迎的但绝非必然的产品）。民主国家提供给不满的公民的是，让他们在有权对自己的不满做某些事情上得到满足。因此，民主是最适合当前的不满时代的政治制度。

（武锡申 译　张文成 校）

参考文献

Raymond Aron, *The Dawn of Universal History: Selected Essays from a Witness to the Twentieth Century*, New York: Basic Books, 2003.

Paul Collier, *Wars, Guns and Votes: Democracy in Dangerous Places*, New York: HarperCollins Publishers, 2009.

Eurobarometer 70, October-November 2008. Available at http://ec.europa.eu/public_opinion/archives/eb/eb70/eb70_en.htm.

Azar Gat, "The Return of Authoritarian Great Powers", in *Foreign Affairs*, Vol. 86, No. 4, July-August 2007.

Peter Gay, *Weimar Culture: The Outsider as Insider*, New York: Harper & Row, 1968.

Albert O. Hirschman, *Shifting Involvements: Private Interest and Public Action*,

Princeton (NJ): Princeton Univ. Press, 1982.

Ken Jowitt, *New World Disorder: The Leninist Extinction*, Berkeley (Ca.), London: Univ. of California Press, 1992.

Robert Kagan, *The Return of History and the End of Dreams*, New York: Vintage Books, 2009.

John Keane, *The Life and Death of Democracy*, New York, London: Simon & Schuster, 2009.

Stephen Kotkin, *Uncivil Society: 1989 and the Implosion of the Communist Establishment*, New York: Random House, 2009.

Edward Mansfield and Jack Snyder, "Democratization and War", in *Foreign Affairs*, Vol. 74, No. 3, May-June 1995.

Grigorij Mesežnikov, Ol'ga Gyárfášová and Daniel Smilov (eds.), *Populist Politics and Liberal Democracy in Central and Eastern Europe*, Bratislava: Institute for Public Policy, 2008.

Claus Offe, *Varieties of Transition: The East European and East German Experience*, Cambridge (Ma.): MIT Press, 1996.

Jean-Francois Revel, *How Democracies Perish*, New York: Doubleday, 1983.

Philippe C. Schmitter, "Twenty-Five Years, Fifteen Findings", in *Journal of Democracy*, Vol. 21, No. 1, 2010.

Самюэль Хантингтон, *Политический порядок в меняющихся обществах*, Москва: Прогресс-Традиция, 2004.

第三部分

民主与现代化

现代化与民主

从后苏联国家转型看民主化和现代化

民主或效率：21世纪的挑战

在现代化之路上从专制到民主：相同和特殊

论市场国家与后民主

现代化与民主

〔美〕罗纳德·英格尔哈特*

导 论

两个世纪以来,现代化这个概念历经兴衰起伏。在19世纪和20世纪,马克思主义的现代化理论启发和推动了所有的政党和政治运动。20世纪70年代,批评家们宣称,现代化理论已经死亡。冷战结束以来,现代化理论改头换面获得了新生。脱去了早期过分简单的形态,现代化的概念促进了我们对民主化的理解。

现代化概念的核心内涵是,经济和技术发展会带来大致可以预期的社会和政治变革。近来的大量证据表明,经济发展确实与人民信仰和动机的普遍改变有联系,而这些改变又产生重大的影响,它们在重塑着宗教的作用、工作的动机、生育率、性别角色以及性行为规范。不仅如此,它们造成了大众对民主体制和更有回应性的精英行为的日益高涨的需求。在超过某个水平以后,这些变化使得出现民主的可能性大大增加。

---

* 罗纳德·英格尔哈特(Ronald Inglehart)——应用和理论社会学方面的杰出学者,后物质主义动机论的创立者之一,发表300多篇学术文章。密歇根大学教授,世界价值观调查(World Values Survey)组织——社会学学会的创始人和主席,1970年起主持世界80多个国家的居民价值观跟踪调查。最著名的著作有:《无声的革命》(1977)、《发达工业社会的文化变迁》(1990)、《现代化与后现代化》(1997)、《神圣的与世俗的:世界宗教与政治》(2004)和《世界主义的交往:全球化世界中的文化多样性》(2009)(后两部书与皮帕·诺里斯合著)。

卡尔·马克思提出了现代化理论最有影响的版本，对构成早期工业社会鲜明特点的残酷剥削提出了深刻的批判。他提出了乌托邦的解决方案，即宣称将结束犯罪和剥削。马克思的许多预测显而易见是错了。今天，实际上没人相信废除私有制可以解决社会的问题。但是，关于技术变革和社会经济发展会造成重大的、大致可预测的社会和政治后果的观点，仍然是有效的。1848 年马克思和恩格斯发表《共产党宣言》之时，工业化仅在少数几个国家开始推进，但是他们认为，工业化是未来的浪潮。今天，世界上大多数人生活在正在工业化或已经工业化的国家里。

亚当·斯密和卡尔·马克思提出了相互竞争的现代化理论，但是他们都认为技术创新及其社会经济后果对文化和政治体制有着深远的影响。马克思认为，社会经济发展带来人们的价值观和道德标准的变化；马克斯·韦伯随后指出，应该是倒过来的因果关系，即价值观改变经济生活。最近的研究表明，因果关系是双向的，占主导的方向是经济条件改变社会和政治现象。

冷战正酣的时候，美国出现了一种现代化理论，认为不发达是一个国家心理和文化特征的直接后果。不发达状态反映了非理性的传统宗教价值观和社会价值观，这些价值观不鼓励人们取得成就。富裕的西方民主国家可以通过经济、文化和军事援助手段向"落后"民族灌输现代价值观，并带来进步。但是，到了 20 世纪 70 年代，情况已经表明，这些援助没有带来多大走向繁荣或民主的进步，反而造成对冷战时期这一现代化理论丧失信心，人们批评这一理论带有种族优越感，以恩人自居，要人领情。不仅如此，依附理论学者认为，与发达国家的贸易剥削了穷国，把穷国置于结构性的依附之中。发展中国家的精英欢迎这样的理论，因为这种理论暗示，贫困与内部问题和当地领导人的腐败无关，贫困是全球资本主义造成的。到了 20 世纪 80 年代，依附理论时髦起来。这种理论认为，第三世界国家只有退出全球市场，采取进口替代政策，才能避免全球剥削。

最近的情况表明，进口替代战略显然失败了：与全球贸易保持最少联系的国家，如古巴、朝鲜和缅甸，并没有取得成功，相反，它们是增长速度最慢的国家。出口导向战略在带来持续的经济增长和最终带来民主方面有效得多。因此，钟摆摆回去了，一种新的现代化理论获得了可信度。东亚快速的经济发展与随后台湾地区和韩国的民主化看来确认了其中的基本论点：为世界市场生产带来了经济增长，投资于人力资本的回报扩大了受教育的中产阶级，一旦中产阶级的规模足够大而且勇于表达，它将推动自由民主的发展，而自由民主是发达工业社会最有效的政治制度。不过，如果今天有人在关于经济发展的研讨会上提起现代化，很可能会再次听到依附理论对"落后国家"版的现代化理论的批评，好像在现代化理论里马克思、韦伯、杜克海姆从来未曾存在过，20世纪70年代以来没有出现新证据一样。

现代化：修正的观点

显然，现代化理论需要修正，这有很多理由。

第一，现代化不是线性的，它不一定朝一个方向运动。实证证据表明，现代化的每个阶段都带来了人们世界观的不同变化。工业化引发了一个重要的改变过程，带来了官僚化、等级制、权力集中、世俗化以及从传统价值观到世俗—理性价值观的转变。后工业社会的兴起带来了朝着不同方向发展的另一套文化变迁，这个方向不再是官僚化和集权化，新趋势是朝着越来越强调个人自主和自我表达的价值观发展。因此，即使其他情况不变，经济发展高水平也往往使人民更加宽容和信任，造成对自我表达和参与决策更加重视。这个过程不是确定的，各国的领袖和特定事件也会影响发生的一切。不仅如此，现代化的变迁并不是不可逆转的。严重的经济崩溃可以逆转这个过程，大萧条时期的德国、意大利、日本和西班牙，以及20世纪90年代苏联的多数后继国家都因严重经济崩溃造成了逆转。同理，如果当前的经济危机变成21世纪的大萧条，我们可能要面临一场反对新的仇外和威权主义的斗争。

第二，社会—文化变迁是有路径依赖的。虽然经济发展往往带来可以预测的人们世界观的变化，但是一个社会的遗产——不论它是由新教、天主教、伊斯兰教、儒教还是由共产主义形成的——都对社会的世界观产生长远的影响。价值体系反映了现代化的驱动力与传统的持续影响力之间的相互作用。虽然东西方经典的现代化理论家认为宗教和民族传统会消亡，但事实证明它们有顽强的生命力。尽管工业化社会的公众更加富有，受到更好的教育，但是他们并未创造出统一的全球文化。文化遗产明显地经久不衰。

第三，现代化不是西方化，这与早期具有种族优越感的理论不同。工业化过程始于西方，但在最近的几十年里，东亚拥有世界最高的经济增长率，日本在预期寿命和现代化的其他一些方面走在了世界前列。美国不是全球文化变迁的典范，工业化社会总体上并没有变得越来越像美国。实际上，美国比大多数其他高收入社会保留了更多的传统价值观。

第四，现代化不会自动带来民主。但是，从长远来看，它带来了使民主日益成为可能的社会和文化变迁。仅仅达到高水平的人均国内生产总值并不能产生民主。如果它带来民主，那么科威特和阿拉伯联合酋长国应该是模范民主国家了，但是它们没有经历前述的现代化过程。不过，后工业社会的出现带来了特别有利于民主化的特定的社会和文化变迁。没有日益习惯于为自己思考的受过良好教育的公众，知识社会就无法有效运转。此外，经济安全水平的提升造成越来越强调自我表达的价值观——这种价值观把自由选择放在首位并且构成了政治行为的动机。在超过某临界点后，民主化将难以避免，压制大众对更开放社会的要求将变得代价高昂并有害于经济效率。因此，进入高级阶段后，现代化将带来导向民主体制兴起和繁荣的社会和文化变迁。在初级阶段，工业化可能导向法西斯主义、共产主义、神权统治或民主。但是，知识社会的出现提高了民主兴起的可能性，实际上，在超过某个临界点后，要避免民主化将变得越来越困难，因为有效的知识社会要求面向创新的高度开放和一系列广泛的个人自主。这些反过来会促成一个日益独立、敢于和善于表达，以及挑战精英的公众。现代化的新要求和产生的新公众两者相互增强。因此，现代化将带来导向民主体制产生和发展的文化变迁。

关于现代化我们今天知道些什么？

新分析模式和新数据来源大大提高了人们对现代化过程的认识，帮助人们认清经济发展如何改变社会的问题。1981—2007年，世界价值观调查机构在几乎包含了世界人口90%的数十个国家进行了五轮有代表性的国家级调查。结果显示，不同国家的人民在信仰和价值观方面存在着巨大的差异。在一些国家，95%的人说，上帝在他们的生活中非常重要；在另外一些国家，只有3%的人这样说。在一些国家，90%的人相信男人比女人有更多的工作权利；在另一些国家，只有8%的人这样认为。这种国家间的差异是强劲的、持久的，正如现代化理论所表明的，它们与社会的经济发展水平有着密切的联系：低收入社会的人民比富裕国家的人民更多地强调宗教和传统的性别角色，其相关性之强，令人为之惊叹（常处于0.6—0.8的范围之中）。

如果我们比较高收入国家人们关注的问题次序与低收入国家人们关注的问题次序，我们会发现价值观调查机构所研究的许多社会之间存在着系统性的差异。在最近的四次调查中，在代表性的国家样本里，对各国的公众都提出了这样的问题："请指出下列事项在您的生活中有多重要：非常重要，比较重要，不很重要，还是一点也不重要？"要求他们对家庭、朋友、闲暇时间、政治、工作以及宗教的重要性进行排列。在所有社会，家庭毫无例外地排在第一位。在所有社会，绝大多数人都认为家庭是非常重要的。但是我们发现对生活中其他方面的重要程度各国人民给予的评价存在着十分有趣的差异。例如，各国人民都认为工作是重要的，但是在低收入社会，生存本身与一个人是否有工作密切相关。因此，虽然在高收入国家工作可能被认为更有意思并有主观上的回报，但是在低收入社会人们把工作放在更加重要的地位。

从低收入社会到高收入社会还有一个有趣的改变。在低收入社会，工作和宗教被认为比朋友和闲暇更重要。实际上，仅仅认为工作"非常重要"的人数就超过认为朋友和闲暇"非常重要"的总和。但是，当我们转向高收入社会时，工作和宗教的相对重要性就下降了，而朋友和闲暇的相对重要性则上升了。此消彼长到这样一个程度，即高收入社会的公众认为，朋友比宗教重要得多，甚至比工作还要略重要一些，而闲暇虽然不如工作重要，但是比宗教重要得多。

这项跨领域的证据显示，经济发展往往造成一个社会的信仰和价值观发生大致可以预测的长期改变。实证模式是复杂的，但是正如我们将看到的，时间序列证据支持这样的假设：1981—2007年，在经济发达国家，一系列基本价值和信仰向着预期的方向前进，而在经济停滞的社会里占主导地位的价值观没有什么变化。英格尔哈特和威尔泽尔（Inglehart & Welzel, 2005）指出，人们的基本价值观和信仰正在发生改变，这种改变也影响了人们的政治行为、性行为、经济行为和宗教行为。这些改变是大致可以预测的：在很大程度上，可以由文中所提出的修正版的现代化理论作出解释。在掌握了覆盖全球人口85%的社会的大量证据基础上，两位作者指出，现代化造成了使得

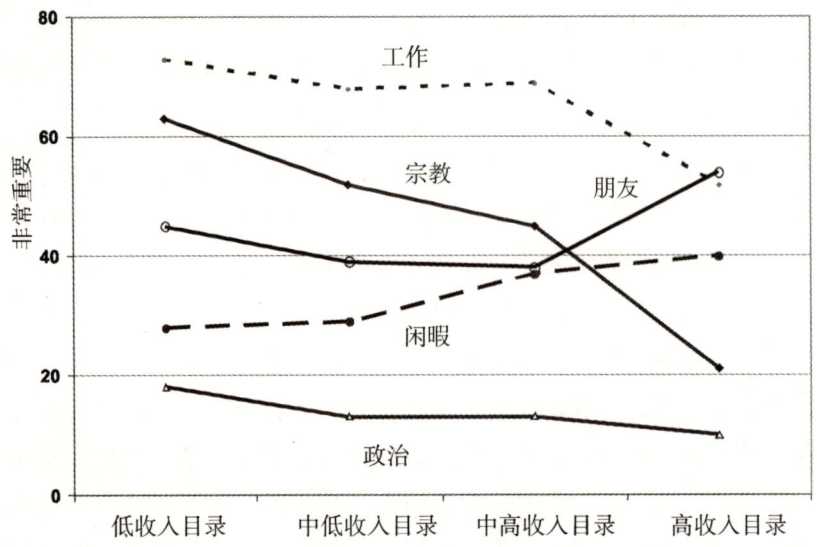

图 1　生活的各个方面在富国和穷国的相对重要性

资料来源：世界价值观调查与欧洲价值观研究 1990—2007 年采集的数据。调查样本数：52080（低收入社会），72742（中低收入社会），56178（中高收入社会），68322（高收入社会）。

个人自主、性别平等和民主的实现日益成为可能的文化的改变。两位作者证明，群众的价值观在民主体制的产生和繁荣中起着至关重要的作用，现代化会带来有利于民主化的文化变迁。

社会经济发展的首要因果链

生存的冲动是一切生物的共性，而且生存通常是无法保障的。这反映了一条基本的生态原则：一切生物的数量都倾向于增加到可得食物供应的极限，直到饥饿、疾病或天敌抑制其膨胀为止。绝大多数历史时期，一切生物的生存，包括人类的生存，都是无法保障的。

生存是人类的基本目标，当生存处于不确定状态时，人的全部生活战略都取决于生存的斗争。以工业革命为开端的令人赞叹的经济快速发展已经传播到世界上大多数地区，它逐渐改变了生存状态，使生存从没有保障变成如今大多数人视为理所当然。在最近的几十年里，后工业社会的公众达到了前所未有的生存安全水平：实际收入水平数倍于"二战"前的水平，福利国家兴起，为大多数人提供了全面的安全网。预期寿命提高到了史无前例的水平：1900年即使在当时世界上最富裕的美国，预期寿命只有49岁；一个世纪以后，预期寿命是78岁。今天，富裕国家的大多数人在成长的过程中理所当然认为自己不会挨饿。这已经导致了长远的代际间的价值观转变，从生存价值观转向自我表达价值观。如果2008年爆发的经济危机足够深重，持续时间足够长，也可能逆转上述发展，但是到目前为止并未如此。

社会经济发展减少了对人类自主、创造力和选择的客观制约。日益增长的经济安全起着核心的作用，减少了对人类选择的物质制约，培育了一种生存的安全感。认知动员也是重要的。社会经济发展提高了人们的正规教育水平，提高了他们获得信息的能力。不仅如此，新兴的知识社会的要求动员了人们的认知能力，减少了对人类选择的智力制约。

社会经济发展的另一个重要组成部分是它提高了职业专门化程度和社会复杂性，使人类的互动多样化。这解放了人，使他们从社区联系和封闭的社会圈子中解脱出来，带来了一种从"机械的团结"（Mechanic Solidarity）到"有机的团结"（Organic Solidarity）和从"社区"（Community）到"协会"（Association）的转变。同理，辛梅尔（Simmel）强调了人们开始发展跨越社会圈子的联系时的个人化效应和解放效应。多样化的人类互动把人们从固定的社会角色和社会关系中解放出来，使他们能够自主确定自己的社会角色：人们可以自由地、自主地决定与任何人联系或不联系，僵化、固定的性别和阶级角色受到了侵蚀，为人们作为个体表达自我提供了更大的空间。

因此，在发达社会与在发展中社会人们的价值观和信仰有天壤之别。一些最重要的文化差异与宗教有关。在农业社会，宗教往往是人们生活的中心；在工业社会，它不再处于中心的位置。另一个主要层面的文化差异与性别角色、自我表达和生活品质有关，这个方面的差异也是巨大的。在一些低收入社会，几乎99%的人认为男人比女人更适合当政治领袖；在富裕的后工业社会，只有极少数人同意这个假设。

第二次世界大战后发生的经济奇迹和福利国家的出现使得这些国家的大部分人口在把生存视为当然的条件下成长起来成为可能。这是一个根本的改变，迥异于此前的人类经历，因而带来了基本价值观的代际变化。在最近几十年里，类似的经济奇迹开始发生在中国、印度和许多其他国家，为将来类似的价值观转变过程开辟了道路。主导的价值取向往往反映生存条件，随着这些条件的改变，价值取向也会相应改变，但是其中会有一个显著的时滞，人们需要时间尝试新的生活战略以更好地适应新的条件，而且年轻人往往比老年人更容易接受新的生活战略。然而，一旦新的生活方式出现，以后的世代就有了不同的角色模式的选择，他们会接受最能适应他们亲身经验的那些模式。这样，经济发展便导致了世界各地公众的价值观的根本转变。

文化变迁的两个维度

工业化带来了一个重大的文化变迁过程，带来了官僚化、理性化、集权化和世俗化。后工业社会的兴起导致了第二个重大的文化变迁过程：新潮流指向日益强调个人自主和自我表达的价值观。两个文化变迁都改变了人们的权威取向，但是采取了不同的方式。现代化的工业阶段带来了权威的**世俗化**，而后工业阶段造成了从权威中**解放出来**。

工业化社会注重不惜代价取得最大的物质产出，以此为人类福利最大化的最佳途径。这个战略在减少饥饿和提高预期寿命方面取得了巨大的成功，但是它在后工业社会中产生的回报越来越少。后工业的现代化带来了一种战略上的转变，从物质生活水平最大化转变为通过生活方式改变达到福利最大化。自我表达价值观的兴起改变了后工业社会的政治议程，使其远离注重不惜代价的经济增长，走向日益关注环境保护。它同时带来一种转变，即政治分野从以社会阶级冲突为基础转变到以关注文化事务和生活品质为基础。

因此，社会经济发展产生了不是一个而是两个主要维度的文化差异，其中之一与工业化相联系，另一个则与后工业社会的兴起相联系。世俗—理性价值观的兴起导致权威从传统宗教信仰获得合法性转变为从世俗—理性观念获得合法性。文化差异在很大程度上反映了这两个维度，我们可以在类似于下文图2的二维文化图上确定任一社会所处的位置。

现代化与民主 | 139

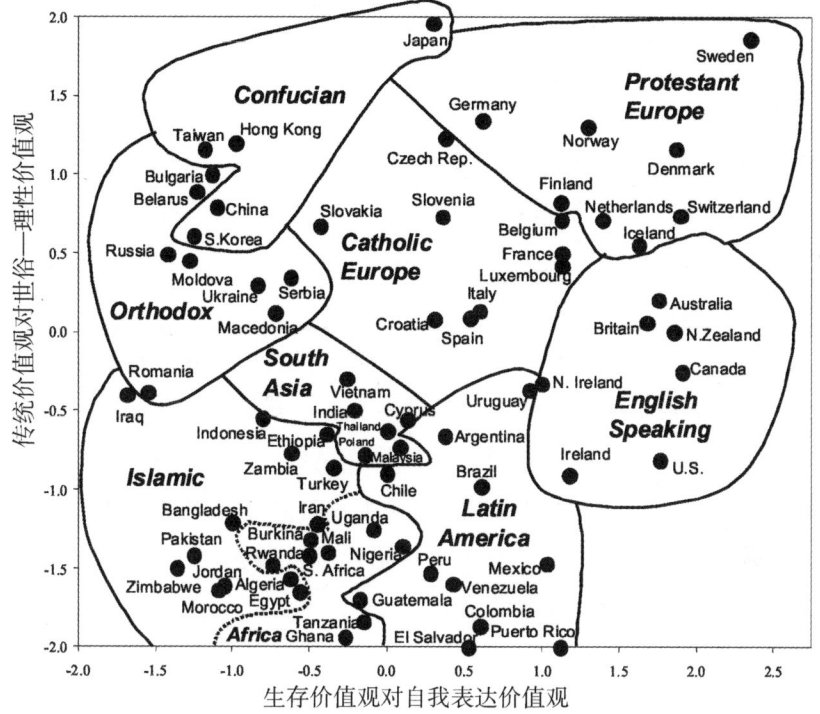

图2 二维全球文化图中52个国家和地区的位置

资料来源：最近一次价值观调查所得的数据。

工业化与世俗—理性价值观的兴起

持续的经济增长始于工业化，因为生产率的发展速度开始快于人口的增长。在农业社会，人类处于不可知和不可控的自然力的任意摆布之下，因为人们对自然力的缘由所知甚少，往往把事件的发生归因为神人同形的上帝。绝大多数人以农业为生，靠天吃饭。人们祈祷好天气，祈祷免于疾病，祈祷免于虫害。

在工业社会，生产转移到室内的人为环境。人们不必等待太阳升起和季节的转换，天暗下来，人们打开电灯，天冷了，人们打开暖气。人们不用祈祷好收成，生产来自人类才智所创造的机器。随着病菌和抗生素的发现，疾病也不再被视为一种神降的苦难，而成为人类控制范围内的问题。随着人类对环境的技术控制能力的增长，宗教和上帝的作用下降了。人们不再需要向上帝祈祷好收成,因为可以依靠化肥和杀虫剂。唯物主义的意识形态兴起,对历史作出了世俗的解释,世俗乌托邦可以通过理性地组织起来的官僚机构运作的人类工程来达到。但是,这些意识形态与宗教一样教条,反映了工业社会组织劳动力和一般生活的严格训练的、标准化的方式。与此相应,世俗——理性价值观的兴起没有造成权威的衰落:它把权威基础的来源从传统宗教观念变为世俗——理性观念。在一个高度机械化的世界,理性科学及其对技术进步的信仰成为权威的新源泉。

在生存还是问题的社会,相信一个一贯正确的更高权力将确保事情得到善终,这种信仰满足了一个重要的心理需求。宗教的重要功能之一是在一个不确定的环境里提供一种确定感。身体和经济的不安全感强化了这种需求:谚语说"避弹坑里没有无神论者",反映了战时的危险提高了信仰更高权力的需求。但是,随着工业生产超过人口增长以及科学进步延长了预期寿命,传统上通过宗教提供保障的需求减少了。

但是,工业化并没有增加个人的自主感,因为工业社会采取了纪律和团队的组织方式。在工业社会里,严格的社会控制和服从压力支配着人们,特别是工厂工人。工业社会里的生活与大量的产品一样是标准化的。生活的标准化抑制了自我表达。工业社会里受过训练的统一群众组织遵循严格的行为规范进行操作,使得工人大军往返于兵营似的住所与生产线之间。工业化用世俗的教条取代了宗教的教条,但是并没有把人们从权威中解放出来。

后工业化与自我表达价值观的兴起

后工业社会的出现带来了另一波文化变迁,但是朝着不同的方向演变。在美国、加拿大、西欧、澳大利亚以及越来越多的东亚国家和地区,大多数劳动力已不在工厂工作。大多数人不再生活在机械的环境里,而是在工作时间与人、符号和信息打交道。人的精力不再集中于生产物质客体,而是集中在与其他人的沟通和加工信息,其核心产品是创新、知识和思想。人的创造力成为最重要的生产要素。在19世纪的美国,仍有80%的劳动力从事农业,今天,只有2%的劳动力在从事农业。到20世纪初,工业生产统治着美国社会。但是,今天美国已经成为知识型社会,仅花在计算机上的时间就远远超过花在所有工业设备上的时间总和。经济活动的这种转变一个最重要的方面是人们在从事自己的工作时比产业工人有了多得多的个人自主。日常工作越来越多地由计算机和机器人来完成。知识部门的工人已经不再是大机器上的齿轮，而是要作出个人的判断和选择。

后工业时代以三大方式减少了客观条件对人类选择的约束。首先，后工业社会获得了前所未有的高水平的生存安全。平均人均国内生产总值提升到了史无前例的高水平，福利国家使得几乎每个人都能得到吃、穿、住、教育和医疗服务。即使在福利国家水平相对较低的美国，政府也把国民产值的大约四分之一花在公共福利上。尽管最近国家福利有所减少，但是历史上任何时期的人民也没有经历过后工业社会出现的高水平的生存安全。身体的存活、最低生活水平、平均预期寿命接近80岁，这些在后工业社会里被大多数人视为理所当然。这种史无前例高水平的生存安全意味着，大多数人是在把生存视为理所当然的环境中成长起来的。这使得人们可以日益关注直接生存以外的目标，从而带来从生存价值观到自我表达价值观的转变。

其次，虽然大众的识字率在工业化过程中已经大大提高，但后工业化发起了一场大规模的认知运动。现代职业越来越需要认知技能。今天美国多数工人运用知识开展工作，完成分析任务，利用信息技术。他们在工作过程中高度自主。不仅如此，认知技能的需要增加了对高等教育的需求，所有后工业社会的教育水平都有了显著的提高。教育使得人们在智识上更加独立。人们的正规教育和工作经验促使自主决策的潜力日益发展。在严格的手工劳动占统治地位的传统工厂里不需要（也不允许）有自主判断的空间。相比之下，服务和知识部门的工人与人和概念打交道，要在创新和自由地作出个人判断是必不可少的环境下工作。创造力、想象力和智识独立性起着中心的作用，大众传媒和现代信息技术的演变使得人们容易获得知识。因此，教育水平的提高，认知和信息来源的增多，以及知识通过大众传媒日益扩散，使得人们在智识上更加独立。

最后，后工业社会具有社会解放的效应。以服务为基础的经济逆转了工业社会组织人们日常活动的纪律化、标准化的方式。在工业时代，大规模生产系统把劳动力置于严格的集中控制之下，工人被编入紧密结合的群体里，面对强大的服从压力。相比之下，后工业化使经济活动和社会生活去标准化。以服务为基础的经济的灵活组织以及赋予工人的自主性辐射到生活的一切领域：人的互动日益从紧密结合的群体的强制联系中解放出来，使得人们能够随时建立和打破社会联系。福利国家支持这种个人化的趋势。在福利国家建立以前，儿童的存活很大程度上取决于父母是否提供给他们生存的条件，而在父母老迈时孩子要照顾父母。今天，单亲家庭和无子女老人比从前有好得多的生存条件，这进一步促进了从"需要的社区（communities of necessity）"转向"选举的联系（elective affinities）"，减少了对人的选择的约束。

工业化提高了人们控制环境的能力，减少了人们对超自然力量的敬重，促进了世俗—理性价值观的兴起。但是，工业化没有培育出个人自主意识，没有推动人们质疑绝对权威，而绝对权威恰在世俗意识形态里长期存在。相反，后工业化赋予人们生存安全感，促使他们对不论是宗教的还是世俗的权威、教条主义和等级制度提出质疑。并且，由于生存已经被认为是理所当然的，人们日益对技术的风险提出批评，也日益欣赏自然。关于人类在宇宙中位置的精神关注再次占据重要地位。这不是带来对教条的宗教狂热的回归，而是带来了新型的精神关注和非物质关注的兴起。

生存安全既有利于世俗—理性价值观，也有利于自我表达价值观。但是现代化的两个阶段具有重要的差别。在工业化阶段，人对自然日益增强的控制感是与机械的世界观相联系的，它降低了依赖超自然力的重要性。但是工业社会继续以等级制度和严密组织的方式组织人类活动：经济制约开始减少，但是社会制约继续存在。因而，日益增长的生存安全感并没有在工业化过程中转化为更为广泛的人类自主感。因此，工业化带来了朝向世俗—理性价值观的显著转变，但是只带来了朝向自我表达价值观的适度转变。

在后工业阶段，经济匮乏减轻了，大大增强了人们的生存安全感。此外，经济活动和社会生活的去标准化仅发生在后工业时代，减少了社会制约，使得人们的生存安全感能够转化为更为广泛的人的自主感。这种转变发生以后，工业时代兴起的世俗教条随着自我表达价值观的传播而衰退。因此，后工业社会在加速推动自我表达价值观兴起的同时，停止了迈向世俗—理性价值观的趋势。

传统文化的持续存在

亨廷顿（Huntington，1996）、帕特南（Putnam，1993）、福山（Fukuyama，1995）、英格尔哈特和贝克（Inglehart and Baker，2000），以及英格尔哈特和维尔泽尔（Inglehart and Welzel，2005）认为，文化传统明显地能够长期存在，并影响各自社会今天的政治和经济行为。但是从马克思和韦伯（Weber）到贝尔（Bell）和托夫勒（Toffler）的现代化理论家则认为，工业社会的兴起与系统性的文化转变远离传统价值体系有关。虽然可能有些令人惊讶，但两种主张都是正确的。

最近几年，关于社会经济发展的研究和理论产生了两个相互竞争的学派。一个学派强调现代化的结果是价值趋同，现代化是文化变迁的主要驱动力。这个学派预测，传统价值观将衰弱，并被现代价值观所取代。另一个学派强调，尽管有经济和政治变迁，传统价值观将长期存在。这个学派认为，价值观在很大程度上独立于经济条件。因此，这个学派认为，趋同于某些"现代"价值观是不可能发生的，传统价值观将继续对由经济发展引起的文化变迁产生独立的影响。

现代化理论的核心主张认为，社会经济发展将带来系统性的、在一定程度上可预测的文化和政治生活的改变。正如我们将看到的，世界各地的证据表明，社会经济发展的确推动各个社会朝向大致可预测的方向发展。社会经济发展始于提高劳动生产率的技术创新，接着带来职业专门化、教育水平的提升和收入水平的提高；同时使得人类互动多样化，从强调权威关系转向强调谈判关系；长此以往，将带来重大的文化变迁，包括性别角色的变化、对待权威态度的变化、性行为规范的变化、生育率的下降、政治参与的扩大，以及更关键的是，公众变得不易引导。

但文化变迁是有路径依赖的。一个社会在历史上是新教的、或东正教的、或伊斯兰教的、或儒教的，会形成某种文化区域，不同区域有不同的价值体系，即使社会经济发展，这些价值体系也将长期持续存在。文化区域是强劲的。尽管不同国家的价值体系在强大的现代化力量的影响下朝着相同的方向发展，但是它们的价值体系并不会像文化全球化的简单观念所认为的那样趋同。

这可能看起来有些矛盾，实际并不矛盾。如果世界上的各个社会都以同样的速度朝着同样的方向迈进，不同社会之间的差距也会像原先一样大而且永不会趋同。实际当然不会如此简单，但是这表明了一个重要的原理：后工业社会正在发生迅速的变化，并朝着相同的方向迈进，但是从实际经验看，各个社会之间的文化差异之大在2006年与在1981年一样。虽然社会经济发展往往引起人们生活信仰和需求方面的系统改变，但是文化传统的影响并没有消失。信仰体系有巨大的持续性和弹性。虽然价值观能够并且确实发生了变化，但是价值观仍然反映社会的历史遗产。

然而，社会经济发展带来可预测的长期变化，这是清楚的。一个指标是，发达社会里人民的世界观和行为与发展中社会里人民的世界观和行为有巨大的不同。另一个指标是，发达社会的价值体系正在发生持续的、其方向大致可预测的改变。这些改变没有反映出均质化的趋势，例如，不能归结为据说在世界范围内传播相同的新价值观的全球通信网络的影响。如果情况的确如上所述，那么暴露在全球通信体系之下的一切社会都应该发生相同的价值观改变。但是正如我们将要证明的那样，事实并非如此。因为这些价值观改变没有发生在经历了严重的生活水平下降的社会里，如苏联的后继国，尽管这些社会也融入了全球通信网络。这些改变只有在人们经历了长期的高水平的经济繁荣的社会里才会发生。社会经济发展带来可预测的文化和政治变迁，而经济崩溃会带来反方向的改变。

这些改变是一个概率问题，并不遵循如马克思所提出的科学社会主义那样的决定论法则。而且，文化变迁不是线性的，不像经济发展那样持续不断地朝着相同的方向前进，直到抵达历史的终点。相反，工业化促使传统价值观向世俗—理性价值观转变，但是随着后工业社会的兴起，文化变迁开始迈进另一个方向。从传统价值观到世俗—理性价值观的转变放慢了脚步甚至停止不前，而另一种转变变得更强有力，即从生存价值观向自我表达价值观的转变，通过这种转变，人们越来越强调人的选择、自主和创造力。这种转变在从前工业社会向工业社会过渡的过程中进展缓慢，但是在工业社会让位于后工业社会的过程中成为主导的趋势。现代化理论家们预见到与社会经济发展过程相联系的价值观转变，但是他们只注意到世俗—理性价值观的兴起，没有预见到后来的变革潮流，即自我表达价值观的兴起。经典的现代化理论家没有预见到现代化的后来阶段，这是完全可以理解的。后来阶段现代化的解放冲动与许多现代化理论家［如作家乔治·奥威尔（George Orwell）］所认为的技术官僚威权主义是不相容的。他们认为政治现代化将产生技术官僚威权主义。与这些预期相反，自我表达价值观使得民主成为政治发展的最可能后果。

现代化的工业阶段不一定导致民主，而是允许威权主义、法西斯主义和共产主义形式的群众政治动员。但是在现代化的后工业阶段，自我表达价值观的兴起产生了一种社会力量，去质疑权威，去实行有利于真正回应人民需要的民主，而不仅仅是选举民主，这一点我们还将有所阐述。

与现代化不同阶段相联系的价值观改变是可逆的。社会经济发展带来了大规模和大致可预测的文化变迁，但是如果发生经济崩溃，这些改变会朝相反的方向发展。但是，发展是过去500年的主流：大多数国家今天都比几个世纪前繁荣得多。而且以下三项存在着强有力的逻辑联系：（1）高水平的社会经济发展；（2）强调人的自主、创造力和自我表达的文化变迁；（3）民主化。通过这个过程，民主本身变得越来越有回应性。随着自我表达价值观的兴起，甚至长期存在的民主也变得越来越积极回应大众的偏好，政治也越来越不是局限于精英之间的游戏，他们从前只是在选举期间关注大众的需要。

即使在同样的现代化力量的影响下，不同的社会也有不同的发展道路，因为具体情况的因素，如一个社会的文化遗产，也会影响特定社会的发展。韦伯（1904）认为，传统宗教价值观具有持续的影响力。许多其他学者也观察到不同的文化特征能够长期存在，并持续影响一个社会的政治和经济发展状况。例如，帕特南（1993）证明，今天民主体制运转最成功的意大利地区，正是那些公民社会在19世纪甚至更早时期发展得比较好的地区。人际互动水平低的社会较难发展大型的、复杂的社会体制。汉密尔顿（Hamilton，1994）认为，即使资本主义成为几乎普世的生活方式，文明因素仍然继续决定着经济和社会的组织方式。"我们在全球经济发展中所看到的并不是日益增长的一致性，不是西方文化的普世化，而是非西方文明模式通过积极的再造和再融入使得文明的多样性得以持续存在。"（Hamilton，1994，p. 184）

对 1990 年世界价值观调查/欧洲价值观调查（WVS/EVS）在 43 个国家和地区所获得的数据进行的要素分析发现，涵盖众多领域的许多变量所反映的跨国差异，一半以上可以由两个维度——传统价值观对世俗—理性价值观和生存价值观对自我表达价值观——得到解释。（Inglehart，1997）这个分析再次应用于 1995—1998 年调查所得的数据时，出现了同样的二维文化差异——尽管新的分析增加了 23 个国家。（Inglehart & Baker，2000）同样的二维模式出现在对 2000—2001 年调查（Inglehart & Welzel，2005）所得数据和 2005—2007 年世界价值观调查所得数据的分析中，表明在个人和国家的层面有着相似的要素构成。

图 2 表明了 52 个国家和地区在二维全球文化图中的位置，所使用的数据是最近一次每个国家和地区的调查数据（大部分来自于 2005—2007 年世界价值观调查）。如果把这个图和根据 1999—2001 年调查制作的图作个比较，我们起初可能以为是同一张图。① 实际上图 2 依据的是全新的调查，包括 13 个以前没有调查过的国家和地区，同时去掉了几个以前调查过的国家和地区。两次调查都做的国家和地区几乎位于与从前一样的位置。尽管大多数国家和地区的公众都有一种向右移动的趋势，即更加强调自我表达价值观，但是这些国家和地区的相对位置十分稳定。在二维空间中相对高或低的分数是 1981—2007 年整个时期这些国家和地区比较稳定的特征。

在一轮又一轮的世界价值观调查或欧洲价值观调查中，这些社会在全球文化图中位于同样的区域。它们的位置反映了经济和文化两方面的因素。现代化理论认为，生存安全水平的提高有利于传统价值观向世俗—理性价值观的转变，有利于从强调生存的价值观向强调自我表达的价值观的转变。与此预期一致，实际上所有高收入国家在两个维度得分都高，坐落在图的右上方，而所有低收入国家在两个维度得分都低，坐落在图的左下方。

但是，证据也支持韦伯的现代化观点，即一个社会的宗教价值观具有长远的影响。因此，我们发现，与欧洲天主教公众、儒教影响的社会、东正教社

---

① 比较以 1999—2001 年数据（见 http://www.worldvaluessurvey.org）为基础的图。同时参见 Inglehart and Baker（2000）书中 1995 年的图（p.29）和 Inglehart（1997）书中 1990 年的图（p.98）。基于不同的调查所得数据制作的四张图具有惊人的相似之处。

会、英语国家、拉丁美洲以及南撒哈拉以南非洲国家一样，欧洲新教公众在一系列问题上表现了相类似的价值观。在大量调查基础上发现的跨国差异反映了每个社会的经济和历史。利用完全不同的衡量方法和数据库，施瓦兹（Schwartz，2006）发现，76个国家和地区的跨国组合与图2显示的情况惊人相似。

一个社会在历史上为新教、儒教或伊斯兰教文化遗产所主导会留下长远的影响，把社会推向一条持续影响后来发展的道路，即使在宗教机构的直接影响已经式微的今天依然如此。因此，虽然今天在新教的欧洲，很少人去教会，但历史上受新教主导的社会仍然表现出一套特殊的价值观和信仰。历史上的罗马天主教社会和历史上的伊斯兰教、东正教或儒教社会同样如此。这就意味着，世俗化理论只对了一半。在工业化阶段，宗教的作用确实变得不那么重要了。甚至在后工业社会，历史悠久的宗教权威支配群众的能力迅速大幅下降。但是广义的精神需求不会消失，反而会越来越普遍。因此，尽管后工业社会对旧的等级制教会的支持削弱了，但精神生活改变了形式，从而日益与个人的自我表达相一致。

文化差异的两个主要维度都与经济发展密切相关：高收入国家的价值体系迥然不同于低收入国家的价值体系。如图3所示，世界银行定义的高收入的每一个国家在两个维度上得分都比较高，都更强调自我表达的价值观和世俗—理性的价值观。所有低收入和中低收入国家在两个维度上得分都比较低。中高收入国家在两者之间。一个社会的价值观和信仰在很大程度上反映了该社会的经济发展水平——正如现代化理论所表明的一样。

价值体系与人均国内生产总值之间的密切联系表明，经济发展会导致社会的信仰和价值观发生大致可预测的改变，而时间序列证据也支持这个假说。如果我们比较1981—2007年连续数次价值观调查中各个国家和地区的位置，我们会发现，几乎所有经历了人均国内生产总值上升的国家和地区都经历了可预测的价值观的改变。图4显示了十组国家和地区在全球文化图中发生的变化，涵盖从1981年最早的一次调查到2007年最近的一次调查。要显示每一个国家的变动会导致出现一个无法阅读的十分复杂的图，因此大多数国家和地区被分成显示出大致相似的变动的几个组。在这个时期，所有高收入国家（包括新教欧洲国家、天主教欧洲国家、欧洲英语国家和日本）的公众都转向更强调世俗价值观和自我表达价值观。印度也是如此。拉丁美洲和非洲

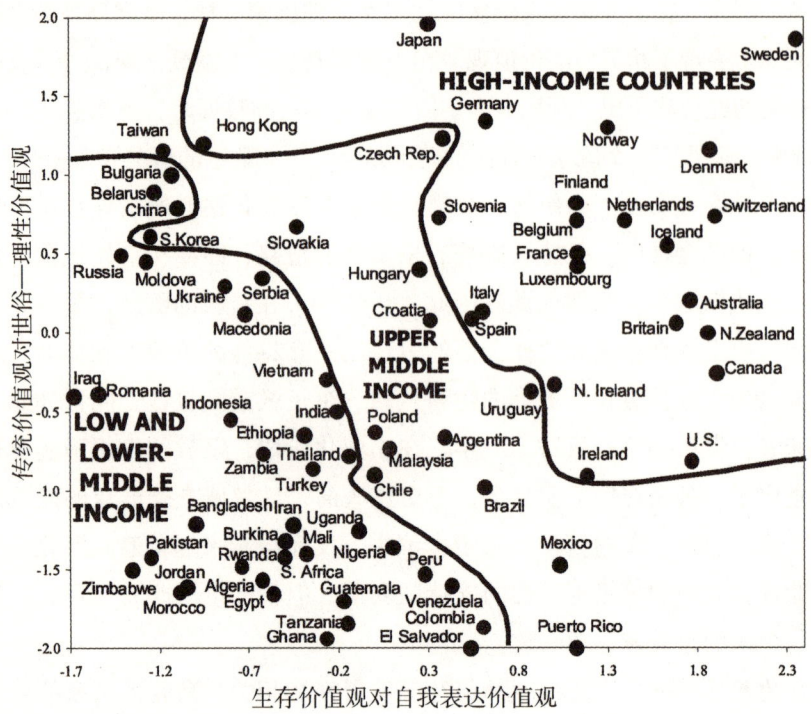

图3　按照世界银行定义的收入水平52个国家和地区在全球文化图中的位置

资料来源：同图2数据。

的公众显示出较大幅度地转向自我表达价值观，同时在强调传统价值观方面也有适度的增加。

前共产主义国家的公众表现出例外的模式。在这个时期，对共产主义意识形态的信仰发生了崩溃。在许多国家，这种崩溃伴随着经济的衰退。就俄罗斯而言，前苏联垮台，经济衰退和士气消沉非常严重，以至于平均寿命本身大幅下降。前共产主义国家没有显示出走向日益强调自我表达价值观的普遍趋势。实际上，俄罗斯表现出一种转向日益强调传统价值观和生存价值观的倒退的变动。正如我们的理论所表明的，生存安全的提升与转向自我表达价值观的趋势相联系，而社会崩溃往往导致越来越强调生存价值观。

因此，即使一个社会的文化遗产持续影响社会的主导价值观，经济发展也会带来产生重要后果的改变。随着时间的推移，它重塑宗教信仰、工作动

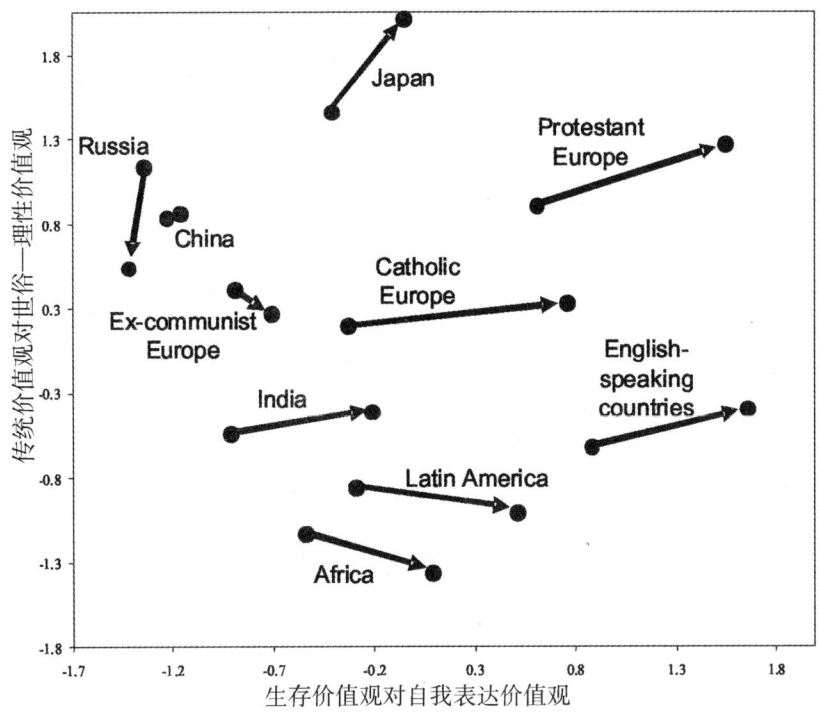

图4 不同时期的文化变迁：从 1981 年最早的调查到 2007 年最近的调查
——十组国家和地区在全球文化图中的变动

机、生育率、性别角色和性行为规范，这种朝向日益注重自我表达价值观的转变，促使大众提高了对民主体制和更有回应性的精英行为的要求。如图 4 所示，在价值观调查所覆盖的 25 年里，大多数国家和地区的人民日益注重自我表达的价值观。这一文化转变使得民主在至今尚不存在的地方得以出现日益成为可能，也使得民主在已经存在的地方更有效率和更加直接日益成为可能。

发展与民主

50 年前，西摩·马丁·利普塞特（Seymour Martin Lipset）指出，富国比穷国成为民主国家的可能性大得多。虽然这个主张多年来受到挑战，但是一再被证明有效。这一因果关系的方向也受到过质疑：富国更可能实现民主到底是因为民主使国家变富,还是发展有利于民主?今天,看起来已经清楚了,因果链的方向是从经济发展到民主化。在工业化早期,威权国家可能像民主国家一样获得高速增长。但是在超过一定水平以后,民主日益可能出现并存续下去。因此,1990 年左右发生民主化的数十个国家,大多数是中等收入国家。几乎所有的高收入国家早已经是民主国家了,鲜有低收入国家发生这一转型。不仅如此,普沃斯基(Przeworski, 2005)指出,1970 年到 1990 年间民主化的国家中,民主只在相当于阿根廷的经济水平或更高水平的国家存续下来,在此水平以下的国家,民主的平均生存期只有 8 年。

发展与民主之间的密切相关性反映了经济发展有助于民主的事实。为什么恰恰是发展导致了民主,这个问题引起了激烈的辩论,但是答案刚开始出现。它不是一个国家达到一定的国内生产总值水平后,某种引起民主体制自动出现的无形力量的结果。相反,经济发展带来社会政治变化,是因为它改变了人们的行为。因此,经济发展有助于民主,是因为首先它创造了一个大规模的、受教育的、有表达力的中产阶级人群,他们习惯于为自己思考;其次,它改变了人们的价值观和动机。

今天,我们比过去任何时候都有可能去衡量在特定的国家有哪些关键的改变以及这些改变取得了多大的进展。对价值观调查所获数据进行多变量分析可以区分出经济、社会和文化变化的相对影响,其结果指向如下结论,即经济发展有助于民主,因为它带来具体的结构变化(特别是知识部门的兴起)和一定的文化变迁(特别是自我表达价值观的兴起)。战争、萧条、体制改变、精英决策以及具体领导人都会影响发生的一切,但是文化变迁是民主出现和存续下去的主要因素。

现代化带来教育水平的提高,促使劳动力转向要求独立思考的职业,这些职业,使人们更善于表达和更有准备地介入政治。随着知识社会的出现,人们越来越习惯于把自己的主动性和判断力运用到工作中,并且也越来越有可能对僵硬的等级权威提出质疑。

现代化也使人们在经济上更安全,当大部分人口成长于视生存为理所当然之时,自我表达价值观会变得越来越普遍。对自由和自主的渴望是普遍的欲望。在生存不保的时候,这些渴望可能受制于对物质和秩序的需要。但是当生存日益有了保障之时,这些欲望越来越受到重视。民主的基本动机——

人对自由选择的渴望——开始起着越来越重要的作用。人们越来越注重政治中的自由选择并要求公民自由、政治自由和民主体制。

有效的民主

在1987—1995年民主爆炸的时代，选举民主在全世界迅速传播开来。精英的同意在这个过程中发挥了重要的作用，同时还有一个有利的国际环境，冷战的结束为民主化开辟了道路。起初，学者们往往把举行自由和公正的选举的制度视为民主。但是，许多新民主政体存在着大量腐败问题，也无法实行使民主有效的法治。因此，越来越多的观察家强调"选举民主"、"混合民主"、"威权民主"以及其他形式的假民主的不足，在这些假民主中，大众偏好基本上被政治精英所忽视，都没有像民主理论所预期的那样，对政府决策产生决定性的影响。因此，区分有效和无效的民主是很重要的。

民主的本质是对普通公民的赋权。有效的民主不仅反映名义上有多大程度的公民权利和政治权利，而且反映了官员在多大程度上实际尊重这些权利。两要素中的第一个要素——是否存在名义上的权利——由自由之家每年的排名来衡量：如果一个社会举行自由选举，自由之家往往把它列为"自由"一级，给予它最高得分或接近于最高得分。因此，东欧新民主国家得到的分数与长期存在的西欧民主国家的得分一样高，可是，深入的分析表明，这些新民主国家腐败盛行，无法有效回应公民的选择。幸运的是，世界银行有效治理分数衡量了民主体制的实际有效程度。因此，有效民主的一个指标可以通过两个分值的乘积来获得，即由自由之家衡量的形式民主和由世界银行衡量的精英与体制的廉洁度。[①]

有效民主的标准比选举民主的标准高得多。我们可以在几乎任何地方建立选举民主，但是如果民主不能扎根于使精英回应人民的基础之中，选举民主基本上没有意义。有效民主反映了这些条件——其中最重要的是高水平的

---

① 关于本指标及其提出的理由，参见 Inglehart and Welzel, 2005, pp. 150–157。图5的两套指标都已经作了标准化的处理，其值在最小的0和最大的100之间。

认知动员和对自我表达价值观的广泛关注。因此，如图5所示，人民的价值观与政治体制的相关性是非常强的。

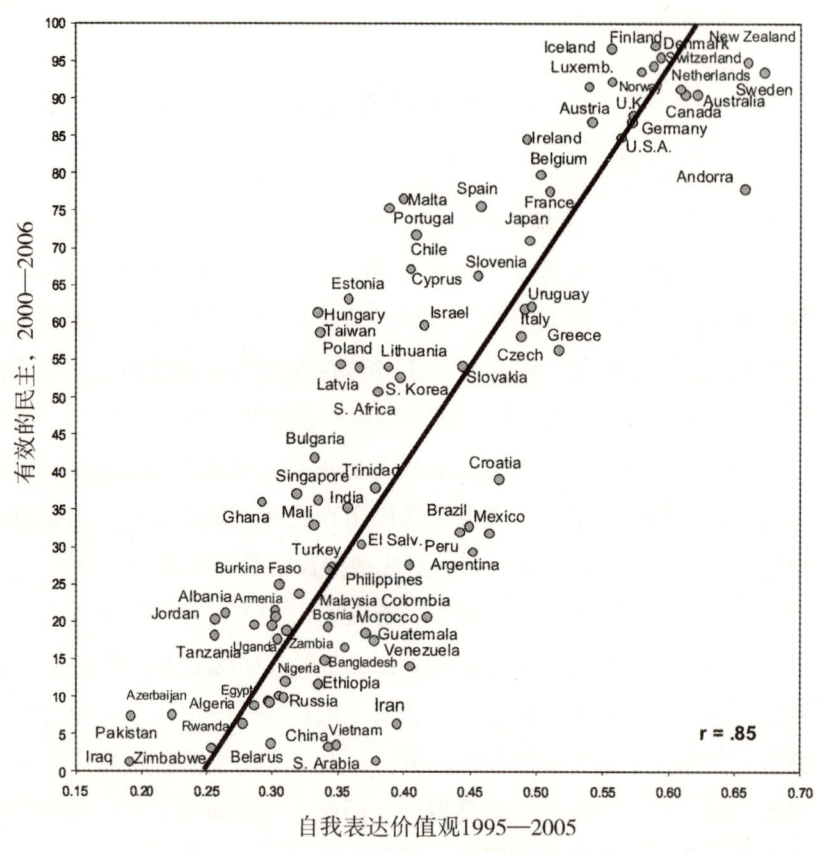

图5 自我表达价值观与有效民主（以自由之家的分数和世界银行关于法治和反腐败的分数来衡量）

实际上，所有稳定的民主国家都表现出很强的自我表达价值观：北欧国家、瑞士、德国、荷兰、澳大利亚、新西兰、美国、奥地利、爱尔兰、比利时、法国、西班牙、意大利和日本都集中在图5右上方的一簇，反映了它们自我表达价值观和有效民主的得分高的事实。实际上，所有强有力的威权国家都在坐标的另一端：津巴布韦、中国、白俄罗斯、俄罗斯、卢旺达、巴基斯坦、阿尔及利亚和埃及在图5左下方的一簇，反映了它们在自我表达价值观和民主方面得分低的事实。大多数拉丁美洲国家成绩落后，反映出有效民主的水平低于其公众价值观所预示的水平。这表明如果这些地方的法治得到加强，这些社会可以支持更高水平的民主。伊朗也是一个成绩落后的国家，其神权统治的制度使得民主的水平比其人民所渴望的要低得多。尽管在那些只关注精英层次的政治的人看来可能显得令人惊讶，伊朗公众表现出对民主的比较强烈的支持。相反，爱沙尼亚、塞浦路斯、匈牙利、波兰、拉脱维亚和立陶宛"成绩超出预料"，表明民主的水平高于其公众的价值观所预示的水平，也许反映出民主化的动机是为了加入欧盟。但是总体而言，一个国家的人民对自我表达价值观的注重程度与这个国家受到有效民主治理的程度是密切相关的。

然而，自我表达价值观是否导致民主？或者民主是否导致了自我表达价值观的出现？证据表明，因果关系主要是从自我表达价值观到民主。① 没有民主体制可以出现自我表达的价值观。从价值观调查得到的时间序列证据表明，在1988—1992年民主化浪潮之前的几年，自我表达价值观已经在代际价值观转变过程中出现了，不仅出现在西方民主国家，而且出现在许多威权主义社会里。到1990年，生活在世界上最威权的体制里的东德公众和捷克斯洛伐克公众已经形成了高水平的自我表达价值观。关键的因素不是政治体制，而是这些国家在共产主义世界里是经济最发达的国家，具有很高的教育水平和发达的社会福利制度。因此，当戈尔巴乔夫宣布放弃勃列日涅夫主义，排除了苏联军事干预的威胁时，这些国家迅速迈向民主。

正如本文所认为的，现代化带来了人们价值观的普遍改变，导致日益注重自由选择和自我表达。在政治领域，它使人们越来越有可能要求民主体制，并且随着知识社会的兴起，公众在提出对民主的有效需求方面越来越有技巧。结果取决于精英和大众之间的力量平衡，但是从长期来看，实现民主的可能性将不断增长。

（赖海榕 译　许宝友 校）

---

① 关于这一判断的实验证据，参见 R. Inglehart and C. Welzel, *Modernization, Cultural Change and Democracy*, Cambridge University Press, 2005。要了解有关价值观调查的更多信息或下载资料，请访问：http://www.worldvaluessurvey.org。

参考文献

Francis Fukuyama, *Trust: Social Virtues and the Creation of Prosperity*, New York: Free Press, 1995.

Gary G. Hamilton, "Civilizations and Organization of Economies", in Neil J. Smelser and Richard Swedberg (eds.), *The Handbook of Economic Sociology*, Princeton: Princeton University Press, 1994, p. 184.

Samuel P. Huntington, *The Clash of Civilizations and the Remaking of World Order*, New York: Simon and Schuster, 1996.

R. Inglehart, *Modernization and Postmodernization: Cultural, Economic and Political Change in 43 Societies*, Princeton: Princeton University Press, 1997.

Ronald Inglehart and Christian Welzel, *Modernization, Cultural Change and Democracy*, New York and Cambridge: Cambridge University Press, 2005.

Ronald Inglehart and Wayne Baker, "Modernization, Cultural Change and the Persistence of Traditional Values", in *American Sociological Review*, February 2000, pp. 19 –51.

Adam Przeworski, "Democracy as an Equilibrium", in *Public Choice*, Vol. 123, 2005, pp. 253 –273.

Robert D. Putnam, *Making Democracy Work: Civic Traditions in Modern Italy*, Princeton: Princeton University Press, 1993.

Shalom H. Schwartz, "A Theory of Cultural Value Orientations: Explication and Applications", in *Comparative Sociology*, Vol. 5, 2006, pp. 137 –182.

Max Weber, *The Protestant Ethic and the Spirit of Capitalism*, New York: Charles Scribner's Sons, 1958 [1904].

从后苏联国家转型看民主化和现代化

〔俄〕安德烈·里亚博夫*

过渡型社会中的民主化和现代化的相互关系，是直接关系实际政治的重要理论问题之一。它尖锐地摆在后苏联地区，在这些地区最近20年的转型过程推翻了一个简单化的观念，即民主化必然导致深刻的社会现代化。

后苏联的经验：没有现代化的民主化

在20世纪90年代俄罗斯的政治语境中，"现代化"一词主要用于那时两个相互联系的过程：政治体制的民主化和实施自由主义的经济改革。尽管学术文献中有一种看法，认为现代化是一个极其复杂和多方面的现象，其结果并不总是直接受民主化进程的制约②，但在政治阶级的意识中占统治地位的是另一些观念。经济发展、建立国民经济的现代结构、居民福利状况的发展都被看做是当时俄罗斯领导人想实施的那种政策的不可避免的、无选择余地的、注定的结果。由于把所选择的方针看做是"唯一正确的方针"，因此现

---

* 安德烈·里亚博夫（Андрей Рябов）——俄罗斯历史学家和政治学家，历史学副博士，俄罗斯政治史和比较社会政治研究领域公认的专家。莫斯科卡内基中心学术委员会委员，《世界经济与国际关系》杂志主编。有多部著作，包括：《权力哲学》（1993）、《俄罗斯政党政治制度的形成》（1998）、《独树一帜的反现代化——后稳定时代俄罗斯政治中的反常现象》（2005），在期刊上发表许多文章。

② 例如，见 Виктор Красильщиков, *Вдогонгу за ушедшим вехом: развитие России в xx веке с точки зрения модернизаций*, М. : РОССПЭН, 1998。

代化要取得成功只需要当局在实现既定的民主和自由市场改革事业中具有坚定性和一贯性就够了。

然而到20世纪90年代的中期已经清楚,对现代化的这种片面的理解经不起时间的检验。随着民主化和经济体制市场基础的建立,出现了经济的衰退,经济上片面依靠燃料原料的倾向固定下来,经济的许多部门和社会基础结构退化,人力资本质量恶化。在经济发展中明显地看到倒退和非工业化的症状,对此在政治学语汇中甚至可以说是"非现代化"[1]。类似的过程在后苏联地区的其他国家中也能看到,既在那些与俄罗斯一道试图实施民主和市场改革的国家(摩尔达维亚、亚美尼亚),也在那些竭力保存以往的社会体制的架构,尽可能使之适应新的历史时代变化了的条件的国家(中亚各国)中看到。这也触及那些选择另一种变化模式,把相当彻底的自由主义市场改革同保留威权的管理体制结合起来的国家(哈萨克斯坦),或者把政治多元化同温和的经济变化结合起来的国家(乌克兰、格鲁吉亚)。由此可见,后苏联地区的民主化并没有导致其现代化。

然而,确认这些并没有能够解释所发生的一切。为了理解在原苏联地区后共产主义转型过程中民主化与现代化之间的相互联系,需要考察三组问题。第一组问题是同中东欧国家民主化过程不同的特点相联系的,它缺乏深刻性和彻底性。不仅如此,在一些后苏联国家里[2]民主化的尝试后来有返回到专制的倾向(阿塞拜疆、白俄罗斯、俄罗斯、亚美尼亚)。第二组问题是要说明在后苏联地区所形成的社会模式的条件下民主化的可能性与界限。完全可能,它并不归结为"冻结的"民主转型,而是一种独立类型——稳定的和稳固的类型的社会制度。最后,第三组问题涉及后苏联类型社会在目前状态下为现代化所作的选择(也许不搞民主化)。

---

[1] 参见 Григорий Явлинский, *Демодернизация. Современная Россия: экономические оценки и политические выводы*, Москва: ЭПИцентр, 2003.

[2] 我们把波罗的海国家包括在后苏联国家的概念之中,这几个国家在苏联解体之后立即同在苏联废墟上建立的其他国家拉开距离,拒绝参与同它们的任何合作方案。因此,尽管同各后苏联国家有着共同的历史,在政治上却同它们有重大区别。波罗的海国家的社会经济和政治制度类型同独联体国家是不一样的。

有限民主化

把在原苏联领土上建立的国家与中东欧国家相比较,就能更好地理解后苏联地区民主化结果的不彻底性与局限性。与中东欧国家不同,20世纪80年代末至90年代初的政治变化之前,这里没有经历过韦伯的"价值革命"。在原捷克斯洛伐克、波兰或者匈牙利,早在1989年"天鹅绒革命"推翻共产主义社会制度及其机构之前,已经就发展的目标(确立民主、回归欧洲国家大家庭)达成全民协议。在这一点上,1956年10月匈牙利反对斯大林的人民起义,波兰1968、1970和1980年大量反共产主义的群众行动,1968年的"布拉格之春"都起了巨大作用。所有这些事件彻底摧毁了以前社会制度的合法性。在苏联由戈尔巴乔夫开始的自由化没有被社会的多数看做是同过去的社会制度的决裂,而被看做是要确立新的价值尺度和建立另一种性质的制度和关系的过渡。民主化首先被评价为使社会迅速达到西方高消费标准的过程。其原因是20世纪70—80年代苏联变成了相对发达的消费社会,但其不断增长的要求在苏联体制范围内不能得到满足,然而与中东欧不同,这里并没有出现公民社会。不是偶然的,当代俄国经济学家和社会学家把推翻共产主义制度与开始转型同"消费革命"联系在一起。有一批人指望社会变成西方型的自由民主社会,并且认为主要的事情是使居民接受新的价值观和建立另一种机构,在苏联他们人数不多,力量薄弱,没有得到居民的广泛支持。

需要指出,本世纪头十年的后期某些中东欧国家进攻性的民族主义和保守性的平民主义的兴起表明,不要过高估计这些国家在掌握民主价值上的进步水平。实际上对许多公民来说,宣示新的价值只归结为求得在欧洲自由来往而不受国界和其他界线的限制,提高自己的物质福利。不过同后苏联国家相比,区别还是惊人的。即使严重的经济困难在这里也没有导致要求取消或限制民主自由。而在后苏联地区,在20世纪90年代初首次遇到过渡时期的困难立即使民主原则和价值的工具性吸引力在群众的意识中变得淡漠了。其最重要的后果就是居民对破坏民主规则和程序的行为,对从立法和社会政治实践中取消其中的某些东西采取容忍的态度。对民主的工具效益失望的另一个重要后果就是拒绝积极的政治参与，在20世纪90年代逐渐仅限于参加选举时的投票。那段时期困难的经济形势也促成了社会行为的这种变化，当时多数公民不具有在市场条件下生活的素养，不得不集中精力于谋求个人生存之术。

这种形势有利于新的统治精英，他们很快学会了操纵选举程序，建立保障他们一直掌握政权的机制。这些精英没有感到欧洲制度的压力，得以排除了可供选择的政治力量争权的竞争。与政府有联系的特权集团手中掌握了对权力的垄断和对国民经济基本资产的集中控制，这就成了在后苏联地区产生新的社会制度的基础。由于这些原因这里难以实现法律至上的原则，而精英们获得了脱离社会的无限独立权，在政治实践中难以运行民主的关键原则——政权对人民负责和社会对权力机构实施的公众监督。

换言之，这些改变为继续民主化制造了严重的限制。在这种条件下，一些国家的新统治精英利用对民主的信仰危机逐步恢复威权制度。另一种情况是，统治精英内部的深刻分裂和矛盾妨碍了这样做，分裂和矛盾阻止了他们在恢复旧的专制制度基础上的团结一致。不过甚至在没有直接退向专制制度的地方，由于资源极度集中在上层社会集团手中以及社会大众阶层对参与民主政治的兴趣下降，民主化也停滞了。

也许俄罗斯除外，几乎对所有后苏联国家来说在20世纪90年代建设民族国家都绝对是件新事。其中的一些国家根本就没有建立自己的民族国家的经验（中亚各国和哈萨克斯坦）；而其中的另一些国家在现代历史上这种经验是短暂的，只限于1918—1921年原俄罗斯帝国领土上的国内战争时期（乌克兰、摩尔达维亚、白俄罗斯和外高加索各国）。当后苏联各国多数居民为活下去而斗争的时候，可以成为全民协议的政治纲领的就是稳定的思想，要求放弃继续进行体制的改造，其中包括在政治领域。在舆论中这种思想大多被看做是民主的反题，成为混乱和不公平的同义语。

苏联的瓦解意味着先前的社会和政治机制的急剧破产。不过对于理解不成功的有限民主化的原因，重要的一点是，在以后的年代里无论在新的精英中还是在社会里都没有产生建立新的稳定的机制的需求。令人遗憾的是，对产生这种现象的原因实际上没有进行过研究。在文献中只是偶尔涉及对这一问题的零星假设和猜想。所以在我看来，按照有相当根据的说法，答案应当到苏维埃制度的小圈子性质及其转型的特点中去寻找。① 保障苏维埃制度运行的是共产党的独占地位，它实质上扮演着整合各部门、各行业和各地区的小圈子的利益的角色。苏联的垮台消灭了苏共，各圈子获得了无限制的行动自由。它们攫取资源并把资产私有化，同时竭力增加行政和预算红利，为新权贵提出了把主导企业和公司转成私有财产的任务。在这种情况下，那种无需严格的游戏规则从而也无需保障其机制的体制，就比那种由稳定的结构和公认的程序来调节的体制更有吸引力。此外，新的统治阶层想尽快地摆脱旧的社会制度的残余，即对社会承担的社会责任和家长式的庇护。这些追求在以后也发挥了显著的作用。每次统治精英宣布进行下一轮的自由主义经济改革，都有新的机遇出现。② 软弱的机制实际上为类似的"解放"提供了"赎罪符"。其结果就是不同居民群体之间不平等的继续扩大，这成了民主化发展和深化的又一个障碍。

不管多么奇怪，对民主化起延阻作用的还有对外政策性质的因素。被看做"历史的终结"的"世界范围自由民主制的胜利"的时代，为民主变革提供了罕见的可能性。就吸引力而论，世界上没有一种全球的和民族的未来方案能够同体现自由民主思想的西方社会政治方案相竞争。在这种情况下对后苏联各国的政治家，其中包括那些不准备放弃威权制度的政治家来说，对民主价值和程序的诉求就像是一种必须执行的议定书。③ 大体上正如20世纪初第一次世界大战前夕，在民族主义作为主导的政治意识形态取得胜利的时代，大小国家的领袖都不得不展示自己归属于民族主义传统那样，在20世纪90年代初新独立国家的领导人都宣布自己是"民主派"，并且不得不至少模仿民主国家所特有的机制和程序。这一现象就被叫做"仿制民主"。

然而，作为民主进步的推动者和领袖的西方国家，对后苏联地区的影响是不一样的和矛盾的，这同中东欧各国转型中国际因素所起的作用比较一下

---

① 参见 Игорь Простаков,《Корпоративизм как идеал и реальность》, в *Свободная Мысль*, № 2, 1992。

② 参见 Михаил Делягин, *Россия после Путина: неизбежна ли в России "оражено-зеленая" революция?*, Мосвка: Изд.《Вече》, 2005, с. 39。

③ Дмитрий Фурман,《Двергенция политических систем на постсоветском пространстве》, в *Свободная мысль-XXI*, №10, 2004。

就看得更清楚了。由于其政策的主要目标之一是加入欧盟，后者提出的实现民主和市场改革的要求就成为中东欧国家发展的强有力的刺激力量。在"acquis communautaire"① 中对想成为欧盟成员的国家提出的要求，起了对新的后共产主义精英施加强大压力的工具的作用。不过，尽管欧洲对中东欧国家的影响非常重要，但这种影响的结果在它们加入欧盟中的作用是不一样的。比起威权主义遗产和传统社会拥有强大影响的巴尔干国家（罗马尼亚、保加利亚）来，在经济发展处于较高水平和具有较长民主传统的国家（捷克、波兰、斯洛文尼亚，在较低水平上还有匈牙利）"转型"精英的地位遭到的破坏要强烈得多。

对后苏联国家来说，加入欧盟从来不是实际的政策任务。因此，当地"转型精英"不受什么来自外部的强制进行经济改革和民主化的压力。至于美国，其对待后苏联地区转型过程的态度较为复杂。在20世纪90年代美国的统治集团确实担心共产主义在该地区最大的和力量最强的国家——俄罗斯和乌克兰——复辟。因此，他们单纯支持在这些国家里宣布执行反共政策并鼓励形成私有制和市场关系的精英，私有制和市场关系的确立会使共产主义的复辟成为不可能。为达到此目的，美国准备在相当程度上牺牲继续民主化的任务。他们全然不管营私舞弊的发展，半犯罪的私有化，金融寡头的出现和大量践踏起码的社会权利的现象。美国的统治集团在1996年俄罗斯的总统选举中支持叶利钦，在1999年乌克兰总统选举中支持库奇马，虽然那时已经清楚看到，这两位政治家已经完全失去改革的潜力。但由于在这两地主要的竞争对手都是共产党领袖，对共产主义翻本的担心压倒了对民主化的兴趣。对中亚各国，美国把宝压在出身于原共产党上层在册权贵的后苏联新领袖所建立的威权制度。他们首先把这些人看做是阻止极端伊斯兰教在该地区传播的现实力量，在深刻的社会危机和苏联式保护机制垮台的条件下，极端的伊斯兰教获得了良好的发展土壤。一句话，在这种情况下，同维护有利于美国的既有世界秩序和维持全球范围内的平衡相比，支持民主化的任务被推到次要位置。

这样一来，由于上述诸原因，后苏联国家民主化的潜力和实际可能性一

---

① 指欧盟内部的大量立法或协定。——译者注

直受到限制，这也包括同中东欧国家相比较而言。就自身来说，20世纪90年代末在原苏联领土上形成的社会体制在很大程度上是惰性的，不能促使内部继续自我发展。

作为新的政治经济模式的后苏联国家

在当代文献中，西方的或者俄罗斯的文献中，对这种社会都没有占主流的理论描述。现在仍然存在这样一种倾向，但比20世纪90年代要弱得多，就是想把这种社会竭力解释为"民主转型"的一个表现，虽然在最新的解释中可以列入这一范畴的国家大为减少，哈萨克斯坦、土库曼斯坦、塔吉克斯坦、乌兹别克斯坦、阿塞拜疆和白俄罗斯已不被列入。按照这种观点，"此类国家提上实际日程的不是民主化，而是**继续现代化进程**①，包括扩大多元化"。② 在原苏联地区建立的那些国家的政治制度是杂种，也就是说，是建立在不相容的原则之上的——"市场和指挥棒，独裁和选举，家长制和社会冷淡，自由和威权主义"③。还有一种说法，把这些社会列入后极权发展的范畴，在其发展过程中发生了复杂的，有时是不同向量的突变。④ 出现多种多样的解释说明，制定新的无所不包的后苏联转型理论还不是时候。因此，可以设想，在最近的未来对后苏联社会的政治经济研究将会得到广泛发展，这将为对它们作出综合解释提供可能。目前有意义的是集中力量研究这些社会体制形成的典型特征。

实际上在后苏联国家形成的是官僚资本主义的特殊变种，统治的国家官

---

① 黑体是我标注的。——作者注

② Борис Макаренко, «Посткоммкнистические страны: некоторые итоги трансформации», в *Политил*, No 3 (50), 2008, с. 111.

③ Лилия Шевцова, «Россия—год 2006: логика политического страха», в *Независимая газета*, 13 декабря, 2005.

④ 参见 Лев Гудков и Борис Дубин, «Посттоталитарный синдром: 'управляемая демократия' и апатия масс», в Мария Липман и Андрей Рябов (ред.), *Пути российского посткоммунизма: очерки*, Москва: Московский центр Карнеги, 2007, сс. 10–14.

员不仅垄断权力，还借助于各种各样的组织和法的形式实际上把对国民经济重要资产的控制权掌握在自己手中。攫取行政的、预算的和自然的红利是这类权贵在经济上占优势的主要根源。列夫·托洛茨基以及20世纪其他政治思想家预言，在斯大林社会主义向资本主义过渡过程中在册权贵把垄断的权力转换成私有财产。这种说法不准确。统治阶层保持权力，再加上获得财产。不同集团的权力更替是以可控方式进行的，发展的范式依然不变。如果失去可控性，政权的更替就提供了新一轮重分财产的起点，因为对权力机构的控制自动打开了获得其他资源的大门。而资源（自然的、财政的、经济的）越少，这种斗争就越残酷。在权贵们没有团结在一起的国家，围绕财产的冲突就变成公开的政治，有时会被职业的宣传家赋予人为的意识形态色彩。在权贵们团结在威权领袖周围的国家，争取财产的斗争通常具有非意识形态的性质。总的说来，在后苏联国家里精英们的方针不是发展，而是保持已经形成的社会政治制度，保障他们的特权和统治。新政治主体进入"政治市场"是受到限制的。社会对权力的影响是微不足道的。权力和财产集中到同一些人手里，大大减少了政治主体和思想公开竞争的空间。在还保存这种空间的国家，竞争仅仅是表面的，并不影响政治的内容和性质。而最主要的是，资源集中于一极造成不可能出现另一种强有力的政治选择，为民主化进程的发展造成困难。

后苏联国家社会制度的另一个显著特点是它们所特有的制度化的薄弱。这不仅涉及政治，而且也涉及经济和社会领域。在脱离共产主义过程中先前的机制被摧毁，但在以后的20年里并没有形成稳定的新的机制。作为一种后果，政治设置常迎合当前形势和迅速改变的力量对比进行改革。例如，俄罗斯在过去的20年里三次改变议会上院——联邦委员会，选举（任命）州长的形成程序。长期以来一致认为，在稳定的设置普遍薄弱的情况下只有总统是整个政治体制稳定的保障。然而，2008年总统选举后产生的新的执行权力架构推翻了这种观念。在没有改变宪法的情况下实际权力转向总理手中，而按照基本法，总理是相对弱一些的从属于国家元首的设置。

政治设置的薄弱还表现于在多数后苏联国家里形成了个人化的政治制度（俄罗斯、白俄罗斯、格鲁吉亚、阿塞拜疆、亚美尼亚、中亚各国），其多数国家存在有利于总统权力的严重的权力不平衡，而议会的职能受到限制，或者仅仅归结为给执行权力机关的决定完成立法手续。其多数国家都没有形成移交权力的稳定的规章和程序。权力移交的民主形式是建立在结果不可预见的可选择的选举基础之上的，这种做法不被接受，而又没有保存以往建立在严格的党内规章和指示基础上的在册权贵制度（现在仍存在于中国或越南）。离弃这些模式的结果是出现新的杂交形式，在这种形式下即将退位的领袖决定接班的人选，再进行预知结果的选举以使其得到确认。这种形式的不稳定性（它不是建立在法律和正式的程序上，而是建立在不成文的协议之上的）就造成了选举前长时间不确定的局势，结果竞争的集团集中力量于塞入本集团和单位的利益，而不是致力于实现全国性政治目标。

经济机制薄弱不仅表现在其多变性，还表现于它们不能保障所有者的权利，不能中止不断重分财产的进程。精英们没有按照游戏规则行事的需求，不打算遵守法律，按照法律的要求生活。

与机制薄弱相联系的后苏联社会体制的第三个特点是，在这些国家权力关系是建立在个人依附、"庇护制"①、世袭制的原则之上的。国家机关内部机制联系被摧毁，使得官员之间的关系建立在私人基础之上。这一特点也传到政治精英身上。越经常地从国家官僚中产生政治精英，在政治集团中庇护关系的影响就越加严重。与此同时，由于缺乏团结精英的意识形态基础，用马克思的话说，到处流行的"强权"和"特权"取代了公民在法律面前形式上的平等，明文规定的权力关系和新精英统治方式都令人想起封建社会。②在这种体制下检验利益集团的力量和影响的主要标准就是其首脑集中和扩大所控制的官僚资产容量的能力。诚然，这种特点也蕴藏着其不稳定的原因：首脑一旦失去官僚的地位，集团通常也就瓦解。③ 在中亚和外高加索各国，氏族和同乡关系在构成权力关系体系和形成利益集团中所起的作用要大大超过俄罗斯。但在这种和那种情况下，这一形式都大大挤压了民主化的可能性。

---

① 参见 К. Маркс и Ф. Энгельс, *Сочинения*, изд. 2-е, т. 1, с. 346; т. 41, с. 358; т. 46, ч. 1, с. 24。

② Владимир Шляпентох, *Современная Россия как феодальное общество: Новый взгляд на постсоветскую эру*, Москва: Столица-Принт, 2008, сс. 233–265.

③ Юлий Нисневич, *Аудит политической системы посткоммунистической России*, Москва: Изд. «Материк-Альфа», 2007, сс. 236–237.

民主化的界线

在描述了后苏联社会体制的制度形成特征之后，就可以提出下列问题了：在这些条件下民主化的现实范围和可能性是什么？此类社会的政治经济基础决定了统治精英力求削弱独立于国家之外的政治、社会和经济活动家，限制他们的活动，并使权力和社会关系垂直化，有鉴于此，后苏联国家民主过程的发展只能触及一定的社会领域。其中像乌克兰和摩尔达维亚这样的国家由于自由选举已经历了三四届权力轮换，它们的经验表明，最现实的是建立有效运行的选举民主制。其出现是一系列因素相互作用的结果：精英中间深刻的政治经济分化，他们没有一个统一的团结中心；国内地缘政治的差异（乌克兰）；统治集团对国家前景缺乏一致的看法（摩尔达维亚），民族政治文化中宽容性和妥协思想的明显影响（乌克兰、摩尔达维亚）。这些特点决定了不同精英集团间公开竞争的发展、"上层多元化"和明确的游戏规则的形成，后者要求相互考虑利益，通过自由选举获得居民的支持。

由于在互相竞争的条件下精英们同时竭力把公民参与政治局限于选举中的投票，这些国家的政治体制更接近于罗伯特·达尔所说的"竞争的寡头政治"①。这种体制的出现意味着民主化中的某种进步，不排除会在其他后苏联国家中出现。但做到这一点需要两个条件：精英出于政治—意识形态或氏族—亚种族原因发生分裂和他们准备按游戏规则行事。根据这个观点，有精英公开竞争传统的国家（格鲁吉亚、亚美尼亚、吉尔吉斯斯坦、塔吉克斯坦）拥有较好的民主进步的机会，但权贵们不善于和不准备执行一定的游戏规则往往成为其绊脚石（吉尔吉斯斯坦、塔吉克斯坦和程度较轻的格鲁吉亚）。至于俄罗斯，其政治体制在 20 世纪 90 年代也是"竞争的寡头政治"，虽然在那个时期权贵们并不想按游戏规则行事。然而在 21 世纪头十年，在很大程度上由于多年来威权主义政治传统的影响，担心居民的过度积极性，于

---

① Robert Dahl, *Poliarchy: Participation and Opposition*, New Haven (Ct.): Yale Univ. Press, 1971, p. 7.

是出现了体制退向所习惯的"封闭的霸权"（按罗伯特·达尔的说法），在这种情况下公民的政治参与处于极低的水平，而精英们的竞争在非公开的体制内进行。目前还没有重大的征兆说明俄罗斯的精英们想放弃这种运行制度。不过，如果由于例如深刻的社会危机和由执政精英支配的资源急剧减少而在上层发生分裂，那就可能出现一种局面，统治阶层的一部分为了自保而不得不求助于客观上致力于改变体制的思想，诉诸居民以求群众支持。这种发展情景的后果将在下面考察。

现代化的可能性与民主化的要求

承认在保持后苏联国家目前的发展模式下民主化的前景受到限制，这就在政治日程上迫切地提出实施没有民主化的现代化的可能性问题。显然，问题的这种提法对于不同类别的国家具有不同的意义。例如，对中亚的农业国家，在一定程度上还有阿塞拜疆，提到现代化日程上来的是需要建立现代工业社会（它目前还只有飞地的性质），消除传统生活方式的落后性。20世纪的经验清楚地表明，此类改变即使在威权现代化的范围内也能有效地实施。然而到目前为止，这一地区甚至没有一个国家接近于实现这一战略。只有哈萨克斯坦采取积极的措施形成现代的有教养的精英，它符合21世纪的要求和挑战，能被世界精英认做"自己人"。还实施了对来自西方和东方的不同文化开放的政策。然而，这些措施也还没有导致经济和社会领域发生重大的结构性的改造，可以称之为朝现代化政策实际转变的改造。

分布在欧洲部分的后苏联工业国家，包括位于外高加索的亚美尼亚和格鲁吉亚，威权主义现代化的可能性还不大现实。通常有利于这一观点的论据是说，在20世纪历史上还没有成功实现变工业社会为后工业社会的威权主义现代化的先例。这一地区（既包括面临建立现代工业社会任务的国家，也包括应把实现后工业现代化提上日程的国家）的主要问题是，当地统治精英对大规模的变化不感兴趣，而以保存现有秩序为方针，在这种情况下把在现存政治体制下能够提出并推动可供选择的行动方案的有影响力的社会和政治活动家团结起来是极端困难的。

对此可以求助于现代中国的经验。中国成功实现威权主义现代化的原因之一，恰恰在于此现代化是在行动独立的政治精英领导下进行的，而官僚扮演政治精英意志执行者的角色。在后苏联地区所有威权主义现代化的方案都在某种程度上同寄希望于现代国家发挥改造者的作用联系在一起，国家首先不是制度，而是在后共产主义转型时期变成现存政治秩序保卫者的官僚。他们本能地对这种现代化方案感兴趣，这个方案赋予国家以决定性的作用，因而准备正式接受和支持这些方案。这不是偶然的，因为这些方案的实现会大大扩展他们攫取预算和行政红利的可能性。结果在实践上现代化纲领现在和将来都不可避免地要归结为试图实施高消耗低效益的基础建设方案，仿制在技术发明和发展新工艺领域中的某些成功的例子。严重的贪污腐败就成了这种行为不可分割的本质属性。所有这一切将证实当代著作中经常谈到的一个论点，在实施后工业现代化中，建立在市场力量自由竞争和最大限度发挥个人创造性基础上的体制要比国家作为主体的方案更为成功，更有效益。

因此，对后苏联的工业国家，如俄罗斯、乌克兰和白俄罗斯，现代化成功的前景只会同其发展的民主化联系在一起。并且在这种情况下，民主不仅应是选举的模式，并且应是有稳定的机制和公认的游戏规则的政治秩序。促成此类方案并超出目前后苏联发展模式框框的因素是全民协议基础上自觉地（而不是宣言式地）选择了欧洲大西洋一体化（乌克兰和白俄罗斯）。在这种情况下，欧盟这个外部因素对这些国家将起到先前对中东欧国家，甚至对其中那些民主化的基础条件不太成熟的国家（保加利亚、罗马尼亚）那样的作用。

不过除了外部因素，内部发展的可能性也会在引发民主化上起相当大的作用。在目前后苏联社会中这些可能性还看不清，但这一事实并不意味着今后不存在民主化的历史机会。据民主转型理论功能方法拥趸者的逻辑[1]，可以设想精英的分裂会促使这种机会出现，迫使其某一部分寻求新的思想，争取广大群众的支持。但在任何场合，民主化和现代化的前景要成为现实，必须是公众舆论中和精英意识中存在意味着向理性的行为模式过渡的未完成的

---

[1] 参见 Андрей Мельвиль, *Демократические транзиты (теоретико-методологические и прикладные аспекты)*, Москва: Московский общественный научный фонд, 1999, с. 37.

"韦伯的""价值革命"。正是群众意识的这种神话化、政治观念的故弄玄虚是俄罗斯在 20 世纪选择最佳发展模式的主要障碍。① 它在很大程度上受到俄罗斯有无限资源的虚构观念的支持（辽阔的领土，大量的矿藏，先前的科学技术成就），虽然理智的认识认为任何资源都是有限的。全球经济和政治的变化，新能源生产的革命，发达国家向科学技术进步的下一阶段的过渡，也许能让俄罗斯的精英认识到他们关于"俄国大陆"在世界文明中的不变作用的观念是不靠谱的。不抛弃这种思想遗产和与之相联系的关于俄罗斯及其在世界上地位的神话化的观念，现代化的方案就依然是乌托邦，而不管其内容如何。

（郑异凡 译　徐向梅 校）

参考文献

Robert Dahl, *Poliarchy: Participation and Opposition*, New Haven (Ct.): Yale Univ. Press, 1971.

Михаил Афанасьев, *Невыносимая слабость государства*, Москва: РОССПЭН, 2006.

Лев Гудков и Борис Дубин, «Посттоталитарный синдром: "управляемая демократия" и апатия масс», в Мария Липман и Андрей Рябов (ред.), *Пути российского посткоммунизма: очерки*, Москва: Московский центр Карнеги, 2007.

Михаил Делягин, *Россия после Путина: неизбежна ли в России "оражено-зеленая" революция?*, Мосвка: Изд. «Вече», 2005.

Владислав Иноземцев, «О невозможности модернизации России», в Эмиль Паин и Ольга Волкогонова (ред.), *Российская модернизация: споры о самобытности*, Москва: Изд. «Три квадрата», 2008.

---

① 参见 Владислав Иноземцев, «О невозможности модернизации России», в Эмиль Паин и Ольга Волкогонова (ред.), *Российская модернизация: споры о самобытности*, Москва: Изд. «Три квадрата», 2008, с. 163。

Виктор Красильщиков, *Вдогонгу за ушедшим вехом: развитие России в xx веке с точки зрения модернизаций*, М.: РОССПЭН, 1998.

Мария Липман и Андрей Рябов (ред.), *Пути российского посткоммунизма: очерки*, Москва: Московский центр Карнеги, 2007.

Борис Макаренко, «Посткоммунистические страны: некоторые итоги трансформации», в *Политиа*, № 3 (50), 2008.

К. Маркс И Ф. Энгельс, *Собрание сочинений, изд. 2-е*, Москва: Политиздат, 1964–1976.

Андрей Мельвиль, *Демократические транзиты (теоретико-методологические и прикладные аспекты)*, Москва: Московский общественный научный фонд, 1999.

Юлий Нисневич, *Аудит политической системы посткоммунистической России*, Москва: Изд. «Материк-Альфа», 2007.

Эмиль Пани и Ольга Волкогонова (ред.), *Российская модернизация: спор о самобытности*, Москва: Изд. «Три квадрвта», 2008.

Игорь Простаков, «Корпоративизм как идеал и реальность», в *Свободная Мысль*, № 2, 1992.

Дмитрий Фурман, «Дивергенция политических систем на постсоветском пространстве», в *Свободная мысль-XXI*, №10, 2004.

Лилия Шевцова, «Россия—год 2006: логика политического страха», в *Независимая газета*, 13 декабря, 2005.

Владимир Шляпентох, *Современная Россия как феодальное общество: Новый взгляд на постсоветскую эру*, Москва: Столица-Принт, 2008, сс. 233–265.

Григорий Явлинский, *Демодернизация. Современная Россия: экономические оценки и политические выводы*, Москва: ЭПИцентр, 2003.

民主或效率：21世纪的挑战

〔美〕帕拉格·卡纳[*]

引 言

如果有谁想为未来设想一套中性的政治学课程，那么民主将在其中起什么样的作用，就是一个值得思考的问题了。当然，十年前，人们也许会毫不犹豫地断言，民主实际上是适合于一切国家的"历史的终结"的政治形式，甚至会起来捍卫这种观点。然而，今天，民主在这样的课程表中的地位却变得有些微妙起来，人们也许会用民主来指称民众与政府之间的一种社会契约形式，一种规范委托人和代理人之间的责任的方式。民主本身不会被视为目的，而是会被放在公共政策的其他优先考虑事项，如服务的效率（指速度和经济效益）的背景下来考虑。民主在20世纪取得胜利之后，在实现效率、责任和合法性等目标方面，越来越不被视为一种最理想的制度了吗？

自从民主化的"第三次浪潮"在20世纪90年代结束以来，政治界对多样性的反思大大超出了人们在"历史的终结"的十年里的预想。实际上，三分之一的世界人口（尤其是在中国）仍然生活在威权主义的统治之下，而世界上大约有一半国家仍然被设在美国的非政府组织自由之家列为"不自由"

---

[*] 帕拉格·卡纳（Parag Khanna）——印度裔美国年轻的政治理论专家和社会学家，新美国基金会研究人员，曾在美国对外政策委员会、布鲁金斯学会和世界经济论坛工作。在美国和欧洲期刊上发表数十篇文章。获得伦敦政治经济学院博士学位后，他凭借出版的具有挑衅性的《第二世界——大国时代的全球新秩序》（2008）一书，"闯入"全球学术精英的行列，该书提出了21世纪地缘政治的新观点。

国家。因此，民主与其他政治形式竞争的前景问题，将仍然存在，并将是 21 世纪国际关系和地缘政治的一个重要特征。

个体的视角是理解有关 21 世纪民主的道德地位和话语地位的争论的一个不错的切入点。在有关人类动机的一般理论方面，没有比亚伯拉罕·马斯洛（Abraham Maslow）的"需要层次"更好的了。在马斯洛的需要层次中，缺乏性需要（充饥和止渴等生理需要）优先于安全需要（居住和稳定性），最后才是被需要（归属感、爱、尊重和承认）①。民主政府属于最后那一范畴——满足基本的生存需要和经济需要就是给予人们积极参与民主治理的资源。了解了这一点，那么治理就是寻求为大多数人提供最大的福祉，这是一个超越了马斯洛对人类需求相对中性理解的、清除了意识形态内容的功利主义的过程。

因此，纯粹的民主并不是一个目的论的理想，也许它更像高级时装：人们可能喜欢它，但它也许在日常生活中并不实用。很多人吸收了阿玛蒂亚·森（Amartya Sen）在《作为自由的发展》等著作中的观点，试图证明民主是发展的基本组成部分，是不可能被推迟或压制的——但是，相反的情况也是真实存在的。然而，2002 年人类发展报告《在分裂的世界里深化民主》的作者还是认为，民主本身是政治和社会经济长治久安的一个组成部分。这一论断的两个关键的论据就是，民主的包容性可以防止对劣势人群的过渡边缘化和排斥，民主评议可以产生更好的政策结果。但是民主有多包容呢？也就是说，光有民主进程就能保证公民获得参与权吗？民主与效率以及有效的政策结果之间有联系吗？

在当今，还存在其他的责任形式，这些责任形式充其量与民主有一些边缘的关系，然而已经证明它们即使不是更有效的话，也是同样有效的。这方面的例子遍布中东和远东地区，因此，重要的是，不要重复 20 世纪 90 年代"亚洲价值观"的老调，而要研究个案，认识它们之间的差别，还要注意其他国家是如何向成功的非民主国家学习的。同时，也必须对民主本身进行更加仔细的研究，因为在众多情况下，尽管存在法律上的平等，排斥还是广泛

---

① 参见 Abraham H. Maslow, "A Theory of Human Motivation", in *Psychological Review*, Vol. 50, NO. 4, 1943, pp. 370–396。

存在，前瞻性和效率正在显著减少。

随着后共产主义社会和后威权主义社会以及正在形成中的民主国家越来越迫不及待地追求结果，选民所寻求的承诺也开始远离民主的辞藻，转向切实的成功标准，而不管成功采取的形式是什么。因此，除了责任这个词可以有各种不同的解释之外，"善治"也似乎越来越成为一个正在逐渐取代作为全球符咒的"民主"的术语。全世界的领导人都承认，在提供经济自由、社会平等和政治透明方面，而并不一定是民主方面，他们所面临的压力越来越大。他们宁愿追求效率，而不要民主的不确定性。"善治"可以像民主一样保护权利；实际上，它比民主更无保留地强调赋予这些权利的目的。在非洲，最近才出现但已被广泛采用的"易卜拉欣指数"——由非洲首位白手起家的亿万富翁、苏丹电信巨头莫·易卜拉欣（Mo Ibrahim）首创——用安全和保障，法治、透明和腐败，参与和人权，可持续的经济发展和人类发展这四根度量支柱来衡量"善治"。实际上，最有意思的是这些指数所没有纳入的东西：民主不在这个名单之内。在未来的政治学课程中，民主也许会完全居于"善治"这一观念之下，或者居于提出了通向大众福祉的更为科学的方法的其他概念之下。

遗产：把民主和效率结合起来？

在整个 20 世纪，民主化和工业化的力量在西方世界以及在日本和韩国是交会在一起的，以至于这些民主国家也成为在财富和福利的排行榜中最有代表性的国家。但是，过去存在的相互关系并不等于因果关系。更详细的分析表明，不同的道路也能通向这种状态。例如，19 世纪后期的日本明治时期是其现代化和工业化快速发展的时期。当然它也是一个"开明统治"的帝国时代，而不是民主时代。韩国在 1961 年政变把军事集团推上领导地位之后，也经历了工业化和现代化最为迅猛的持续发展。如果不考虑 20 世纪技术创新的传播及其在各种不同的政治制度下——尤其是在共产主义专制的苏联——的应用，我们就会以一种从历史的角度来看不准确和不适当的方式把政治民主与工业成就和经济成就混淆起来。

实际上，20世纪后期工业现代化和国家效率最为杰出的一个范例就是中国。在中国，即使在现代化得到持续高速发展的时候，在政治上也只是从共产主义转变为威权主义的资本主义。在中国、新加坡、马来西亚和越南，越来越多的人认为没有民主前提也能成就工业效率。这一论点正好由于其他非西方民主国家，如俄罗斯和阿拉伯国家的经济快速增长而进一步得到证实。这些国家的增长依赖自然资源出口，但这并不意味着没有必要研究这些国家是否无需民主化也能持续实现增长和较高的福利——尤其是，这些国家的民众是否满足于现状。

标准的民主理论的一个传统优势就是对民主演变的连续性的假定。托马斯·弗里德曼（Thomas Friedman）等记者和评论家提出了一个广泛传播的观点，那就是，虽然中国的经济成就超过印度，但前者的威权主义政治模式使其未来变得模糊，这个国家的稳定性尚未确定。相反，他认为混乱的印度有一个优势，即由于其民主的性质，这个国家的长期稳定得到保证。实际上，民主也会经历前进、倒退和平稳发展，在拉丁美洲、中东和东南亚，最近几十年的倒退和停滞现象一直都很明显。黎巴嫩、印度尼西亚和委内瑞拉只是当今危险的民主的几个例子。在民主进程中，很多岁月都浪费在对形式而不是内容的强调上。很多的民主不夸张地说只是换汤不换药，老的领导人（有时是他们的配偶和孩子）为了保住权力而给自己身上贴上民主的标签。孟加拉国、菲律宾、墨西哥等只是让我们记住了腐败的甚至是反生产力的民主是什么样子。泰国在短短的三年里已经换了六位总理，并发生了一次政变，这个国家的公民经常封堵机场，占领政府大楼。在乌克兰和格鲁吉亚民主革命五年后，真正的民主也仍然是精英在无休无止的你争我夺中的第二选择。在巴基斯坦，议会主要只是封建利益的一个面具。而在伊拉克，民主仍然还是多数教派对付少数教派的一个宗派主义的武器。甚至在弗里德曼的理想的印度，政治竞选运动高唱着为人民服务，而政治却是在搞特权与免罚。

在美国，民主甚至在实现已经被广泛接受的目标时也证明是没有效率的。例如，为了让众议院议员和他们的选民满意，国防部门的供应链被毫无效率地分配在几百个国会选区。渴望重新当选的立法者把精力都集中在能赢得选举人赞同的花销庞大的项目上，而没有厉行节约来恢复财政平衡和稳定。最近的研究表明，尽管非洲裔美国人被赋予了种族参政权，但一般来说他们在教育成就、就业机会和就业状态以及收入上仍然要落后很多。短期思维在一个充满不可预测的事件和情况快速变化的时代可以说是一种美德。但是，当人们批判在美国民主里政客患有急性短期病时，这句话却不是那个意思。也许在不像美国民主那样精力分散的政治模式中，才更容易找到敏捷和灵活的美德。

这并不是说，非民主国家全都能实现它们的领导人所设定的理想或它们的人民的希望。实际上，人们可以争辩说，在君主专制制度、威权主义政体和一党制国家，特权形式的腐败是在结构上就注定的。但是，这里的问题是，非民主的责任体制是如何取得它们所追求的效率和福利的。在这种意义上，非民主制似乎越来越坚挺。

争取（后）工业成就的竞赛：记分卡

西方民主国家实际上是高度成功的现代化国家，但是西方民主国家并不是唯一的现代化国家。有意思的是，在东亚国家和波斯湾国家出现的非民主的新兴工业效率，并没有成为被解释为统一的"东方"和统一的"西方"这两大竞争制度之间新的意识形态"冷战"的证据。相反，在学术话语中，现代性与技术的联系正在取代它与民主等特定政治制度的联系。在20世纪70年代，就有学者开始承认，西方和苏联是一个共同的工业文明的两个支柱。今天，人们强调的还是资本和技术的取得，而不是政治模式，才是衡量进步和发展的尺度。

因此，资本主义是工业效率和物质进步的必要条件。实际上，当经济不稳定时，民主就遭殃，但当经济繁荣时，威权主义也常常做得很好。换句话说，民主需要资本主义才能成功，但资本主义并不需要民主。除了巴西和印度之外，经济正在快速增长的很多阿拉伯、非洲和亚洲国家，都不愿意冒使自己的增长过程中途变得不稳定的危险，来进行复杂的民主过渡。人们越来越倾向于用政府保证全球化不会使不平等比以前更加恶化的能力，来衡量政府的业绩——民主与否无关紧要。

许多非民主国家出色的社会经济成就并没有让民主不受尊重，但是，这是一个强大的信号，它提醒人们，民主并不是一个具有魔力的公式，而是如何组织政治权力的一种思维方式。俄罗斯和中国只是把经济自由主义和社会自由主义与政治中央集权混合在一起，是公开的威权主义的国家资本主义新模式的两个最为突出的例子。在当今的俄罗斯，21岁以上的人比历史上任何时期都多，其中大多数都不支持20世纪90年代的"混乱"，而支持普京和梅德韦杰夫组合。在这两个国家里，民众似乎并不在意是否能在政治上获得较大的发言权，他们的兴趣好像更多地放在如何获得全球化所提供的最新物质成果和技术成果上。

那么，通向后工业社会的竞争就是民主国家和非民主国家之间竞争的新领域吗？例如，西方国家已经越来越向由技术性人力资本而不是由劳动力资本驱动的知识经济过渡。

然而，不能简单地说，只有民主才能产生和调节这样的人力资本。明天的世界不纯粹是一个知识驱动的后工业世界。全球的工业在世界经济中所占的份额仍然很重，在传统工业部门就业的人口在世界人口中所占的份额也是如此。劳动分工已经明显可见，根据这种分工，非西方民主的工业大国，中国和越南——不过也包括民主的印度——在全球制造业中所占的份额越来越大。同时，当然也存在一些显著的例外，如德国虽然在知识经济方面处于领先地位，但同时仍然是世界上最大的工业出口国。重视工业和出口导向性增长的国家，如很多一直在这样做的亚洲国家，以及重视商品导向性增长的国家，如石油生产国，并不一定是落后的国家。未来经济的特点更有可能是知识经济和工业经济相互依赖，而不是知识经济优先。

此外，全球化破坏了封闭制度，以政治制度竞争对手的名义宣称自己所拥有的优势，冷战期间就是这种情况。相反，新独立的阿拉伯国家、非洲国家和亚洲国家以一种与后殖民"模仿"并无二样的方式，实施了与它们以前的殖民者在形式上一样的议会制度和文官制度，当今的非民主国家正在利用全球化的杠杆，快速地在经济价值链条上升级。例如，新加坡已经成为世界领先的生命科学和生物技术研究中心，而没有出现两极化的伦理争论，在布什执政时期的美国，这种争论阻碍了该领域的创新。上海利用香港现存的全球银行业基础设施，同样也快速崛起为世界金融中心。迪拜通过在纽约证券交易所购买股票而成为世界金融之都，尽管其国内劳动力缺乏足够的培训和专业知识来自创这样的体系。我们不要把经济战略与政治制度联系在一起来思考，我们必须研究不同的政治制度是如何通过一个更具技术统治特点的过程，而选择各种不同的道路，同时实现经济增长和多样化的。

超越责任体制：什么是合法治理？

迄今公认的是，民主是一种责任形式，但是其他的治理制度也包含着在效率方面具有竞争力的责任机制。此外，不同的责任体制不仅以效率为基础，而且也以文化特殊性和历史特殊性为基础，来宣示自己的合法性。这种多样性对于政治合法性话语的未来意味着什么呢？

在北美，国家主权仍然是政治合法性的坚固的基础，尽管美国、加拿大和墨西哥在大西洋自由贸易区的框架内发展经济关系，但它们在政治制度上不存在相互渗透。不是民主而是传统的主权国家民主才是政治合法性的唯一参数。相反，欧洲看起来就十分不同。"二战"后欧洲的制度建设工程的顶点就是超国家的欧盟的形成，它现在为27个成员国提供了约80%的国家法律法规。虽然欧洲议会实行直接选举，但欧洲委员会才是欧盟真正的权力之所在，其官员不是选举产生的，而是根据国家首脑达成的协议而任命的。前面讨论过，中国共产党的指导思想已经从革命的共产主义转变为威权主义的资本主义。其政治合法性的基础同样也从单纯保证经济增长和政治稳定而转变为同时也坚持一套新的本土价值观。就像在北京清华大学任教的加拿大政治理论家丹尼尔·贝尔（Daniel A. Bell）教授[①]巧妙地解释过的那样，新儒学对下一代中国领导人的支持和鼓舞远远超过了任何公认的西方民主价值观。[②]对中国来说，政府合法性的主要威胁是对腐败的更为实际的担心，而不是其非民主的性质。最近几年，这个国家已经惩处了数以千计腐败官员，甚至把

[①] 其中文名为贝淡宁，不是著名的社会学家、哈佛大学教授丹尼尔·贝尔。——译者注

[②] Daniel A. Bell, *China's New Confucianism*, Princeton: Princeton University Press, 2009.

允许毒奶粉流入货架的官员、给来自可耻的制药公司的受污染的药物发放批号的官员以及对2008年四川地震反应太慢的高官处以死刑。因此，在世界上几个主要的规范中心，对于如何并以什么为基础来界定政治合法性的问题，存在着显著的分歧。

还有一些独一无二的合法性形式也不能算在这些大的领域之内。波斯湾地区的君主国，如沙特阿拉伯、阿拉伯联合酋长国和约旦，借助于公认的伊斯兰血统，借助于它们在从奥托曼领地向英国殖民地和独立国家转变所一直维系着的部族关系的世代传承中建立起来的信任，而仍然拥有民众广泛的忠诚。

应该强调的是，所有的制度现在都提供了一些民众协商机制。在这种意义上讲，有一个相同之处，公民的看法是公共政策形成的一个重要的晴雨表，然而，这一目标的实现也可以采取与直接民主不同的方式。实际上，中国、新加坡和众多阿拉伯君主国也都在试行地方民主或乡村民主，有的也搞得轰轰烈烈，令人难忘。但是没有像西方人所做的那样，在最高层实行民主。在这些国家，人们满足于提交陈情书，以换取某种回应，把这样的回应作为值得赞美的成功故事传颂。随着越南的人均财富快速增加，这个国家正在向更加透明、更少腐败和更多经济自由的方向前进。越南正在建设的是法治，而不是民主。马来西亚总理巴达维（Badawi）由于不受民众欢迎和广为人知的效率低下而于2009年辞职，这进一步表明，责任的实现并不必然要求完全的民主。在这些国家以及新加坡，协商委员会对公民的愿望和需要进行评估。在迪拜，谢赫·穆罕默德（Sheikh Mohammed）利用"脸谱"（facebook）就是否把开学日期推迟到斋月之后的问题征求公民的看法（开学日期推迟了）。如果领导层相当好，意见箱就能像投票箱一样重要。

输出竞争性模式？

全球化已经使很多国家变成具有国际竞争力的玩家，在供应链、贸易关系、外交和战略谋划方面积极主动。在拉丁美洲和非洲——传统上分别是美国和欧洲的"后院"——人们开始发现中国的商业活动和战略活动日益增加。从委内瑞拉到苏丹，每一个被美国国务院称为"无赖国家"的国家，都从中国得到大量的财政、军事或外交支持。在20世纪50年代，中国对全球的要求不过是减少承认台湾独立的国家的数量，几十年之后，这一要求变成了确保从世界上商品富裕的外围地区获得自然资源。问题变为：中国会在进口原材料的同时出口国家制度吗？

有关不进行政治改革也能实现经济增长的"中国模式"的话题已经广泛流传至少五年了。但是对于中国模式，常常更多的是讨论，而不是对它的成功模仿。任何其他大国都不具备中国那样的可持续的群众动员能力和/或相对统一的国家梦想。这个话题常常成为一种为实行非西方的政治经济战略辩护的有争议的说辞，尤其是在非洲和中东。实际上，没有证据表明，中国本身鼓励这种说辞，更多的是，发展中国家领导人在称赞中国的经济成就的同时，也把这一话题看成让自己的继续统治合法化的方便的借口。

东西方之间的这种内在冲突长期存在的可能性不可低估。世界上仍然生活在相对贫困的状态下的大多数人口，非洲的分居在50多个国家的10亿人口，中亚的不稳定的后苏联共和国，以及人口众多而又十分脆弱的东南亚国家，这些都是东西方政治经济发展模式进行竞争的肥沃土壤，是民主和现代化相互作用的实验室。这种竞争在自然资源丰富的非洲国家尤其激烈，因为在这些国家，中国最近几年来对出口品的需求已经推动经济强劲增长，中国所提供和建造的基础设施为广泛发展，甚至为地区一体化提供了长期的潜力。因此，尤其是在有关未来的"发展性援助"的争论中，中国已经在高调反驳下列指控：它在非洲的活动破坏了在西方领导下、通过国际货币基金组织和世界银行等机构推动改革的努力。中国已经对"援助"足以改善非洲现状的观点正式提出了质疑，中国实行的是与此不同的以贸易为基础的方法。

当前，西方对这些趋势的应对似乎更多是反应性的而不是前瞻性的。乔治·W.布什政府在入侵伊拉克之后大谈推进民主，以及自相矛盾地继续支持阿拉伯独裁者，这些遭到了失败，随后出现的是处境尴尬而态度谦虚的贝拉克·奥巴马政府，它提到了民主，但说得更多的是善治和不干涉的语言——这种调子对发展中世界来说要顺耳得多，中国对此显然心领神会。在发展援助领域，西方因身患重症而受到削弱，因此在非洲和其他地方，面对中国这一对手往往力不从心。

然而，仍然有可能的是，这种在第三世界进行的东西方的竞争不会重新开启美苏冷战时期的那种代理人竞争，而是会成为一场对非洲有利的"看谁做得最好的比赛"。我们也许会看到，有些国家，如津巴布韦，会对中国施加强大的压力，迫使它雇用本地工人，缴纳更多税款，遵守可持续采掘的规范，甚至有可能在不顺从的情况下，没收中国人经营的矿山。在这种意义上，非洲初生的民主可能会将中国的工业企业转变为进一步现代化的杠杆，而又不损害民主。这仍然是一个广阔的开放领域。

要探索不同的治理模式在全世界会取得怎样的结果，"软实力"的竞技场也是一个至关重要的运动场。在这方面，西方如果不是主导力量的话，也仍然是一个强有力的力量。西方的科学创新和工业创新仍然在设定高科技领域的标准。英语仍然是外交界和商业界首要的互动方式。西方的教育制度和实践仍然是最值得仿效的。实际上，在过去十年里，在政治和外交政策的争论中，很少有人注意到，尽管和阿拉伯世界关系极为紧张，但是美国和英国的大学通过建立大学层面的伙伴关系而在中东确立了自己的地位。尽管阿拉伯领导人与东方和西方都做交易，但他们还是继续从西方寻找才智灵感，这意味着，这些国家的现代化进程也可能会把从美国和欧洲输入的进一步自由化包括在内。

结　论

在理论和实践上日益明显的是，除了直接民主之外还存在很多的责任形式。既然各种治理框架在跨国的层面是纠缠在一起的，那么我们在研究什么是适当的政治制度——甚至是国内的政治制度时，也应该对监管型、财政型、市场型、匹配型（peer）、信誉型（reputational）以及其他形式的责任体制所起的作用持开放的态度。① 在如何提高第三世界后殖民国家的治理水平的问题上，在有关人权的争论中，这一点对于各国在这些事务上的外交政策具有

---

① 参见 Robert O. Keohane, "Accountability in World Politics", in *Scandanavian Political Studies*, Vol. 29, No. 2, 2006。

重要的意义。然而，有一点似乎越来越清楚了，在一个政治经济模式相互竞争的世界里，人们越来越倾向于用为民众提供物质利益的能力来判断哪种模式更具吸引力，而无论这种模式有多民主。对于在这个世界上存在的很多与西方不同的制度，只要它们推动的是进步而不是暴力，西方就应该尊重它们的政治自主权。

（李朝晖 译　张文成 校）

参考文献

Raymond Aron, *18 Lectures on Industrial Society*, London: Weidenfeld and Nicolson, 1967.

Daniel A. Bell, *China's New Confucianism*, Princeton: Princeton Univ. Press, 2009.

Ruth Grant and Robert Keohane, "Accountability and Abuses of Power in World Politics", in *American Political Science Review*, Vol. 99, No. 1, 2005.

Robert Keohane, "The Concept of Accountability in World Politics and the Use of Force", in *Michigan Journal of International Law*, Vol. 24, No. 4, 2003.

Robert Keohane, "Accountability in World Politics", in *Scandanavian Political Studies*, Vol. 29, No. 2, 226.

Abraham Maslow, "A Theory of Human Motivation", in *Psychological Review*, No. 50, 1943.

Amartya Sen, *Development as Freedom*, New York, Oxford: Oxford Univ. Press, 1999.

在现代化之路上从专制到民主：相同和特殊

〔俄〕维克托·克拉西利希科夫*

在评价社会发展的现代进程的时候，必须区分开从传统社会向工业社会转变时形成现代政治制度的政治现代化和在整个社会现代化过程中发生的社会经济领域改变的"政治并发症"[①]。

只有在历史上（即使是在某种程度上）属于现代化第一梯队的国家里，政治现代化和这些改变是相吻合的。在那些国家，现代化源自日常生活的需要，具有被"内置"于社会结构中的特定的动机（在西欧各国，特别是在荷兰、北德意志、英国，以及后来在北美，情况就是如此）。组成现代化第二梯队（俄罗斯、中东欧国家、日本、土耳其）和第三梯队（亚洲、非洲的几乎所有国家以及拉丁美洲的许多国家）国家的政治发展则迥然不同。这些国家内部的革新动机是虚弱的，或者完全缺乏，现代化是在外部影响下开始的。改革的政治安排不仅不与政治现代化相吻合，有时甚至与它直接抵触。因此，如今在评判民主的发展前景时，必须考虑给大多数国家发展进程至今打着烙印的这一历史情况。

---

* 维克托·克拉西利希科夫（Виктор Красильщиков）——俄罗斯经济学家，经济学博士（2002），俄罗斯科学院世界经济与国际关系研究所部门主任，经济现代化问题专家，欧洲发展研究和培训机构学会（EADI）"世界体系转型"工作组领导人。著有：《现代化：国外经验和俄罗斯》（合著，1994）、《追赶逝去的世纪》（1998）、《赶超式发展的潮起潮落》（2008）、《人在世界体系中的发展和变化》（2010）。

[①] 参见 Самюэль Хантингтон, *Политический порядок в меняющихся обществах*, Москва: Прогресс-Традиция, 2004, с. 53.

革新与传统：保守主义的现代化

现代化的第二和第三梯队国家的一个特点是，改革的必要性产生于改革的充分的内部前提在社会中成熟之前，因此，这种迫于外部情况的必要性使得现代化是保守主义的。

初看起来，术语"保守主义的现代化"很荒谬，因为现代化意味着拒绝传统，打碎和完全改造旧的经济结构、社会关系和社会秩序，建立新的制度，等等。似乎保守主义的现代化是试图头扭向后地朝前走。

实际上，任何现代化都是在具体的社会和文化环境中进行的，是具有在许多方面从过去继承下来的独特习惯和观点的人所进行的。如果国家整体上还没有作好改变的准备，这一环境和这些观点的意义就特别重要。保守主义的现代化可以定义为：对于带有旧的社会结构、传统和习惯的社会进行彻底革新的趋势间的相互关系（既是冲突性的又是妥协性的）。而且可以分出保守主义现代化的两种类型。

在旧阶级为了保住其权力和特权而不得不适应新的潮流的时候，发生第一种类型的保守主义现代化。在这种情况下开始革新，是为了尽可能地保存从前的秩序：新事物获得准许有多么必要，旧事物保存下来就有多么可能。19世纪的日本和俄国的情况就是如此，当时一部分执政精英发起了改革；还比如20世纪30—60年代的巴西；20世纪50年代的西班牙：当时佛朗哥克服了统治阶级中最反动部分的抵制，着手他的"改革"。

还应指出，任何现代化政策，在触及下层的利益和日常生活时，在他们的文化甚至偏见的影响下，都会变形。这方面最明显和最意义重大的例子，是20世纪20年代末—50年代中期苏联的布尔什维克式现代化突变。这个现代化是现代生活和20世纪上半叶的工业资本主义社会趋势与俄国传统村社之间的历史的妥协。"下层阶级"的代表所进行的这个现代化本身带有陈旧意识的痕迹：公社、平均主义和反理性主义的传统，把所有失败归因于敌人诡计的习惯，等等。起初，这还可以使现代化顺应俄国古老的传统和使西方现代文化的元素注入传统的农民社会，好像要使它们与千百年来的原始观念相调和，但后来却对现代化进程产生了致命性影响。

保守主义现代化的第二种类型在很大程度上是东亚和东南亚"新兴工业国家"所固有的。在这些国家，现代主义的精英——首先就是国家官僚，完全面向未来。他们清楚，与过去的决裂应尽可能痛苦最小，同时应为广大民众所理解，拒绝习惯和传统在他们看来是在现代化过程中最困难的。有鉴于此，1981—2003年任马来西亚总理的穆罕默德·马哈蒂尔写道，"现代化所遭逢的最重要和难以克服的挑战，在文化领域……现实的问题是在树立新的价值时不引起人们的隔阂和对抗"①。

在人民对现代化没有作好准备的条件下，援引儒家价值（比如，在新加坡或者在台湾）或者伊斯兰教义（比如，在马来西亚），应该用于证明所采取的打破习惯的生活方式的新措施是正确合理的。不仅如此，与儒家学说以及佛教和道教有关的一些传统起初在东亚和东南亚新兴工业国家的现代化当中起到了非常重要的作用，这与马克斯·韦伯提出的东方文化与"资本主义精神"不兼容的著名观点正相反。②自然，韩国或者新加坡的私营商业在期待获得其投资利润和扩大其商品销售市场的时候，所遵循的绝不是儒家学说。用为人民服务的道德原则和父道主义来为官阶制和服从首长辩护的儒学，实际仍与自由经营和市场竞争的原则格格不入。但从马克斯·韦伯的时代起，资本主义自身发生了变化，变得没有国家那只"看得见的手"就行不通，特别是在其需要解决加速发展的任务的时候。而"看得见的手"——就是选择优先方向和指引个人主动性走上需要轨道的发展型国家（developmental state）的经济官僚。显然，如果没有约束官员的纪律和对机构的明确组织，发展型国家就不能有效履行自身职能，就像大型公司如果没有明确的管理制度，就不能占领市场和掌握新技术。

但是，起初保障亚洲新兴工业国家取得现代化成就的那些传统，却逐渐阻碍现代化的继续推进。特别是儒家传统陷入了与必须不断打破等级制和服

---

① Mohamad Mahathir, *The New Deal for Asia*, Selangor: Pelanduk Publications, 1999, pp. 36–37.

② 详见 Victor Krasilshchikov, *The Rise and Decline of Catching-Up Development: The Experience of Russia and Latin America with Implications for the Asian "Tigers"*, Málaga: Eumed/Entelequia, 2008, pp. 197–216, http://www.eumed.net/entelequia/en.lib.php?a = b008。

从权威原则之间的矛盾之中,而没有后者就不可能向后工业化经济过渡。但我们在此不讨论后一问题,而着重探讨:保守主义的现代化作为改革过程中现代和传统的共存与冲突,是与政治专制联系在一起的。

专制反对现代化

专制是不是经济上现代化的条件,特别是最初阶段?[①] 这取决于专制的特点。

公认的观点是,任何专制都具有执行权超越立法权和压制(或者限制)反对派活动的特点。但是,还必须明确区分专制制度的不同类型。区分的标准是:

——制度的社会阶级基础及制度与某些阶级和集团的利益一致;

——制度的目的和职能:其领袖或思想家所宣称的,以及它客观上所执行的;

——它的活动的客观结果。

这为区分守旧主义或传统主义的专制制度和现代主义的专制制度提供了依据。同样,守旧主义的专制可以分成"原生的"发源于带有其固有继承关系的早期资本主义或者前资本主义农业原料经济的制度和由于旧阶级对于这种经济解体过程的反动而产生的制度。后者可以称做新传统主义的,因为它再现出"经典"专制制度的所有主要特征,但是在新的、变化了的条件下。这是政权的人格主义("苏丹式")[②]特点:主持制度的是统治者,通常是自封的独裁者,与他接近是最重要的"经济资源"。他依赖军队、警察和特工机关的镇压机器。一切自由和反对派活动都受到压制。选举不举行或者有名无实。国库和统治者及其亲信的私人口袋结成一体,而且金钱基本都是从国

[①] 对于印度的特例,我们在此不作分析。印度的现代化是与威斯敏斯特式议会、民主制不可分的,而这种民主在很大程度上至今以传统社会的重要制度——种姓制度——的残余为支柱。

[②] 详见 Татьяна Ворожейкина, «Авторитарные режимы XX века и современная Россия: сходства и отличия», в *Вестник общественного мнения*, No 4 (102), 2009, cc. 51–55。

库流到他们的私人口袋。如果说"经典的"专制存在于19世纪和20世纪初的拉丁美洲国家（比如，墨西哥从1876年到1911年执政的波菲里奥·迪亚斯的制度就是这样的，其所实行的政策引发了推翻他的革命），那么第二种类型的守旧主义的专制——这就是20世纪的"学坏了的小孩子"，在其"发源地"——拉丁美洲，它们都没有留存下来，不过在亚洲和非洲可以见到（比如，对最简陋的工业化都畏之如火的缅甸军政府就是这种制度的完美例子）。

新传统主义的专制反映农业—原料寡头和与其联系在一起的官员的利益。他们镇压限制他们贪欲的任何尝试：无论是希望保持居民购买力的为数不多的工业企业主的意向，还是为了扩大原料开采区域而被从土地上赶走的农民的诉求。死刑，或者好些的——伴随着刑讯的监禁，对不合心意者的谋杀，敢于对主体制度表达不满的人的失踪——这就是新传统主义专制制度所使用的控制和管理手段。不仅如此，还有意识地限制人民获取知识和信息，而教育最好也就是学习简单的算术、基本的识字和形形色色的"神学"。在小学之外屈指可数的学校里学习的，是只关心怎么延长制度的存在和给自己培养出接班人的"执政精英"的子女。

显然，新传统主义的专制排斥任何真正的现代化。在好的情况下，例如像20世纪60—70年代在萨尔瓦多、危地马拉或者巴拉圭所发生的那样，现代化是通过建立地方工业自发地开始的，起初没有引起执政寡头和官员应有的注意。然而，某个企业刚刚比较盈利，统治集团中某某人物的"魔爪"就会伸向它：在这种专制制度下对所有权的保护制度只是一纸空文。

新传统主义的专制制度允许经济上自发的和极其有限的现代化，不是由于自觉的政策，而是因为它"照看不到"，因此在城市和农村都激起广大居民阶层对它的不满。这种不满要么转变成武装斗争（20世纪70—80年代的尼加拉瓜、萨尔瓦多、危地马拉），要么导致城市里的大规模行动（1958年在委内瑞拉推翻佩雷斯·希门尼斯和1986年在菲律宾推翻费迪南德·马科斯）。有时制度和作为其化身的统治者是被发展成大规模行动的宫廷政变（大规模行动可能是有意的"导演失常"的结果，以便给所发生的事件增添合法性）推翻的。

但是，新传统主义专制制度的垮台绝不是一定保证了向现代化政策过渡。

因为，这样的制度阻碍了现代化主体的形成：无论是致力于国家发展的国家官员、现代企业家阶级，还是与产业工人阶级及其组织结成同盟的新中产阶层。即使这些社会群体由于被推翻的统治者"照看不到"或者在更发达国家"示范效应"的影响下在制度内部开始形成，他们也是不够强大的，不足以发起现代化进程。

新传统主义的专制实际上也排斥建立能够履行现代化职能的政治法律制度。即使在建立这样的制度（主要是为了在世界上看起来体面），也无非是发达国家相似事物的仿制品。实际上这样的制度有意识地对社会和管理领域实行非制度化。暴力是它所使用的唯一调节工具。因此，在制度崩溃后建立的民主不具有稳定性，蕴含着或者向新的专制（1960—1961年的韩国）、或者向"非自由的民主"滑落的危险，就不足为奇，它们有时是一回事。

比如，委内瑞拉在佩雷斯·希门尼斯的专政垮台后，两党制民主的建立并没有使其完成现代化，虽然该国早在20世纪70年代中期就曾被看做发展中世界里成功实施社会改革政策的典范。自1975—1977年在人均国内生产总值和社会经济发展的其他指标方面达到最高峰之后，委内瑞拉再也没能回到这个水平，它成了拉丁美洲大陆危机最深重的国家之一，这一点就足以说明问题了。包括边缘阶层和大规模贫困的增加在内的社会问题日益尖锐化，为"受歧视的土地"的保护者乌戈·查韦斯中校在1998年——希门尼斯被推翻40年后——执掌政权培育了土壤。

国家在专政垮台之后没有能力进行现代化的另一个直观例子，是菲律宾。表面上，费迪南德·马科斯政权在1986年2月的垮台使该国实行定期选举、言论自由、集会自由和游行自由的民主制得以建立，但并没有解决"千岛之国"基本的社会经济问题，菲律宾成了"反发展的国家"[1]。民主并没有消除旧的寡头集团的统治，没有消除政权与所有权集中在他们手里。民主成了调节寡头集团之间的冲突、保持旧的社会经济结构和保障整个寡头的权力的工具。在这一点上可以对比一下菲律宾和乌克兰，乌克兰在"橙色革命"后似

---

[1] 参见 Walden Bello, Herbert Docena, Marissa de Guzman and Mary Lou Malig, *The Anti-Development State: The Political Economy of Permanent Crisis in the Philippines*, Quezon City: Philippines Univ. Press and Bangkok: Chulalongkorn Univ. Press, 2004。

乎民主得胜了。但实际上这样的民主所依赖的是政权—所有权的断裂以及这一断裂在各种商业集团和与之绑在一起的官员中间的弥散。这样的民主像菲律宾的民主一样，离现代化还相当遥远。

发展型专制

倾国家之力进行强制性国家革新的发展型专制，依靠希望现代化的积极的少数人，进行了真正的现代化。然而与大多数人的偏好相反，发起现代化进程的政治制度不得不是专制的。19世纪末—20世纪初的日本（"明治维新"）和沙皇俄国，佛朗哥时期的西班牙，一些拉丁美洲国家（比如，拉萨罗·卡德纳斯执政时期以及之后的墨西哥，热图利奥·瓦加斯第一次执政时期（1937—1945）和军人专政时期（1964—1985）的巴西，胡安·庇隆时期（1946—1955）的阿根廷，奥古斯托·皮诺切特专政时期的智利），为我们提供了专制主义现代化的例子。当然，东亚和东南亚的新兴工业国家所实行的也是专制主义的现代化。

这样的制度在着手现代化时实际与社会相对立，所以它面临合法化问题：与新传统主义的专制不同，它不能仅寻求依靠暴力，而应预先取得能够首先从现代化获得利益的那些社会群体的支持。

比如，拉丁美洲南部构成圆锥形的几个国家（阿根廷、巴西、乌拉圭和智利）20世纪60—80年代的军人专政，为了给自身存在和镇压所谓妨碍其改变的进程的人辩解，采用了国家安全学说。该学说的关键要素是"安全和发展"二项式：国家的真正安全通过成功的现代化来保障，那么发展进程本身就应被可靠地保护，以免遭反对改变的人阴谋破坏。[①]

每个国家对该学说的解释有自己的特点，虽然任何情况下保护现代化不受敌人破坏的基本使命都是交给武装力量。比如，智利在1973年政变之后为军队的特殊作用和它参与镇压"人民团结"的支持者进行辩解，说圣母卡门

---

① 参见 Pedro Rivas Nieto, *Doctrina de seguridad nacional y regímenes militares en Iberoamérica*, San Vicente: Club Universitario, 2008, pp. 35-130。

永远是智利武装力量的守护神,而卡门是体现纯正和贞洁的圣母玛丽亚的化身,由此得出两个结论:一是武装力量通过其守护神获得了从玛丽亚传导给他们的道德上的纯洁性;二是武装力量被上天赋予扫除国内"马克思主义的污秽"以及其他"黑暗势力"的使命。对军队和警察机关的这种神话化在阿根廷也上演过,1976—1983 年在阿根廷掌权的军政府在凶残程度和思想的蒙昧主义程度上甚至超过了皮诺切特的制度。

但是,仅仅建立在制造神话和对敌人的恐惧基础之上的专制合法化,往往是假想的,不可能持久。现代化政策的成功才是更加可靠的方式①,这是东亚和东南亚新兴工业国家的典型特点。

发展型专制的重要工作方向,是培育现代化的主体——真正能够并且确实想把国家沿着革新道路向前推进的社会群体。即使专制主义的现代化是被一些旧的精英为其社会政治的自我保全而发起(20 世纪 30 年代和 60 年代巴西的情况),其提到首位和所依靠的,也是与当时最先进的工业和服务业部门相关的社会职业群体。应指出的是,由于 20 世纪 70 年代末所开始的经济无序而造成的中产阶层状况恶化,明显削弱了巴西军政权,它遭遇到起初从他们所实行的政策中捞到不少好处的那部分人的不满。

现代主义的专制促进向发展工业和基础设施、向教育和科技的大规模投资(甚至强制投资),建立不单纯对下层的严格纪律,限制或者禁止罢工,调节工资,像在新加坡那样使人们养成保持街道清洁和遵守街道秩序的习惯。现代主义的专制还实质性地和严格地限制上层的贪欲。比如,韩国和台湾在加速工业化过程中对于奢侈品的进口,要么完全禁止,要么通过征收惊人的关税加以限制。

随着现代化的推进,经济结构日益复杂,与先进的工业部门联系在一起的社会群体的人数和比重日益增加。与之相反,承载传统价值的那部分人的比重则在缩小。居民的教育水平日益提高。这导致出现比对食品、服装和住房的迫切需求更高层次的新需求,也产生了对更加灵活的管理制度的需要,它应该能够考虑到不同阶层在改革过程中所形成的各种利益。而且对此最为

---

① Manuel Castells, *The Information Age*: *Economy*, *Society and Culture*, Vol. Ⅲ, *End of Millennium*, Oxford (U. K.); Malden (Ma); Blackwell Publishers, 1998, pp. 270-272.

需要的，是从改变中得到益处的那些人：新资产阶级，新中产阶级和先进经济部门的劳动者。制度所发起的经济现代化越成功，社会变得越有差别（在多样性的意义上），社会中所产生的人和社会群体之间的联系就越多方面和越复杂，用以调节这些联系的正式制度和非正式制度的体系也就应越复杂。专制主义现代化的成功本身，使得难以单纯通过专制的方法来管理经济和社会。

因此，专制主义的现代化为背弃政治专制奠定了前提。在专制主义的现代化取得成功的情况下（20世纪70年代上半叶的西班牙，1987—1989年的韩国和台湾），这些前提是充分成熟的。在"不太成功"（有限成功）的情况下（1967—1974年的巴西，皮诺切特执政末期即1988—1990年的智利），对专制的腐蚀是当初构成制度社会支柱的那些人对它失望而引起的。最后，在现代化遭到失败的情况下（1976—1983年的阿根廷），专制失去任何支持而消失，这既是由于自身的失算［阿根廷军政府1982年远征马尔维纳斯群岛（福克兰群岛）的冒险失败］，也是由于一些不久前还拥护制度的人所支持的大规模行动（1998年的印度尼西亚①）。

自然，除了专制主义现代化在经济上的成功或者失败，还有促进或反倒阻碍对发展型专制起到腐蚀作用的非经济因素。特别是由对安全的威胁所引起的恐惧减弱或者完全消失。冷战的实际终结和中国领导人拒绝毛泽东时代的极端革命论调，促进了韩国、马来西亚和台湾的政治制度自由化。巴西和智利的资产阶级相信，菲德尔·卡斯特罗派去的任何左翼游击队战士都不可怕，这对于巴西和智利所存在的军人专政至少在企业家阶级和中产阶层看来是不需要的，起了不小作用。

最后（按照顺序，而不是按照重要性），许多方面还取决于社会的活跃和团结。拉丁美洲国家的军人专政有意实行的个体原子化和破坏旧的社会联系的政策，客观上增加了从专制向民主过渡的困难。相反，在韩国和台湾社会的团结，特别是先前的专制主义现代化主体部分的团结，则缓解了这一

---

① 苏哈托的制度在印度尼西亚所进行的专制主义的现代化很难说是注定失败的，但是，它的成功毕竟没有使国家建成足以抵御1997—1998年金融投机风暴和冲击的强大的"防线"。

过渡。

但是，在专制主义现代化的过程中克服专制的社会经济前提的成熟，绝非意味着在经济现代化之后政治现代化自动随之而来。相反，在一定条件下——如果福利持续增长，保持甚至扩大社会流动渠道，政治现代化也可能会被推迟或者是有选择地进行，比如在新加坡，只是涉及政治生活和国家管理的某些方面。

政治现代化和从专制过渡到民主

政治现代化是一个长期的过程，所以专制制度的垮台或者逐渐被腐蚀只是标志着这一过程的开始，虽然这一开始本身无疑是重要的。

毫无疑问，政治现代化的成效和深度取决于国家所存在的专制的类型。新传统主义专制能够允许的只是有限的经济上自发的现代化，只是创造民主的一个前提——社会中由于不愿生活在高压制度下而产生的消极的一致。显然，这个前提属于社会生活的社会心理因素，不可能是持久的。因此，在这种情况下，国内所建立的民主也不可能是持久的，特别是如果民主没有解决任何社会问题的话——一般而言，民主对此也没有能力。

在从现代主义的专制向民主制过渡的时候则是另一种情况。这时这种过渡的成效和速度既取决于民主力量联盟的广度，也取决于当时执政者的灵活性和远见。而且在专制主义的现代化过程中建立的政治和法律制度并没有如新传统主义专制崩溃所导致的那样遭到破坏。它们要么被有针对性地废除，像1976—1977年在西班牙所发生的那样，要么转变为新制度，执行不同于在旧制度下所担负职能的别的职能。这可以避免出现制度和法律真空，又增加了过渡过程的稳定性。在新传统主义专制崩溃后建立民主政体（或其假象）的时候，这种真空实际是不可避免的，会降低新政权的合法性程度，给建立于制度废墟之上的民主制的地基下埋了一颗"地雷"。

不言而喻，也不能忘记从专制政体向民主政体过渡的国家其政治传统和法制文化的作用。比如，1930年之前阿根廷代议制民主制度和法制原则在"寡头共和国"范围内的建立，对于专制制度退出舞台之后这些制度的恢复起了一定作用。智利和乌拉圭在1973年政变之前有过的民主传统，也缓解了这两个国家在高压制度之后向民主的过渡。

此外，在研究从专制制度向民主制过渡的前景时，必须考虑到这些进程所经历的世界背景。比如，20世纪30—40年代在拉丁美洲一些国家专制—平民主义的现代主义制度的建立与先前的世界经济模式发生危机有关，与世界体系的"核心"向福特—凯恩斯主义发展范式的过渡有关，与拉丁美洲国家向进口替代型工业化的过渡有关。同样，在拉丁美洲的不太发达国家以及后来在其他大陆也建立了新传统主义的专制制度，它保障了把这些国家的农业原料经济绑在发达国家的福特—凯恩斯主义经济机器上。无怪乎这些制度得到了西方支持，而在冷战的氛围下它们的领袖有时竟被完全看做"纯种的民主主义者"。

20世纪50年代末—60年代初进口替代型工业化在拉丁美洲的完结（在亚洲也是如此，虽然表现得弱一些），适逢工业跨国公司开始高度发展。稍晚些时候，西方国家的福特—凯恩斯主义模式的危机也波及它。这便产生了把一些工业部门转移到拉丁美洲和亚洲的可能性和必要性，因为这些地区出现了能向西方市场增加出口工业制成品而非原料的工业跃进的条件。这与一揽子社会和政治问题一道，决定了从20世纪60年代起在一些拉丁美洲国家和东亚国家建立新的现代主义的专制。

20世纪80年代，在主要国家显现出后工业化进步的背景下，当时"第三世界"专制开始退却。这一退却适逢苏联和东欧国家开始转变，中国和越南的现代化取得最初的成就。这是否意味着，正是全球化和后工业化趋势有助于侵蚀专制和向民主过渡呢？

可能是这样，是有助于。但只是有助于，也仅是在一些国家，而绝非注定发生这种过渡。

问题在于，随着后工业化趋势的发展，在西方发达国家和一些半边缘工业国家，内部的社会分化也在加强。产业工人阶级被冲垮——尽管，当然，没有完全消失（俄罗斯和独联体一些国家在这方面走在世界前列）。一部分中产阶级的状况也在恶化，而且恰恰是体现后工业化趋势的那部分中产阶级——中小学教师、大学普通教师、生产部门工程师，等等。同时，从事非固定工作的人员，喜欢对复杂问题"简单解决"的半边缘人，这些阶层在增加。外来移民问题也日益尖锐,与之同时,犯罪问题也日益尖锐。于是,作为对在全球化压力下旧的社会经济结构瓦解的反应,产生了对于专制的需求——这种需求既可能出自上层的社会群体,也可能出自社会等级的下层。

值得注意的是,这种瓦解可能不仅是国家在世界上低竞争力的结果,也可能是统治集团以拒绝本国经济的现代化和拒绝某些社会义务为代价竭力投身"文明世界的幸福"的结果。这也发生于在原苏联空间出现的大多数国家。鉴于苏联人习惯于父道主义,所以上层对于建立"秩序"的兴趣与下层需要"铁腕"的情绪完全呼应,就好像这个"铁腕"不会容许新出现的寡头使人民彻底破产。其结果,就是建立专制制度,它在某些方面使人想起20世纪中叶的新传统主义制度,但毕竟有所不同。的确,在白俄罗斯和哈萨克斯坦运行的是在自身职能和一些结果方面类似于发展型专制的制度。但是基本上,独联体国家的政治制度明显倾向于新传统主义学派的专制模式(俄罗斯,乌兹别克斯坦,塔吉克斯坦,土库曼斯坦)。

它们与尼加拉瓜的安纳斯塔西奥·索摩查或者巴拉圭的阿尔弗雷多·斯特罗斯纳的专政的区别,在于不同的政治经济基础。索摩查或者斯特罗斯纳的专政是在前资本主义的传统社会制度和经济制度瓦解的过程中以及适应别国的现代化的过程中(通过原料或者农产品贸易)而产生的。独联体国家的政治制度是没有彻底形成的现代结构瓦解的产物,寄生在从苏联继承下来的工业潜力之上。但是这两种专制制度过去和现在的生存都依靠资源出口,而资源出口的主要收入过去和现在都被接近政权的一小撮人所攫取。现在在后苏联空间的"新—新传统主义的"专制制度同样依赖于苏联体制瓦解过程中所产生的新继承关系。[①] 这些关系是由于权力机关及其职能被一部分旧苏联官员和与他们沆瀣一气的影子经济人士私有化而形成的。之所以需要这种"权力的私有化",是为了不让"外人"攫取和利用从苏联体制所获得的资源。权力私有化是所有权私有化的主要条件,因此,所有权保持与政权一体。同时,竭尽一切可能地不允许在经济上和政治上出现觊觎分得一块"蛋糕"的新的游戏参加者。

---

① 参见 Александр Фисун, *Демократия, неопатримониализм и глобальные трансформации*, Харьков: Константа, 2006, с. 150, и далее, особенно, сс. 168–178。

实现这一点的最可靠方式,就是压制哪怕最有限的对于现代化的任何想往。因此,土库曼斯坦已故总统萨帕尔穆拉特·尼亚佐夫所做的事情就绝对是合乎逻辑的:不允许使用互联网,关闭所有图书馆,简化教育体系,命令学习他编写的训诫性质的《鲁赫纳玛》一书,禁止向国内进口任何图书。这种类型的制度进行即使有限的、上层的现代化的任何尝试,都对其有致命的危险,因为会促进统治集团内部的分化和加速制度的瓦解。

但是,原料商品的市场行情恶化也可能促进这种制度的瓦解,因为其生存所必需资源的流入量会减少。在好的情况下,这一瓦解的结果可能是建立现代主义的专制制度,而绝非建立民主制。更有可能的,是这种制度的国家陷入混乱,取而代之的是建立在新继承关系基础上的传统型、古典型的专制。因此,民主的胜利不仅不是预先注定的,甚至还可能不是许多国家的人民所想要的。

(曲延明 译 徐向梅 校)

参考文献

Walden Bello, Herbert Docena, Marissa de Guzman and Mary Lou Malig, *The Anti-Development State: The Political Economy of Permanent Crisis in the Philippines*, Quezon City: Philippines Univ. Press and Bangkok: Chulalongkorn Univ. Press, 2004.

Manuel Castells, *The Information Age: Economy, Society and Culture*, Vol. Ⅲ, *End of Millennium*, Oxford (U.K.); Malden (Ma): Blackwell Publishers, 1998.

Victor Krasilshchikov, *The Rise and Decline of Catching-up Development: The Experience of Russia and Latin America with Implications for the Asian "Tigers"*, Mǎlaga: Eumed/ Entelequia, 2008.

Mohamad Mahathir, *The New Deal for Asia*, Selangor: Pelanduk Publications, 1999.

Pedro Rivas Nieto, *Doctrina de seguridad nacional y régimenes militares en Iberoamérica*, San Vicente: Club Universitario, 2008.

Татьяна Ворожейкина, «Авторитарные режимы XX века и современная

Россия: сходства и отличия», в *Вестник общественного мнения*, № 4 (102), 2009.

Александр Фисун, *Демократия, неопатримониализм и глобальные трансформации*, Харьков: Константа, 2006.

Самюэль Хантингтон, *Политический порядок в меняющихся обществах*, Москва: Прогресс-Традиция, 2004.

论市场国家与后民主

〔英〕艾德里安·帕布斯特*

自20世纪70年代中期以来的新自由主义时代是否成为公司控制国家和向后民主过渡的同义语？如确系如此，那么自2007年全球经济危机开始以来的新自由主义的破产是否意味着向与"二战"后时期普遍相连的民主政治高于"自由市场"经济的回归？本文以一种双重视角考察国家与市场的关系。从概念和历史的视角，它将主要考察其他制度共同从属于集权国家和"自由"市场问题，这可以看做是19世纪70年代以后一个世纪里当时的西方资本主义和民主的特征。而从更为经验和当代意义的视角，本文将主要考察后民主的"市场国家"的形成，它吸收了被广泛认为是对既有权力的一种替代的"公民社会"的领域。

在其《后民主》一书中，科林·克劳奇（Colin Crouch）指出，20世纪70年代以来发达国家的民主和现代化并非以线性或周期循环的方式发展，而显示了一种抛物线形发展轨迹。（Crouch, 2004）在一个时期里，通过扩大投票权、定期选举和政府更替，这样一种政治变得日益民主化，而民主的形式依然保持——尽管实际的民主实践已经虚弱，权力回返到了小集团手中。除了现在的一些新的民主创新形式外，各国出现的投票率下降，政治组织、市民和互助组织成员数量急剧下降，以及那种"表演政治"（spectacular poli-

---

* 艾德里安·帕布斯特（Adrian Pabst）——德国和英国历史学家和政治哲学家，大部分职业生涯同卢森堡和英国联系在一起，宗教史和政治形态领域的专家，英国肯特州立大学教授和法国里尔政治学院特聘教授，《目的》（Telos）杂志副主编（2008年起）。经常为《国际先驱论坛报》和《卫报》撰稿。

tics）的蔓延——它用一种高度控制的不断的选举运动表演、电视秀和浅薄的公共关系噱头取代了大众政治辩论——这些证实了种种后民主的趋势。

结果，形式上在继续甚至在扩张的民主体制完全与一种大众参与加速下降、权力日益集中在旧的精英和服务于公司利益而损害更为广泛的公共利益的新阶级手中的现象共存了。用谢尔登·沃林（Sheldon Wolin）的话说，这标志着"政治上的公司权力时代的到来和公民政治热情的衰退"，民主由此成为日益被控制的并翻转成为某种类似"颠倒的极权主义"（inverted totalitarianism）的东西。① 可以认为这种变化是全球地缘政治和地缘经济的一种更为广泛和深刻的变化的一部分。占主导的现代概念中的两重性和意识范畴进入了一个"模糊"地带，即名义上的区别依然存在，但国家与市场、"左翼"与"右翼"、民主与专制之间的实际区别已经开始消失。正如在许多西方国家以及其他地区中央政府与"自由市场"已经串通起来损害了中间的自我管理机构和地方政府一样，左翼与右翼正在趋同，越来越成为相同的了——用一种后意识形态的管理主义取代了实际的理念竞争②，它却掩盖了对体现于新自由主义信条的中间路线现状的一种更深度的承诺，而现在每个人都看到了该信条显而易见的失败。

这里关键的是不要将新自由主义与放任自由的市场原教旨主义混为一谈。由撒切尔和里根在20世纪80年代开启的时代事实上并没有减少国家在经济中的分量。公共部门在总的经济活动中的份额或是保持不变（约占GDP的35%—40%），或是如英国那样几乎上升到了45%。新自由主义并没有"使国家的边界后退"，而是将国家的控制扩大到了新的私有化了的公共事业和其他领域。而且，经济自由化和金融放松控制与中央政府的干预一样是为了

---

① Sheldon S. Wolin, *Democracy Incorporated: Managed Democracy and the Specter of Inverted Totalitarianism*, Princeton, NJ: Princeton University Press, 2008, p. X.

② 人们可以从一些不同的学术传统中看到早期的管理主义理论化尝试。首先是詹姆斯·伯恩汉姆（James Burnham, 1941）的著作，他指出了重要的一点，即仅只是私有的公司所有权不足以抵制一种由一个新的统治精英阶级进行的对生产方式的管理控制，这个精英阶级由行政和管理者以及官僚人员和官员构成。其次是"法兰克福学派"关于"总体的管理社会"（totally administered societies）和关于"单向度的人"（one-dimensional man）。最后是丹尼尔·贝尔（Daniel Bell, 1960; 1973）的著作，它们描绘了从意识形态承诺到管理的程序主义（proceduralism）的政治转型以及一个新的官僚技术阶级的兴起。

将市场和国际金融的影响范围延及迄今属于国有的企业和公共服务领域。如安德鲁·冈波尔（Andrew Gamble）和其他作者所表示的，自由经济从一开始就是与强有力的政府携手并进的。(Gamble, 1994; Glyn, 2006) 通过将"华盛顿共识"祀奉为全球治理的制度和政策方式，新自由主义的国际霸权把这种模式从盎格鲁—撒克逊世界输出到了其他西方国家乃至更远的地方。

与此类似，20 世纪 90 年代中后期克林顿和布莱尔（以及在较低程度意义上他们的欧洲同伴普罗迪、若斯潘和施罗德）把以前的工人运动组织重塑为了（追求精英和"中心集团"的）亲商业的组织，它们为了资助福利国家的改革和公共服务的现代化而承认了"自由市场"资本主义。(Gray, 2004) 严格地说，他们的中间主义"第三条道路"哲学将左翼和右翼各自最坏的东西结合在一起：集中的官僚主义国家成了不受约束的自由市场的超级担保人，市场被祀奉为"满足由国家设定的标准和目标的主要提供机制——一种要求真正一大群的经理、会计和审计人员的结构"①，这些人都要用纳税人的钱来支付。与"9·11"以后作为"全球反恐战争"一部分而急剧扩张的合法权力相结合（Paye, 2004），威权主义和后民主的"市场国家"诞生了。

当然，这种新的模式并没有取代现今存在的所有其他政治经济组织。市场国家依然被描述为一种新的宪制方式，它从根本上不同于迄今盛行的各种形式的现代国家秩序：邦国、王国、领土国（territorial state）、多民族国（state-nation）和民族国家（nation-state）。(Bobbitt, 2003) 博比特（Bobbitt）的谱系分类正确地强调了前现代国家和现代国家之间的主要不同，但它未能解释"脱出的"（disembedded）市场对国家形成和政治权力的影响，尤其未能解释农业资本家的剩余价值和非互惠的商业贸易的出现以及国际金融的产生。(Brenner, 1976; 2003) 由于这样和那样的原因，博比特未能解释为什么市场如同国家一样是现代化起源的核心要素。他的解读也未能说明"市场国家"早在 19 世纪中期就已出现，当时公司以金融控制政府产生了第一种形式的管理主义国家和全球化的资本。

接下来，我将通过考察国家和市场之间的变化关系来描绘后民主的市场

---

① Phillip Blond and Adrian Pabst, "Centrism that Leads to Decay", in *International Herald Tribune*, 14 October, 2006.

国家的兴起。在第一部分，我将考察表示了现代性的国家和市场形成特征的"长波"。在第二部分，我将转向 19 世纪中期以来民主与资本主义之间的具体相互作用。在第三部分，我将集中讨论后民主的市场国家和其他当代方式。

一、长波——现代国家和市场的形成

1. 前现代国家和现代国家的比较

如果融合了经济和政治的市场国家是晚现代性（或"后现代性"）的特征，那么如乔万尼·阿里吉（Giovanni Arrighi）所描述的，支撑战争国家和福利国家的集中的财政—军事机构就可以看做是长达 700 年的现代性时期（即从 14 世纪到 21 世纪）的接连的"长世纪"的典型特征。（Arrighi, 1994）但人们可以由此更进一步。关于国家和市场形成的竞争模式之间的根本不同，确切地说是表现为现代和前现代之间的不同，而非现代和"后现代"之间的不同。国家法律和市场交换已经统治了两千多年的不同社会，但正是现代政治思想和政治经济——其起源可以追溯到中世纪晚期的唯名论和唯意志论——才将重点从实际具体的个人和团体关系转向了唯名论者的个人和集体两极。严格地说，自由主义和马克思主义都可以从奥卡姆、霍布斯、休谟和斯密这些先于启蒙运动甚至文艺复兴（如奥卡姆）的早期现代传统中找到起源。虽然约翰·格雷正确地区别了"自由主义的两张面孔"，即霍布斯—休谟式的多元主义和洛克—康德式的一元论（Gray, 2000），可还需要说的是，现代原始自由主义传统的影响上升，首先是与社会契约思想的理论化及其践行同时发生的，其次也是与脱离具体的一般价值观取得超越具体体现在特定传统和习惯中的普遍美德的地位同时发生的。这些都加强了集权的官僚国家的兴起和私有市场关系向社会生活更深更广领域的扩张，并因而自身得到强化。

其结果是，中世纪和文艺复兴社会的不完美的公共秩序（各种不等的等级或平等主义）和构成 18 世纪前大众文化的共有习俗的"道德经济"被一种更为典型的现代方式进一步地取代了，在此方式中的个人从此以后从属于统治中心的绝对权力——如米歇尔·福柯（Michel Foucault）在其论生命政治的诞生和政治经济中的自由概念时所指出的，集中的、领土国家与非集中的、非领土的市场一同对公民社会的所有成员强制实行一种统一的控制。（Foucault，2004）

当现代性确定以后，社会关系就不再主要是与文化、宗教甚至宇宙意义相连，而日益被看做是抽象的、契约术语。财产现在主要是属于个人的，商业价值观为君主或共和的政体——所有英国和美国的首脑——同样提供了道德基础。当国家和市场串通起来损害地区和自治的机构时，公民社会就逐渐分裂成为割裂的个人了，他们以损害所有人能够享有的社会公益为代价追逐私利。如托尼（R. H. Tawney）、麦克弗森（C. B. MacPherson）以及其他人所指出的，现代的"进步的个人主义"精神由此开始产生"贪婪的社会"。（Tawney，1921；MacPherson，1962）

关键是，在现代化和民主化长期的不平衡进程中，政治的定形往往与经济的金融化结盟，从而加快了从地方和社区的抽象进程，并由此消除了有机的人类联系和自然纽带。费尔南德·布罗代尔（Fernand Braudel）和卡尔·博兰尼（Karl Polanyi）超越了（部分也是反对）马克思，用补充的方式论述了以交换和货币价值为中心的"脱出的"商业——它使现代资本主义区别于传统的市场经济——是如何不仅使劳动力和社会关系商品化（Braudel，1979），而且使自然以及生活本身商品化的（Polanyi，1944）。严格地说，资本主义否认世界的神圣意义以及人类和自然生活的神圣性，并使之从属于国家和市场的准神圣品德。这也部分解释了为什么沃尔特·本杰明（Walter Benjamin）将资本主义描述为一种"准宗教"（Benjamin，1996）是如此具有先见之明。

所有这些都指向了一种双重的反射：正如自由市场资本主义是抽象的、拜物的、理想化的商品的表示一样，自由主义的代议制民主是一般民意和大众愿望的总代表的表示。（Milbank，2006）如果这是对的，那么它表明国家和市场（或者更具体地说是民主和资本主义）不可分割地交织在了一起，并随着时间的推移，两者都趋向更高层次的抽象、集中和集权化。我在下一部分所讨论的正是这一现象。

2. 现代国家：战争国家力量的兴起

如迄今的一些论述所清楚表示的，欧洲现代国家事实上起源于中世纪。

现代国家取代了基督教世界制度的普适性，导致或至少是加速了它的死亡。在东方和西方，自康斯坦丁时代以来教会和帝国的顶层框架下，不同类型的权力、管理机构和合法性存在着根本区别，这一根本区别影响到了所有的领域和层次，产生了一种水平的非集中的、分散的主权模式。从中世纪向早期现代性的过渡是漫长而不平坦的，在此过程中，一种新的专制主义君主的"垂直权力"——它增加了前所未有的财政控制和军事力量——逐渐取代了这种中世纪晚期的水平的和重叠关系的多元世界。现代国家是从国王及其强盗式贵族反对教皇和皇帝的暴力冲突中出现的。用查尔斯·蒂利（Charles Tilly）的话说，"战争造就了国家，而国家造就了战争"①。严格地说，现代国家的标志是产生了一种前所未有的扩大的财政军事机构，在此，中央征税和新的必要调控、大规模的军事支出互为补强。

此前一直是由（罗马）皇帝和教廷所享有的普遍主权——尽管也存在争夺——的逐渐丧失使得国家建构的重点从一种跨国的权力分割转向了合法权力垄断在国家的君主之手中。这一进程在布罗代尔所称的"长16世纪"（即1450—1650）过程中同时产生了诸侯国和王国。关键是，战争性质的变化（尤其是越来越多运用强弩大炮）有利于诸侯和寡头政治家的更密切的联合：后者帮助征税，作为交换从前者获得保护和安全。在此过程中，一种新的、本质上属于现代的观念诞生了——一种永恒的、领土性的、非个人的和不朽的国家观念，而非一种由一个会死的国王统治的临时国度的观念，后者权力不被视为天赐的（王权神授的观念实际上是现代初期才有的）而只是被看做是上帝的一个礼物。战争现在是加强和扩大国家权力和寡头政治财富——它们在统治者和其支持者之间分配——的主要方式。现代国家地位的出现是与一种永久的财政军事机构的兴起同义的，在此，通过以扩大自我权势为目的的互为补强，官僚机构和军事机构演变成占主导地位的形式结构。战争国家由此诞生了。

似非而是的是，国家日益与它所寻求代表的人类群落分离了。与之类似，市场转向了国际金融和非互惠的、远距离的商业贸易，由此而从实际的、地方经济的生产关系中抽象出来了。初生的资本主义体制支持开放市场和资本

---

① Tilly, 1975, p. 42. Cf. Giddens, 1987; Porter, 1994; Ferguson, 2001.

的跨境自由流动。同时，现代国家只能通过促进金融的扩张和新的经济积累模式——包括通过集中和严密管理的税收体制获得财政收入——来维护自己抵制敌对的政治组织形式的权利。从 14 世纪现代（资本主义）在意大利北部城邦最初出现开始，跨国金融资本主义就是破坏中世纪体制和建立日益现代的政府模式所必不可少的。

集中权力和领土管辖权二者间的现代关系产生了各种不同但却相关的主权民族国家和主权跨国市场模式。法国的专制主义主权和英格兰的原始资本主义主权尽管有显著的不同，但都是从一种更为分散向一种更为统一的权力形式——诸如形式上的权利和所有关系这样一些由君主支持保证并受市场力量调控的抽象标准——转变的一部分。严格地说，民族国家的建立和资本主义经济的出现从一开始就是联系在一起的。的确，早期的主权现代革命导致了人们所称的"两种相互依存的（现代）时代统治进程：民族国家体系的建立和世界范围的资本主义体系的形成"①。

承蒙马克思主义之准，这一进程当然没有什么决定性或必然性。它也不像自由主义者所设定的那样是线性的和进步的。相反，现代国家和市场形成的进程是呈指数的和抛物线形的，从地方抽象出来的进程呈日趋加重的波浪形发展。跨国（经济）并没有遭到截然的反对，而几乎总是倾向于强化全球背景下的地方这种国家的从属性。正如在现代领土国家和去领土的金融吸收了自治的地方经济一样，现在的民族国家政府和跨国公司促进了一种日益从地区、社区和家庭中抽象出来的全球经济。

3. 现代经济和政治的结合

地方普遍从属于全球也并不是过去 30 年的现象，或 19 世纪的放任自由现象。如罗伯特·布里纳（Robert Brenner）所表示的，16 世纪英格兰的农业过剩和远距离的、非互惠的商人的结合产生了第一个资本主义经济，并将金融转变为国际政治经济的一个关键矢量。随着亨利八世统治时期解散隐修院和一个新的土地贵族阶级的产生，资本主义从一开始就倾向于将政治与经济融合。这些政治和经济变化自然地加速了从中世纪晚期向严格的现代模式的

---

① Charles Tilly, *Big Structures, Large Processes, Huge Comparisons*, New York: Russell Sage, 1984, p. 147.

过渡。从霍布斯到洛克以及更远的现代思想家们对人性和社会基础进行了重新界定。因为对霍布斯来说，政治体是由利维坦的绝对权力统一掌握的，自然人最多不过是他自己的所有者，是一个并不与其同类有大量共性或相关性关系的个人。其结果是，霍布斯倾向于用所有权关系来界定社会关系，它很大程度上独立于凭借正义的原则管理的公共约束，而听命于"占有欲强的个人主义"（MacPherson, 1962），这一概念延续到了洛克和休谟那里（可以认为它奠定了现代功利主义的基础）。

亚当·斯密和其他一些现代政治经济学家反对霍布斯、洛克和休谟的这种本体论的个人利益至上主义（atomism），诉求一些前理性的（pre-rational）的道德情感如同情、善举和"同胞感情"，这是事实。但斯密诉求的"看不见的市场之手"却并不从根本上挑战现代社会的所有权和商业基础。相反，社会契约的传统和原始政治经济观念是相互补充的，在很大程度上是相互加强的，现代英国和新的美国都是在其基础上创设的。战争提供了国家财政军事机构扩张的主要推动力，而发展的市场在国内国外的渗透（在1713年《乌得勒支合约》之后，当时英国为了支持帝国的权力平衡和全球贸易而放弃了军事商业主义的干预主义）则加强了向由市场驱动的财富集中和权力集中化的转变。

的确，在"长18世纪"（即1688—1815）中，英格兰/英国巩固了其财政军事国家和商业化的市场社会。如马丁·当顿（Martin Daunton）所记述的，通过将一种由国家放贷创造的"金融革命"（它刺激了货币市场前所未有的发展）与全球军事和海上干涉主义（它确保获得外国市场和资源）的结合，英国得以使土地所有者、工业家、贸易者和金融家的利益一致。（Daunton, 2008）的确，"如博兰尼所强调的，在19世纪30年代的英国，不受限制的劳动力、土地和货币市场的出现是与从采集统计数据、治安、促进科学教育、市民卫生和国家交通等意义上所说的国家权力前所未有的扩张同时发生的"[①]。与之类似，美国人的共和国也是建立在商业的价值观而非作为自文艺复兴以来意大利和其他欧洲大陆国家特征的公民道德基础之上的。市场社会

---

① John Milbank, "The Real Third Way: For a New Metanarrative of Capitalism", in Adrian Pabst Eugene (ed.), *The Crisis of Global Capitalism*, OR: Cascade Books, 2010, pp. 6–7.

的扩张激起了如托克维尔（Alexis de Tocqueville）和卡莱尔（Thomas Carlyle）这样的19世纪的自由主义和保守的评论家对"表演政治"的兴起的指责（Tocqueville, 1835—1840）和把"金钱关系"作为现代体制中人类关系的主导基础的指责（Carlyle, 1840；1843）。民主也没有提供抵制财富集中和权力集中化的足够保障。据引述，1830年托克维尔从美国回来后曾说，"普选权只是使那些已经握有权力的人的权力行使合法化"①。

事实上，19世纪下半期政治和经济的日益结合得以巩固，由此为市场国家的出现作好了准备。最明显的表示是在维多利亚时代中期，放任主义和中央政府干预的同时出现表现了这一点。的确，与"长18世纪"相比，维多利亚时代的方式运用了广泛的调控手段来消除国家被特殊利益集团所控制，减少垄断和抵制金融投机的祸害。但在此过程中，英国政治同时扩大了中央政府和自由市场的边界，由此限制了自由的社团组织的自治权，尽管如德累斯顿首相这类的人物承认并试图促进这类权利。所以虽说既没有什么线性运动也没有所谓的周期循环运动，可市场国家的形成却可以追溯到19世纪下半叶土地和金融利益的结合。

二、"长20世纪"：民主和资本主义

19世纪政治和经济的结合预示了体现"长20世纪"（即1870—2008）特征的民主和资本主义之间的一种深度勾结。代议制民主在整个欧洲的实行和扩大校正了社会不同选民之间的权力不平衡，并有助于导致现代福利国家的出现（我在本文最后部分会讨论该问题）。但它们都不能限制或减少市场国家的权力。的确，如鲁道夫·希法亭（Rudolf Hilferding）所指出的（Hilferding, 1910），在德国、奥匈帝国以及其他地方，放任主义和国家干预的汇

---

① "le suffrage universel ne fait que légitimer l'exercice du pouvoir par ceux qui l'ont déjà?"。重要的是，托克维尔也是最早描述"表演社会"（spectacular societies）出现的人物之一，一系列的相关思想由范伯伦 [Thorstein Veblen, 1994（1899）] 进一步发展，迄今在德波尔（Guy Debord, 1967；1993）的著作中表述得最充分。

合将一个更为竞争性的和多元主义的"自由资本主义"转变为了一个更为垄断的卡特尔化的"金融资本主义"。与早先以"掠夺"式的资本主义为特征的自由资本主义时期不同，四个占主导的经济利益集团（土地、工业、商业和金融利益集团）的融合产生了一个强大的、干预主义的国家，因为金融资本改变了此前反对"集权的、拥有分配特权的国家权力"①的自由主义立场，利用国家扩大了贸易和资本流动的范围，而在出现如1873年的金融危机（我在下一段要讨论）的情况下，它们（指贸易和资本的流动）会在很大程度上提供传感机制。

重要的是希法亭强调了金融（资本）前所未有的渗透，它渗透到了几乎所有的经济领域，包括农业、工业和贸易。如博兰尼和布罗代尔令人信服地论证的，可以从建立在由农业和地方制造业构成的日常市场经济基础上的一系列层面来描述传统经济与全球资本主义之间的不同。这些层面——地方、地区、国家和全球——表示了前所未有的抽象意义。位于顶层的是脱离实体的全球金融，它到处追逐利润，不受任何地方或产业的限制，使任何及所有的事务服从于市场价值和商品化。（Polanyi, 1944; Braudel, 1979）如1873年的金融危机和随后的第一次大萧条所显示的，德国和奥地利的股市暴跌因为引发了贸易和资本流动的瓦解而蔓延到了美洲，并由于税收和出口的减少而引起一股债务拖欠浪潮。中美洲国家1873年的债务拖欠转而导致了债券价格贬值，危机转而又很快使英格兰、法国和俄罗斯深陷其中。到1876年，中心和边缘地带的许多国家都不履行债务，世界经济进入一个长时间的萧条阶段，在一些国家一直延续到了1896年。所有这些都使得广大的经济地带在19世纪末就已经依赖于全球金融。

从概念上看，金融资本主义与自由的、代议制民主之间有很大的相似之处。就像货币价值实际扩大到所有的生活领域一样，民主的进程倾向于把契约关系和集中的社会控制权力形式扩大到整个社会和公共活动领域。但在19

---

① Rudolf Hilferding, *Das Finanzkapital*: *Eine Studie über die jüngste Entwicklung des Kapitalismus*, Wien: Wiener Volksbuchhandlung, 1910; Tom Bottomore (ed.), *Finance Capital*: *A Study of the Latest Phase of Capitalist Development*, London: Routledge & Kegan Paul, 1981, p. 301.

世纪相当长时期和 20 世纪，民主的统治远不是代表了一种有利于"多数"的权力的日益民主化，而是体现出主权日益由政府行政部门侵占的特征。（Agamben, 2005）问题在于这种腐败趋势能够很快转入一种自我腐败的进程，因为民选的行政机构会声称，在面对民主的授权无法预料到和选民不能用投票表决决定的情景时，它拥有合法的权力超越甚至无视自己所拥有的授权。

说明这一点的一个最近的但绝非仅有的例子是对国际伊斯兰恐怖主义的反应。通过发动一场"全球反恐战争"，许多西方和其他地区的民主国家为了保护宪制免受他们相信存在的某种威胁而宣称一种"例外状态"，明确暂停如"人身保护权"（habeas corpus）这样的核心宪制条款。正是出于这种原因，引起争议的法学家和政治理论家卡尔·施密特（Carl Schmitt）正确地把最高统治者界定为"拥有决定例外状态权力的人"①。但当行政部门颁布"例外状态"命令之时，民主和专制主义之间的概念区别进入了一个"模糊"地带，虽然形式上的民主结构依然存在，但行政机构渐渐陷入了某种专制主义的模式，以一种可以被描述为"颠倒的极权主义"（Wolin, 2008）的形式在行使权力。而且，生命的价值既不是普遍平等的也不是绝对不可侵犯的，个人尊严不再是真正受保护的了。如我已经指出过的（Pabst, 2010b），现代的、自由的代议制民主把高于生命本身意义的（本杰明和福柯的）"生命政治"权力概念融入了国家主权的法律—宪制模式之中。

因此，金融资本主义和自由的代议制民主看来都是由一种基本的辩证的紧张状态所控制的。正如资本主义在积累—扩张和过分积累—收缩之间摆动一样，民主也是在宪制保护的大众主权与宪制认可的仅仅由行政部门履行的绝对主权权力之间摆动。但这里人们可以更进一步（考虑一些问题）。存在着某种比刚才所说的辩证过程更为根本性的东西。民主和资本主义都声称单一性出自某种自然的多样性。其论据是，一种由对立的各个自我构成的自然的多重性会用某种方式产生一种单一的人为秩序，或是基于某种社会契约（霍布斯和洛克），或通过前契约的天生的同情和仁慈感情（休谟和斯密）。

---

① Carl Schmitt, *Politische Theologie: Vier Kapitel zur Lehre von der Souveränität*, Munich/Leipzig: Duncker und Humbolt, 1922, p. 11.

在任何一类情形下，这种强烈竞争的自我利益要通过诉求于长期的利益和自我保护来调节，但这种最初的激烈行为还需要通过（施密特所说的）法律和通过（韦伯所说的）集中的国家对合法运用武力的垄断来监控。从霍布斯经由韦伯和施密特，作为民主化资本主义基础的这种现代类型的"生命政治"不只是将政治权力扩大到了所有的自然和人类生活领域，而且还使个人的尊严和生命的神圣不可侵犯性从属于国家和市场的权力。

由于现代自由代议民主制几乎仅仅只是形式上和程序上的，并没有包含对任何实际价值观念的集体承诺，因此所有的物质和（日益增多的）非物质的现实都从属于同样的抽象价值标准。结果，自然的所有持久价值都被耗尽了，人除了自我保存以外不再与任何指导性的目的或终极意义相连。人类、社会和政治现实现在只是被认为显露了既有的秩序、实际存在的瓦解的权力和把现实情况当做某种抽象的逻辑可能性的例示，而没有任何其他意义。

可是，鉴于名义上的资本价值必须再投资于实际的物质生产进程中，活生生的世界几乎总是要被一个基于某种空洞的一般性而运行的虚拟现实所取代。这通过对理想化商品的资本主义拜物教反映出来，它相信物质客体的价值在于其作为商品的地位而非由于物质固有的和人的劳动附加的价值。法治的形式主义取代了有机文化，资本主义和民主与之结合削弱了实际存在于既有事务中间的真实关系。两者都赋予抽象的商品个体或个人以特权，而牺牲了社会、文化、宗教结构和方式，正是这些结构和安排将它们结合起来并提供充满生气的政体和市场经济赖以生存的公民文化。

在本文最后部分，我将讨论后民主的市场国家如何加强了政治和经济的现代融合并吸收了"公民社会"。我还将考察这种模式如何排挤和颠覆更为传统的国家形式——不过并没有完全取代它们。

三、后民主的市场国家

在本文的开始我曾指出，我们正在目睹后民主市场国家的兴起，在此大众主权和政治代表形式上依然存在，但实际的民主方式如选民投票率或党员数量在下降，权力正在从人民退回到旧的精英或新的阶级之手。在众多的反对意见中,"后民主"的批评者认为,这种类型的民主即使存在,也几乎只是适用于美国、英国,可能还有其他一些接受新自由主义的盎格鲁—撒克逊式资本主义的国家。相反,大多数国家保持了自己的大部分的政治和经济主权和自治权。此外,2007—2008年的"信用危机"和随后的萧条似乎长期性地削弱了全球金融,并使权力的再平衡有利于选举出来的政府和国家机构。在经历了30年的货币主义和新自由主义以后,摆钟似乎退向了新凯恩斯主义的方式,它加强了议会,并甚至可能导致在如中国和印度这样的新兴市场建立福利国家。

不过,这些以及其他一些反对我的观点的意见不难反驳。首先,与现代时代相比,"晚现代"民主不再主要是根据领土、国家地位或由个人和公民构成的人民的自决来界定的了。相反,今后民主的功能是要管理风险和使当事人和消费者的个人选择、物质愿望和经济机会最大化。在整个现代甚至1945年后时代明显表示的经济和政治融合现在扩大到超越了地理的界限——因为民族国家日益融入了一个跨国的权力体系之中,该体系本身是由跨国公司与如国际货币基金组织、世界银行和世界贸易组织这样的超国家机构构成的。如理查德·罗宾森(Richard Robison)的书中明确表示的,目前的全球化模式促进了市场国家的建立和扩大。(Robinson, 2006)

其次,即使是那些非殖民化后在非洲或冷战结束后在欧洲和欧亚大陆获得独立的国家,也在不同程度上成为这一新的全球化的资本和超国家的共同权力体系的一部分。实际上,"第二"和"第三"世界已正在根据全球资本的流动、"自由"贸易(尽管是在有选择的部门)而与"发达"国家共用其国家主权,共享监督结构和国际法。与之类似,地方民主正日益被吸收进了一个全球的、由媒体驱动的不断的选举运动表演、电视秀和权力在老人或部落王朝与新的经济精英之间的摆动之中,尤其是在一些资源丰富的小国。印度的民主是一个例外,它无论如何都受种姓制度的严重制约。在其他如巴基斯坦、伊朗和委内瑞拉等不同国家,军队以及国家的其他核心机构不是处于公共的控制之下,而是成了一种半私有的组织,控制在一些权贵家族手中,他们所拥有的巨大资产远远超出了军事范围。正如这些国家存在可观的影子经济和高达其国内生产总值30%的黑市一样,它们也有一个影子国家和一种非正式的管理模式,它不经选举,也不对谁负责。由于这些机构超越了国家界限，是与跨国网络联系在一起的，旧的双重国家理论并没有准确抓住全球经济在美洲、非洲和亚洲一些新独立国家形成和演变过程中的重要意义。

第三，从它们强调其领土主权和其边界的神圣不可侵犯的意义上说，俄罗斯和中国这样的国家的确是现代的。但它们都没有向全球竞争开放其市场，而是寻求一种更为渐进的、增量式的融入世界经济的方式，尤其是在俄罗斯的"休克疗法"明显失败之后。但伴随这种更为传统的现代国家建立形式的是采用金融资本主义而非代议制民主。的确，俄罗斯和中国都建立了由国家或政党驱动的寡头资本主义变体，它们是基于政治权力与物质财富的世代融合，借此国家官僚与商业利益不可分解地交织在一起。资本主义为了其有效运转依赖于不断通过征地和强占而进行的"原始积累"，政治威权主义是其繁荣的条件。其结果是，（在一些特别领域）经济自由化的外延并不是与政治自由化的平等措施一致的。相反，在俄罗斯，至少是从普京2004年在"别斯兰"之后建立一种"权力垂直体系"以来，民主是在倒退。在中国，民主的进步几乎完全限定在地方层次上。尽管在中国官员的腐败是更为犯忌的，该国也拥有一种更为多样化的经济，可它对全球金融和贸易的依赖不亚于俄罗斯。

第四，由于上述的原因，国家依然是主权运用的最重要内容。与马克斯·韦伯认为现代国家地位的特征之一是拥有合法运用武力的垄断权这一概念类似，国家保留了在其名义上独立的司法权内施行国际条约、法律和调控的特权。正是在国家的立法机构和（在小一些程度上的）司法部门，权力流失给了一个新的管理阶级，它由国家行政机构、一个日益政治化的官僚机构和一个数量增长中的跨国经济—金融公司构成，它们都串通起来损害地方政府、社区和家庭的利益。目前的全球化模式本身与其说是削弱了国家主权，不如说是把地方由归类于国家扩大到归类于全球。在此过程中，资本主义要比放任自由所表示的思想更具干涉性，民主也要比自由代议制所表示的思想更具独裁性。

第五，对全球经济危机的反应迄今未能改变全球金融与地方经济之间的权力失衡。国家采取了前所未有的行动，以现金注入、贷款担保和借款等方式的入资总数达到了（按照国际货币基金组织的估计）9万亿美元，目的是拯救银行和其他具有"体系重要性的"金融机构。它并没有改善深陷资金困境的企业或家庭的状况。执政党与反对党之间重新开始的观念之争也并没有合适意义。左翼不加改革地援救全球金融机构，而右翼在印钞票的同时要削减公共开支。它们都支持一种私有部门获得收益而国家承担损失的体制。它们迄今都没有开始一场有利于公民、社区、中间团体和小企业的真正的权力再分配和财富再平衡。

第六，欧洲和其他地方的福利国家通过"自动稳定机制"和其他财政措施进行的收入再分配缓解了衰退对失业者和穷人的影响。但在此重要的是要认识到，自俾斯麦最初建立集中的、普遍的福利以来，它总是伴随着一种国家权力的扩张。表面上这是一种进步的发展，它寻求矫正由于工业革命而导致的社会日益两极化。但事实上，正如两次世界大战所痛苦显示的，战争国家只是通过福利国家才得到补充。而在1945年后的时代，福利的目的是用一个一致的体系取代了传统的救助网络，该体系产生了"自由选择的、灵活的和风险型的个人，他不同于受自然、家庭和传统关系约束的个人。看来福利国家是由资本主义产生的，并只是促进了资本主义"[①]。最近的改革为了促进"工作的福利"而削减了福利受益并实行按照经济状况提供福利的方式，它们强化了国家性的福利国家对全球经济的从属性。所以，在如中国和印度这样的新兴市场国家建立福利计划可能有助于促进国内需求并减少国际失衡，但它不大可能抑制资本主义或改变市场国家。相反，它会有助于使盛行的秩序合法化。

最后而且也许最重要的是，后民主的市场国家已经包含了人们往往视为其替代物的"公民社会"。"公民社会"或是已经被吸收进了国家之中（霍布斯），或是被私有化，并转移到了私有领域（洛克）。在这两种方式之下，公民机构和公民文化都从属于国家并日益从属于市场。这并不是说所有的公民社会行为者和结构都处于市场国家的控制之下。相反，有些地方和跨国网络避开了国家和市场的规训权力。不过，私有和公共部门之间的这种基本分立依然存在，正如我们把区分个人与私有财产以及其他相关的差别归功于现代自由主义一样。政治、社会和文化关系的根本基础是国家监督的法律契约与

---

① John Milbank, "The Real Third Way: For a New Metanarrative of Capitalism", in Adrian Pabst Eugene (ed.), *The Crisis of Global Capitalism*, OR: Cascade Books, 2010, p. 8.

市场执行的交换的结合。所有基于共同宗系、地方或职业道德的集体联合形式都离不开本质上是私有的"自愿部门",后者缺乏抵制相互关系和互惠原则的合法化和商品化所必需的自治权。如罗伯特·奈斯比特(Robert Nisbet)在 40 年前就已经表示过的,所有那些未能认识到国家的绝对至高无上和市场高于社会集团是参与的条件的人,都容易无效地诉求于"公共秩序"和一种价值中性的政治领域。(Nisbet, 1969)

此外,即使是温和的美国公民社会委员会(Council on Civil Society),现在也接受"公民社会"的自治权已经萎缩、我们必须面对公民文化的解体问题。的确,从不存在一个我们应该或可能回归的黄金时代。但同样明显的是在过去 30 年左右——它与右翼的经济自由化的胜利和左翼的社会文化自由化的成功是同时的——人们目睹了西方国家和其他地区的倒退,它使人们对促进代议制民主名义下的那种不加鉴别的现代化观念的有效性产生怀疑。

结　语

在描述后民主市场国家的出现时,我认为,同马克思主义者认为连续的(尽管并不完全相同的)占支配地位的积累周期历史在不断重复观念一样,自由主义者声称的近乎线性的、普遍的进步也是有疑问的。两个概念本质上都是社会向善论的,支持进步而非传统,同时将个人或集体置于首要地位,贬低历史偶然性的重要性。结果是,自由主义和马克思主义的谱系和理论侵蚀了其他不能按照这种二元的、概念上过时的图谱来描述的解读方法和模式。矛盾的是,马克思列宁主义的"解放革命"的瓦解和那种永恒、普遍进步的启蒙运动乌托邦(它也奠定了"自由市场资本主义"的基础)的结束看来消除了大规模的系统转变的可能性,而倾向于将人类的能动作用降低到零碎的官僚政治改革程度,因为世界慎重考虑了那种"没有其他选择的生活"[①]前景。

[①] Bauman, 1992, pp. 175–186. 关于这一来自鲍曼的引文,我要感谢我的同事理查德·萨科瓦(Richard Sakwa)和他关于"危机政治"的富有启发意义的工作。

出于种种原因，代议制民主本身也许只是抵制现代领土国家与去领土市场的权力结合的一个必要的却不是充分的条件。当代的公民社会也没有为抵制集权的官僚国家与不受约束的自由市场之间最恶劣的秘密勾结提供保障。相反，所需要的是使主权分散，使权力多元化，通过将市场嵌入到复杂的社会关系网络、使普遍的公正道德观念与具体的互助和合作传统结合起来的方式将人道和环境的相关性置于政治经济的中心位置，以致个人自由和社会福利不是按照纯粹的经济上的功利性、而是按照与自然和文化的有机联系一致的人类繁荣的政治—道德目标来治理。各种极为不同的政治哲学家呼吁诸如前现代的现实主义和现代浪漫主义的不同传统，这不是出于保守的怀旧，而是为了矫正位于现代政治和经济中心的"进步个人主义"（e.g., MacIntyre, 1985；Bronk, 2009），其他一些思想家则提出了建立一种德政和一种庶民经济的思想（Bruni and Zamagni, 2007）。

更为重要的不是盲目的现代化，而是一种新的方式，借此集权的官僚国家和不受约束的全球自由市场都能够转向服务于个人、社区和环境的真正需要。为此，国家和市场都必须重新嵌入到一个更为广泛的社会关系网络中，并按照诸如公正、团结、博爱和责任这些道德和普遍原则来管理。这只有通过将团结原则与辅从原则——据此，政治和经济决策应该在最适合的层次，即尽可能低的层次（包括社区和邻里），必要时在地区、国家或全球层次上进行，以服务于个人和公共的福祉——相结合的方式才能实现。就目前的结构而言，这要求大规模的政治和经济的非集中化，外加建立一些中间结构，如跨地区和超国家的机构。

具体来说，所需要的是建立一些基于互助原则运行的企业，类似合作社或雇员所有制企业，如西班牙的蒙德拉贡公司（它有10万雇员，年营业额超过了30亿美元）、日本的丰田公司，英国的约翰路易斯公司或法国的国民互助信贷银行。通过将其利润再投资于公司和投资于社区而不是简单令高层管理者或机构的股东富足，这些以及其他类似的企业追求的不只是私有利润，也还有社会目标。这转而使得工人和所有者方面的行业协会和其他中间机构能够共同决定合理的工资和公平的价格。与自由市场形成的财富集中和国家控制收入的再分配不同，一种更为激进的计划使得工人能够获得财产（以持股的形式）并雇佣资方（而不是反过来），而资方本身部分来自工人和社区支持的信用合作社而不是完全来自由股东驱动的零售银行。

此外，利润和技术创新不再被视为目的本身，而是被视为确保企业、其雇员和所在社区稳定的手段。像"市场国家"一样，货币和科学必须重新嵌入到共同的社会关系之中，加强而不是破坏人类与自然的有机联系。基于新的、积极的激励政策，加上更具惩罚性的措施和重新恢复的社会戒律，世界经济需要从短期金融投机转向对实体经济、社会发展和环境可持续性的长期投资。民主和现代化如果能够避免进一步脱离于地区、社区和家庭，并坚持"健康的生活"和所有人都能共享的社会公益，它们将创造人民的主权和进步。

（林德山 译　赖海榕 校）

参考文献

Giorgio Agamben, *State of Exception*, Kevin Attell (trans.), Chicago, IL: The University of Chicago Press, 2005.

Giovanni Arrighi, *The Long Twentieth Century: Money, Power, and the Origins of Our Times*, London: Verso, 1994.

Giovanni Arrighi, *Adam Smith in Beijing: Lineages of the Twenty-First Century*, London: Verso, 2007.

Zygmunt Bauman, *Liquid Love: On the Frailty of Human Bonds*, Cambridge: Polity Press, 2003.

Daniel Bell, *The End of Ideology: On the Exhaustion of Political Ideas in the Fifties*, Glencoe, IL: Free Press, 1960.

Daniel Bell, *The Coming of Post-Industrial Society: A Venture in Social Forecasting*, New York: Basic Books, 1973.

Walter Benjamin, "Capitalism as Religion", in Marcus Bullock and Michael W. Jennings (ed.), *Walter Benjamin: Selected Writings-Volume 1 (1913—1926)*, Cambridge, MA: Harvard University Press, 1996, pp. 288-291.

Phillip Blond and Adrian Pabst, "Centrism that Leads to Decay", in *International Herald Tribune*, 14 October, 2006.

Philip Bobbitt, *The Shield of Achilles: War, Peace and the Course of History*, London: Penguin, 2003.

Fernand Braudel, *Civilisation matérielle, économie et capitalisme, XVe-XVIIIe siècle*, Paris: Ed. Armand Colin, 1979.

Robert Brenner, "Agrarian Class Structure and Economic Development in Pre-Industrial Europe", in *Past & Present*, No. 70, 1976, pp. 30–74.

Robert Brenner, *Merchants and Revolution: Commercial Change, Political Conflict and London's Overseas Traders, 1550—1653*, London: Verso, 2003.

Richard Bronk, *The Romantic Economist: Imagination in Economics*, Cambridge: Cambridge University Press, 2009.

Luigino Bruni and Stefano Zamagni, *Civil Economy: Efficiency, Equity, Pulic Happiness*, Bern: Peter Lang, 2007.

James Burnham, *The Managerial Revolution: What is Happening in the World*, New York: John Day Co., 1941.

Thomas Carlyle, *Chartrism*, 1840.

Thomas Carlyle, *Past and Present*, 1843.

Council on Civil Society, *A Call to Civil Society*, Chicago, IL: Institute for American Values, 1998.

Colin Crouch, *Post-Democracy*, Cambridge: Polity Press, 2004.

Martin Daunton, *State and Market in Victorian Britain: War, Welfare and Capitalism*, Woodbridge: The Boydell Press, 2008.

Guy Debord, *La Société du Spectacle*, Paris: Ed. Buchet-Chastel, 1967.

Guy Debord, *Le déclin et la chute de l'économie spectaculaire-marchande*, Paris: Belles Lettres, 1993.

Murray Edelman, *Constructing the Political Spectacle*, Chicago, IL: The University of Chicago Press, 1988.

Barry Eichengreen, *Globalizing Capital: A History of the International Monetary System*, Princeton, NJ: Princeton University Press, 2008.

Thomas Ertman, *Birth of the Leviathan: Building States and Regimes in Medieval and Early Modern Europe*, Cambridge: Polity Press, 1997.

Niall Ferguson, *The Cash Nexus: Money and Power in the Modern World 1700—2000*, London: Allen Lane, 2001.

Michel Foucault, *Naissance de la biopolitique: Cours au Collège de France, 1978—1979*, Paris: Editions du Seuil, 2004; Michel Foucault, *The Birth of Biopolitics: Lectures at the Collège de France*, Graham Burchell (trans.), New York: Palgrave, 2008.

Andrew Gamble, *The Free Economy and the Strong State: Politics of Thatcherism* (2nd rev. ed.), Basingstoke and New York: Palgrave Macmillan, 1994.

Andrew Gamble, *The Spectre at the Feast: Capitalist Crisis and the Politics of Recession*, Basingstoke and New York: Palgrave Macmillan, 2009.

Anthony Giddens, *The Nation-State and Violence*, Berkeley, CA: University of California Press, 1987.

Michael Allen Gillespie, *The Theological Origins of Modernity*, Chicago, IL: The University of Chicago Press, 2008.

Maurice Glasman, *Unnecessary Suffering: Managing Market Utopia*, London: Verso, 1996.

Andrew Glyn, *Capitalism Unleashed: Finance, Globalization, and Welfare*, Oxford: Oxford University Press, 2006.

John Gray, *False Dawn: The Delusions of Global Capitalism*, London: Granta, 1998.

John Gray, *Two Faces of Liberalism*, Cambridge: Polity Press, 2000.

John Gray, "Blair's Project in Retrospect", in *International Affairs*, Vol. 80, No. 1, 2004, pp. 39–48.

John Gray, *Black Mass: Apocalyptic Religion and the Death of Utopia*, London: Allen Lane, 2007.

David Harvey, *A Brief History of Neoliberalism*, Oxford: Oxford University Press, 2005.

Rudolf Hilferding, *Das Finanzkapital: Eine Studie über die jüngste Entwicklung des Kapitalismus*, Wien: Wiener Volksbuchhandlung, 1910; Tom Bottomore (ed.), *Finance Capital: A Study of the Latest Phase of Capitalist Development*, London: Routledge

& Kegan Paul, 1981.

Rudolf Hilferding, "State Capitalism or Totalitarian State Economy", in *The Modern Review*, June 1947, pp. 266–271.

IDEA 2002, "Voter Turnout since 1945: A Global Report", Rafael López Pintor and Maria Gratschew (ed.), *International IDEA*, online at http://www.idea.int/publications/vt/upload/VT_ screenopt_ 2002. pdf.

Ernst H. Kantorowicz, *The King's Two Bodies: A Study in Mediaeval Political Theology*, Princeton, NJ: Princeton University Press, 1957.

Charles P. Kindleberger, *Manias, Panics and Crashes: A History of Financial Crises*, New York: Basic Books, 1989.

Christopher Lash, *The Revolt of the Elites and the Betrayal of Democracy*, New York: W. W. Norton & Co., 1995.

Charles E. Lindblom, *Politics and Markets: The World's Political Economic Systems*, New York: Basic Books, 1977.

C. B. MacPherson, *The Political Theory of Possessive Individualism: Hobbes to Locke*, Oxford: Clarendon, 1962.

Pierre Manent, *Histoire intellectuelle du libéralisme: Dix leçons*, Paris: Calmann-Lévy, 1987.

Alasdair McIntyre, *After Virtue: A Study in Moral Theory* 2nd ed., London: Duckworth, 1985.

John Milbank, "Liberality versus Liberalism", in *TELOS*, No. 134, 2006, pp. 6–21.

John Milbank, "The Real Third Way: For a New Metanarrative of Capitalism", in Adrian Pabst Eugene (ed.), *The Crisis of Global Capitalism*, OR: Cascade Books, 2010.

Alain de Muralt, *L'unité de la philosophie politique: De Scot, Occam et Suárez au libéralisme contemporain*, Paris: Vrin, 2002.

Robert Nisbet, *The Quest for Community*, Oxford: Oxford University Press, 1969.

Adrian Pabst, "Rival Sources of Sovereignty: Globalization, Religion and Secular Hegemony", in Rajeev Bhargava and Armando Salvatore (eds.), *Contemporary Globalisation and Hegemonies: Transformation of Nation-States-New Intercivilisati-*

onal Visions-Essays in Honour of Shmuel Eisenstadt, Aldershot: Ashgate, 2010a.

Adrian Pabst, "Modern Sovereignty in Question: Religion, Democracy and Capitalism", in *TELOS*, forthcoming, 2010b.

Adrian Pabst (ed.), *The Crisis of Global Capitalism*, Eugene, OR: Cascade Books, 2010c.

Jean-Claude Paye, *La fin de l'Etat de droit: La lutte antiterroriste, de l'état d'exception à la dictature*, Paris: La Dispute, 2004; Jean-Claude Paye (trans.), *Global War on Liberty*, New York: Telos Press Publishing, 2007.

Paul Piccone, *Confronting the Crisis: The Writings of Paul Piccone*, New York: Telos Publishing Press, 2008.

Daniel Philpott, *Revolutions in Sovereignty: How Ideas Shaped Modern International Relations*, Princeton, NJ: Princeton University Press, 2001.

Karl Polanyi, *The Great Transformation: The Political and Economic Origins of Our Time*, Boston: Beacon Press, 1944 [2000].

Bruce D. Porter, *War and the Rise of the State: The Military Foundations of Modern Politics*, New York: Free Press, 1994.

Robert Putnam, *Bowling Alone: The Collapse and Revival of American Community*, New York: Schuster & Schuster, 2000.

Robert Putnam (ed.), *Democracies in Flux: The Evolution of Social Capital in Contemporary Society*, Oxford: Oxford University Press, 2002.

Robert Putnam, "E Pluribus Unum: Diversity and Community in the Twenty-first Century—The 2006 Johan Skytte Prize Lecture", in *Scandinavian Political Studies*, Vol. 30, No. 2, 2007, pp. 137–174.

Richard Robison (ed.), *The Neo-liberal Revolution: Forging the Market State*, Basingstoke: Palgrave Macmillan, 2006.

Saskia Sassen, *Losing Control? Sovereignty in an Age of Globalization*, New York: Columbia University Press, 1996.

Carl Schmitt, *Politische Theologie: Vier Kapitel zur Lehre von der Souveränität*, Munich/Leipzig: Duncker und Humblot, 1922.

Joseph R. Strayer, *On the Medieval Origins of the Modern State*, Princeton,

NJ: Princeton University Press, 1970.

R. H. Tawney, *The Acquisitive Society*, London: Bell, 1921.

E. P. Thompson, "The Moral Economy of the English Crowd in the 18th Century", in *Past & Present*, Vol. 50, 1971, pp. 76–136.

E. P. Thompson, *Customs in Common: Studies in Traditional Popular Culture*, London: Merlin Press, 1991.

Charles Tilly, "Reflections on the History of European State-Making", in Charles Tilly (ed.), *The Formation of National States in Western Europe*, Princeton, NJ: Princeton University Press, pp. 3–83.

Charles Tilly, *Big Structures, Large Processes, Huge Comparisons*, New York: Russell Sage, 1984.

Charles Tilly, *Coercion, Capital, and European States, AD 990—1992*, Oxford: Blackwell, 1990.

Alexis de Tocqueville, *De la démocratie en Amérique*, 1835/1840.

Thorstein Veblen, *The Theory of the Leisure Class*, New York: Penguin Books, 1994 [1899].

Sheldon S. Wolin, *Democracy Incorporated: Managed Democracy and the Specter of Inverted Totalitarianism*, Princeton, NJ: Princeton University Press, 2008.

第四部分

民主在世界

更少就是更多：政策最小主义的道德优势
全球民主：21世纪的一大挑战
有限主权时代的民主
全球民主与国际民主促进的新讨论

更少就是更多：政策最小主义的道德优势

〔美〕阿米泰·埃兹奥尼*

共产主义和自由民主意识形态决定了俄罗斯和美国这样不同的国家的内外政策，它们有一个主要的共同弱点：过高地估计了政府重新设计和重新建构社会体系的能力。尤其是当各种势力参与到被称为远程社会建构，而变革的动力主要是一种外部势力之时，情况就更加如此。因此，在别的国家建立民主体制（或社会主义）和建立新的全球秩序的能力实际比这些当代主流意识形态所设想的要有限得多。

必须强调的是，我并非说重大的社会变革没有发生，而只是想表明，通常情况下这些变革既不是政府或任何其他的精英或权势力量所想要的，也不受它们的支配。因此，现在的俄罗斯和30年前相比是一个完全不同的社会和国家，但几乎不是当时的共产党所追求的。同样，尽管还没有人知道美国改变伊拉克和阿富汗政治的努力将会如何结束，但可以稳妥地说，它们不会变成布什总统派美国军队进入两个国家之初所设想的那种体制。人们对联合国的评价各不相同，但没人能够看出如今我们所面对的联合国与它的创建者所设想的之间有任何相似之处。

有很多力量推动了过度乐观主义。其中包括启蒙运动，它认为科学，更

---

* 阿米泰·埃兹奥尼（Amitai Etzioni）——杰出的美国和以色列社会学家，社群理论和"社群网络"社会组织的创始人，华盛顿大学教授及该大学社群政治研究所所长。1994—1995年，当选美国社会学学会主席。16所美国和其他国外大学的荣誉教授。著有24部书，包括：《复合组织的比较分析》（1961）、《新黄金规则：民主社会中的社群与道德》（1997）、《从帝国到社群》（2004）和《安全高于一切：争取强硬而道义的对外政策》（2007）。

一般地说理性的兴起将超越由传统和宗教主导的世界，允许"人"去设计一个"理性的"世界。社会主义和自由主义都信奉进步的观念，相信有能力极大地改善——如果不是完善——社会、人和整个世界。教育和大众传媒的普及使民众参与到政治中，并促使执政者许诺带领人民走向理想的未来国家，以此来建立统治的合法性。

具有讽刺意味的是，因提出对人性与社会持更悲观和现实主义观点而兴起的新保守主义思想家也同样深受过度乐观主义之累。长期以来，保守主义者对社会和个人的变革持更悲观的观点，当然，这部分是由于阻止变革符合那些信奉他们思想的人们的利益。在20世纪60年代的美国，当各种解放运动摧毁了旧体制后，他们的观点获得了众多的追随者。家庭关系、少数民族关系、性道德观念、国家纽带，以及从将军到神父、从工会领袖到父亲等权威形象都受到削弱。（毁坏制度比建立新的制度要容易得多。）与此同时，美国社会经历了一个自由乐观主义时期，表现在被称做"伟大社会"的构想中，它启动了大量政府计划，其中包括一些旨在帮助人们摆脱贫困、消除种族歧视与性别差异、缩小不平等以及将自由主义输出到许多其他国家的计划。20世纪70年代，新保守主义作为（对此的）一种反应而兴起，其倡导者指出，大多数政府计划并没有兑现它们的承诺。此后，反对政府"干预"社会事务变得很普遍，也限制对海外事务的参与，比如对外援助。

20世纪90年代，由于并不十分明显的原因，同样的新保守主义形成了一种新的过度乐观主义，它促使乔治·W.布什总统认为，美国政府能在海外推动在国内无法成功实现的重大的社会变革。这种观念的追随者坚信，美国可以把像伊拉克和阿富汗这样的国家变成典型的资本主义民主国家，尽管事实上这些国家尚缺乏这种变革所必需的教育、文化、经济和政治基础。布什政府还认为，它能够迫使像俄罗斯、伊朗甚至是朝鲜这样的国家接受民主体制，使和平在全球范围内取得胜利。预期和平能跟随而来是因为假定民主国家之间彼此不会发生战争。

不幸而又无可回避的事实是，一般而言，社会尤其是国际社会对蓄意的改变是十分抵制的。因此，那些当权者最好能够大幅收敛他们在国内和海外的雄心。承认我们进行社会建构，尤其是远距离的社会建构的能力是有限的，并不意味着听天由命或宿命主义。相反，大幅抑制野心和集中力量则会产生重要而有益的社会变革结果。主要的原因是过度乐观主义会导致对稀缺资源，尤其是道德和政治资本的浪费，而如果适当地限定目标并且力量更加集中的话，这些资源本可以用于推动一些变革。

稀缺性是经济学家使用的一个术语，指的是当欲望超出了满足这些欲望所需资源时的一种状况，是一种近乎普遍存在的情况。我认为那些试图推进社会变革的人面临一种类似的情况。变革需要通过教育手段、道德说服、激励手段和国家的强制性权力来推动，而这些都要耗费资源。考虑到推动变革所需的资源是有限的，尤其缺少充分执行变革措施所需要的资源，变革的动力就面临近乎普遍的稀缺性。就经济资源而言，这是众所周知的，然而对道德和政治资本而言也是如此。

道德资本是指说服的能力。宗教和公共领袖等道德权威获得信徒对特别行动方法支持的能力是有限的。在某个事务上持某种明确道德立场不可避免地意味着不能够在其他一些事务上参与，或者只能低水平参与。政治资本是指获得立法者、选民和各种派别（例如，游说和利益集团）的支持的能力。它也不能满足那些试图推动变革的人的长期需要。我强调这一点是因为那些热衷于宏大变革的人通常认为，如果当权力量或政府很想变革，只要它"真正"想这样做，它就可以推动期望达到的变革。（我在白宫供职的时候，大约每两周就有公民组织或团体的领导人来游说总统进行演说，宣扬这些领导人所主张的各种变革。这些领导人坚信，如果总统说服了民众必须干某件事，其他人就会听从。罗斯福的"炉边谈话"经常作为对这种乐观幻想的支持而被提起。令人悲哀的是，这些想法不仅仅是幻想，而且还降低了变革的可能性。）

稀缺性越严重，自我抑制和谨慎地选择目标与手段就变得越关键，而忽视或掩盖这种力量集中所带来的损失就越大，因为这种忽视会导致对资源的挥霍，包括道德和政治资源。不幸的事实是，推动一般性的社会变革，尤其是国际层面的变革的资源是十分紧缺的；它的稀缺性相当高。在我来看，这种高度稀缺性的一个重要寓意是，应用于医疗急救和自然灾害的急救的鉴别分类原则（triage）必须应用到推动社会建构的活动中。很多有意义的目标不能满足，必须放弃；一些目标必须被推动，即使如果没有援助而本应顺其自然，或即使它们能从额外的资源中获益；少数经过精心挑选的目标——特别是那些少的投入能产生相对高的倍数效应的——应该予以最优先的考虑。一旦这些目标得到推进，资源就可以转移到别处。

我必须强调，这种最小主义取向尽管比过度乐观的进步主义思想更为现实，但它并不是没有道德原则的。相反，不践行急救原则是不道德的，因为由于人们漫无目标地挥霍资源，它导致主要人群遭受不必要的痛苦。

安全第一

正如我以前试图表明的（《安全第一：寻求一种强有力的、道德的外交政策》），无论是在国内还是国际层面，提供基本安全应该放在最首要的位置。所谓"基本安全"，我指的是人们在生活中感到安全的状况——在公共和私人领域都是自由的，有劳动和让子女接受教育的自由，有行使他们的其他权利的自由，比如参与宗教和政治事务——但并非一个完全无风险的环境。作这样区分的原因，第一，无风险的环境并不是行使其他权利所必需的。第二，把风险降到相当低的程度有可能导致对其他很多权利的严重侵犯，特别是隐私权。第三，一个无风险的社会也是难以实现的。当人们仅仅试图建立基本安全时不会遇到这些困难。在20世纪70年代暴力达到很高程度后的美国主要城市，在20世纪90年代暴力达到很高程度后的莫斯科，以及在2004—2006年后伊拉克的几个主要城市，基本安全都得以恢复。

我主张安全（宽泛地理解，包括不受虐待、残害和饥饿，而不仅仅是免于杀戮）必须被列为最紧迫的需要，是因为满足所有其他需要都必须以实现这一需要为前提，而生命安全却不取决于其他需要。人死就无法再劳动、照顾家人、选举或行使他们的权利，这样说似乎过于简单，然而它值得强调，因为这一观察的深意通常被忽略：当基本的安全都不能提供时，其他所有的活动方式都将受到损害——反之却不然。（当然，这一说法仅仅指对生命的真实威胁，不是指恐惧的政治。）

下面这一发现也支持安全的至高地位，即当基本安全得到满足时，公众对非安全权利（如公民权利和政治权利）的支持也增加了，反之则不然。与它相对的假设认为，"制度变革"（如强制的民主化，包括实施履行公民权利和政治权利所需的制度安排)对把一个国家变成国际社会的和平成员是至关重要的——也就是说,它有助于国际和国内安全。这种观点认为,只有民主国家之间不彼此开战。① 然而,最近的经验表明,民主化并不能保证安全②,强制推行国家民主化也是极端困难的③。

对公共政策的意义

就国内层面而言,上述分析赞同纽约市面对高度暴力犯罪时所实行的政策。这些政策包括使各个社区重新强化它们的规范,将轻微的违反当做严重的过错,惩罚那些违反规范的人。[这些政策背后的核心思想通常与"破窗"一词有关,该词是由乔治·凯林(George Kelling)和詹姆斯·Q. 威尔逊(James Q. Wilson)1982 年在《大西洋月刊》中提出的。④]尽管对这种政策

---

① 支持"民主国家之间不开战"这一前提假设的材料,可参阅 R. J. Rummel, "Democracies Don't Fight Democracies", in *Peace Magazine*, May-June 1999, p. 10; Alex Mintz and Nehemia Geva, "Why Don't Democracies Fight Each Other?", in *The Journal of Conflict Resolution*, Vol. 37, No. 3, September 1993, pp. 484–503; Solomon W. Polachek, "Why Democracies Cooperate More and Fight Less: The Relationship between International Trade and Cooperation", in *Review of International Economics*, Vol. 5, Issue 3, December 2002, pp. 295–309。反对"民主国家之间不开战"这一说法的观点,可参阅 Thomas Schwartz and Kiron K. Skinner's piece, "The Myth of Democratic Pacifism", in *Hoover Digest*, No. 2, 1999。也可参阅 Fareed Zakaria, *The Future of Freedom: Illiberal Democracy at Home and Abroad*, New York: W. W. Norton & Company, 2003 and Robert D. Kaplan, *The Coming Anarchy: Shattering the Dreams of the Post Cold War*, New York: Random House, 2000。

② "世界很多地方的经验表明,类似实施'多党民主'这样的'改革'事实上加剧或者甚至制造了种族、宗教或部落分歧,它们又带来了动荡……"参见 N. J. Rengger, "Toward a Culture of Democracy? Democratic Theory and Democratization in Eastern and Central Europe", in Geoffrey Pridham, Eric Herring and George Sanford (ed.), *Building Democracy? The International Dimension of Democratization in Eastern Europe*, London: Continuum International Publishing Group, 1997, p. 63。

③ Amitai Etzioni, *Security First*, New Haven: Yale University Press, 2007, p. 44.

④ George Kelling and James Q. Wilson, "Broken Windows", in *Atlantic Monthly*, March 1982; George Kelling, *Fixing Broken Windows*, New York: Free Press, 1996.

不乏批评之声①，但它因实现了期望的结果而受到广泛赞誉，即恢复了基本安全，并更大程度推进了除保护生命以外的其他权利。② 社区监督也可说是同样的，尽管对它也不乏批评之声。

就对外政策而言，人们必须考虑到它的执行环境通常是特别艰难的，因此在这一领域对权利进行排序尤为必要。我已经讲过，生命权的首要性意味着基本安全必须先于民主化，然后才能总体上推进人权，这和强制性制度变革的假设恰好相反。（当贝拉克·奥巴马总统说出下面一番话时，他表明了这一立场："那些依靠腐败、欺骗和压制不同政见者等手段固守权力的人，要明白你们站在了历史错误的一边，但只要你们松开拳头，我们将伸手相助。"）

就推进各种安全目标而言，生命的首要性清楚地表明，防止大规模杀伤性武器扩散应该优先于所有其他考虑，因为这些武器可以大规模毁灭生命，并对当前人类的生命构成了威胁。这可能看起来是显而易见的，但在很多情况下却未能予以最优先的考虑。例如，在俄罗斯问题上，多年来推进民主和人权优先于加快"减少威胁合作计划"（Cooperative Threat Reduction Initiative）的实施，后者寻求加强对核武器和可裂变材料的安全防护。③

同样，生命的首要性赞同寻求阻止种族屠杀、内战、大范围传染性疾病和大规模饥饿的政策。如果要保护的只是个别国家公民的生命，那么就不能以生命的首要性作为主要的规范性原则，去指导一个国家的对外政策或一个国家集团和国际组织的政策，并使这些政策合法化。即便是作为种族认定（ethnical judgments）必要基础的少量的一致性（a modicum of consistency），也要求所有生命都得到尊重。的确，杜绝所有的杀戮、残害、虐待和饥饿超出了当前人类的能力范围。然而，阻止它们大规模出现却并非不可能。（那些可能认为"大"规模的定义是一个主观概念的人可以注意到，联合国已经

---

① Bernard E. Harcourt, *Illusion of Order: The False Promises of Broken Windows Policing*, Cambridge, MA: Harvard University Press, 2001.

② Benjamin Chesluk, "Community Policing in New York City", in *Cultural Anthropology*, Vol. 19, Issue 2, 2004, pp. 250–274.

③ Amitai Etzioni, *Security First*, New Haven: Yale University Press, 2007, pp. 15–19.

提出了一套相当清晰的定义使人们能够判断是否发生了种族屠杀。①)

对生命的高度尊重也强调，一国人民为了在其他一些体制下生活的人民而推进民主和人权也应该限于采用非致命性手段，例如教育和文化交流。为了这些目标而实施军事干预并不符合上述原则。

人们可能会问，对安全的高度重视从广义上理解是否意味着以其他目标为宗旨的组织，比如无国界医生组织（Doctors Without Borders），应该修改它们的章程，或将它们的资源转移到以安全为目标的组织中。在某种抽象世界中，所有的公益组织的确应该遵循同一套首要的优先次序。然而，考虑到这些组织的资金来源、政治结构甚至是法律基础不同，它们不能也不应该全部集中于安全。不过，这些组织应该在其自身的服务领域内尽量运用急救分类原则。例如，无国界医生组织可能更关注挽救生命而不是比如说治疗唇腭裂，又或者那些提供食品的组织应该使阻止饥饿优先于提供膳食补充剂以防止营养不良。这种排序的例子可能一开始看起来是无情的；只有当人们认识到没有足够的资源来满足无数值得追求的目标时，它们的价值才凸显出来；因此，回避急救分类原则的结果是违背了人权倡导者高度重视的价值观。

下一步

一个有意义的问题是，一旦基本安全实现了，下一步的目标应该是什么？即便安全已经建立了，人们仍然必须采用急救原则的政策，以避免浪费人们能获得的好处。这个阶段与第一阶段之间的主要差别是，这个阶段在国内层面有更多变化的余地，在跨国层面有更多进行试验和组合的机会。对这一表述需要作一些解释。

1990年，美国的知识分子沉浸在苏联共产主义体制崩溃后一种十分乐观的必胜主义信念之中。为首的是弗朗西斯·福山，他认为所有国家都将走到民主资本主义国家，这是历史的终结形态。正如他所看到的，不仅只有一种终结形态，而且所有国家都要并应该走向它。（因此新保守主义认为，美国

---

① Amitai Etzioni, *Security First*, New Haven: Yale University Press, 2007, p. 31.

应该对那些仍处在"历史"中的国家伸手相助，如果需要的话，推动它们去达到这种终结形态。）然而，我们已经知道：(a) 不同国家所期待的最终形态各不相同，实现的道路也不一样，例如比较中国和印度的路径；(b) 那些转向或看起来转向美国式民主的国家已经改变了路线，包括俄罗斯和拉美的几个国家；(c) 美国及其盟国不能将一些国家——尤其是在穆斯林世界——转变成民主国家（除非这个词语被弱化以至于变得毫无意义）；(d) 最重要的是，只要这些国家之间不相互开战、不支持恐怖主义、不制造大规模杀伤性武器、不在国内实行种族屠杀——也就是说不违背本国人民和世界的安全需要，那么变革最好是留给它们本国的人民。别的人可以提供一些想法、进行文化交流、贸易往来、旅游和提供技术手段（例如，网络设备）——都是非致命性的，但就是不能使用武力去改变一个国家的体制，不论是从缅甸到沙特阿拉伯，还是从委内瑞拉、古巴到利比亚。

在国际层面，最小主义认为，一旦安全建立并得以巩固——如在欧盟成员国中所看似存在的——人们可以尝试建立另外层级的合作与制度建设。即便在这里，走得过远、过快也被证明是有害的。之所以强调欧盟是因为它既想大幅扩大成员国，与此同时又想深化合作（从一个大的全体一致决策模式转变成更大程度的多数决定制，这使成员国的主权受到相当的削弱）。这一试图在既有国家制度之上建立跨国层级体制的最高级的试验是否能进一步推进仍有待观望。其他的区域组织都处在更初级的阶段。

所有试图从原来的世界跨越到（特定设计者认为）它应该的世界的宏大设计都注定要失败。尽管人们能相当有说服力地指出世界政府的优点，但它却分散了对现实可行事务的注意力。而那些相信联合国的某种改革或大国之间的一致将会带来一个新的世界秩序的人，则是过分乐观了，也无意中阻碍了变革。

事实上，下一步的注意力应该放在各种有限的努力上，它们检验各种新途径，而且如果把这些努力汇合起来有可能给国际关系带来有益的变化。这些手段中有一些是制度性的，例如世界贸易组织、世界银行、国际货币基金组织（这三者都需要改革以适应未来近乎全球性的金融危机，如2008—2009年波及世界的金融危机），互联网名称与数字地址分配机构（ICANN），甚至是国际刑事法院（ICC）的建立。此外，还包括跨国公民组织的形成，如

1990年以来出现的大量新的、正在发展增长的国际非政府组织。还包括各国政府官员应对共同问题——比如，环境保护——所形成的非正式网络。另外，推进一种共同的世界语言是又一种手段，它能为全球秩序的形成提供一种工具。（事实上，英语是这种语言的唯一候选；它是否是胜任这一角色的最佳语言，或者由它来占据这一地位是否"公正"，则是另一个问题了。）同样的情况也适用于跨国通讯技术手段和人口自由流动的发展。这其中每一个因素自身所拥有的"腿"都比那些充满幻想的斗士们所期望的要少，但它们汇合起来就可能并且推动我们走向新的可能。与此同时，至关重要的是这些发展不分散当权者和世界人民对基本价值的重视，即确保至少不会出现大规模的杀戮、掠夺、虐待、饥饿或传染性疾病。

垫脚石

人们很关注国家共同体或区域共同体的形成，其中欧盟是发展层次最高的。有人担心这种区域共同体是否会阻碍世界共同体的形成。例如，人们担心区域贸易集团的发展将损害世界范围内的自由贸易。[①] 在2003年美国和德国与法国之间的冲突达到顶峰时，欧洲各国政府官员提出了许多建议，特别是形成一支强大的欧洲防御力量，目的是摆脱对美国的依赖并有能力抵制美国在全世界范围的影响力。还建议与俄罗斯和中国结盟。

不过，这种情绪化的想法却很少表达出来。而且自从奥巴马当选总统后，它们就减少了，虽然2009年欧盟选出了一位常任主席替代轮值主席，还选出了一名欧盟外交政策代表。没有什么明显的原则性理由解释为什么区域之间不能像国家之间一样彬彬有礼——毕竟这并不是一个太高的门槛。因此，尽管欧盟的扩大导致了与《北美自由贸易协定》缔约国间的一些小的冲突，但它并没有导致其他全球性组织——比如说联合国——与欧盟交往的太大难题。由南美六国组成的"南方共同市场"贸易集团与其他集团的交往同样如此，东盟也同样。实际上，事实似乎恰恰相反。其他国家和区域组织现在不用和

---

① "Responsible Regionalism", in *The Economist*, December 22, 2000, p. 19.

27个欧洲国家谈判，而仅需与一名代表谈判了。

美国、俄罗斯及中国与一般性的区域组织（尤其是欧盟）打交道的方式反映出它们试图推进的全球秩序的类型。如果它们的目标是维持其势力范围由一个国家领导和统治，并尽可能削弱其他所有国家的力量，那么它倾向于遵循分而治之的政策，很多（即便不是全部）帝国都采取这一政策。然而，如果这些大国渴望推动全球共同体——基于它们最终不能对200个国家为所欲为这一假设——那么这些大国应该赞同大部分区域建设的举措。

当我们和少数区域组织而不是几十个国家打交道时，从打击恐怖主义到阻止种族屠杀的很多问题都更容易解决。这些区域组织能从内部处理一些问题，使合作更容易，因为对它们来说寻找共同点时的利益冲突更少。简言之，区域化会减轻国际上处理跨国问题的困难，使这些问题更易于解决。

一个由十几个地区——它们依然包括一些半独立国家——而不是由200多个国家组成的世界有很多好处。在强调其中一点时，值得重提一个基本的社会科学观点：当涉及很多人时，一个有用的做法是将人群分成小组。这样做需要在每个小组内部达成共识，并派出一名代表参加下一层级，在此（各小组）代表之间达成广泛的共识（这也就是代议民主制优于直接民主制之处）。

难以想象世界共同体能从200多个国家间的结合中产生。的确，经过多年的复杂谈判，即便如此众多的国家都有可能达成一些受到限制的、范围狭小的和执行力很弱的协定。不过，如果这些国家首先组成了很多区域组织——欧洲联盟、拉丁美洲联盟、东南亚联盟等，那么这些区域共同体就更易于形成共同政策，一个更为广泛的共同体，即（由区域）共同体（构成）的全球共同体就可能形成。毕竟，欧盟的形成是以此前两个功能性区域组织（内六国和外七国）的合并为基础的，而它们又得益于比荷卢三国经济联盟中先前存在的纽带。东盟也同样是建立在拥有共同历史联系的国家基础之上的。它后来增加了其他国家变成了"东盟+3"。① 在拉丁美洲，"南方共同

---

① 2003年10月，东盟成员国签署了《巴厘协定Ⅱ》，试图"在20年内变成欧洲模式的经济共同体"，参阅"S. E. Asian Leaders Sign Landmark Accord", *Associated Press*, October 7, 2003, Lexis/Nexis。

市场"推进了经济合作；同样，西非国家经济共同体（ECOWAS）联合了西非有共同纽带的国家（到目前为止，这三个组织都比欧盟要弱得多）。

类似这样双层联合的要素已经在世界银行中存在。在很多问题上，不是由近200个代表相互谈判，而是由国家集团的代表相互交涉。例如，在世界银行中，尽管一些国家有专属自己的（世界银行）"执行董事"，但其他的执行董事却代表诸如中东和中美洲等国家集团。因此，世界银行总共有24个执行董事而不是200个。① 如果我们接受从区域联盟建设到全球共同体建设的路径，而不是贸然从很多国家联合成一个组织，就有可能设想形成另一个超区域的（合作）层次，包括一个由几个原苏联加盟共和国组成的（合作）层次。通过这种方式，通往全球政体（global polity）的道路可能就会大为容易。

全球公民社会可能吗？

有人认为，建立这种新的全球性政治组织的基础是"非国家"行为体，尤其是国际非政府组织（INGOs）、跨国非正式网络和社会运动。② 这些团体被认为可以提供"无政府的治理"，也就是说，通过利用其他的组织形式，尤其是跨国志愿组织来履行由政府承担的责任。③ "全球公民社会"这一术语有时指的是由这些组织产生的社会网络组织和跨国社会规范，（它们）不同

---

① International Bank for Reconstruction and Development, International Finance Corporation, International Development Association, "Executive Directors and Alternates", February 1, 2003. Available at: http://siteresources.worldbank.org/EXTABOUTUS/Resources/beds.pdf. Accessed 3/20/03.

② 有关国际非政府组织的综合讨论，可参阅 Daphne Josselin and William Wallace, "Non-state Actors in World Politics: A Framework" and "Non-state Actors in World Politics: The Lessons", in *Non-State Actors in World Politics*, Josselin and Wallace (ed.), New York: Palgrave, 2001, pp. 1–20 and pp. 251–260。

③ 可参阅 James N. Rosenau and Ernst-Otto Czempiel (eds.), *Governance without Government: Order and Change in World Politics*, Cambridge, UK: Cambridge University Press, 1992; Oran R. Young, *Governance in World Affairs*, Ithaca, N.Y.: Cornell University Press, 1999; Thomas G. Weiss and Leon Gordenker (eds.), *NGOs, the UN, and Global Governance*, Boulder, Colo.: Lynne Rienner Publishers, 1996。

于以法律为依托的全球国家或政府。① 在少数极端情况中,"无政府的治理"与废除所有国家并用地方社群纽带和组织来替代这一古老的梦想有关。在大多数时候,当治理既包括全球公民社会的组织团体也包括国家政府时,人们希望非国家行为体承担一部分重要的作用,而并非取代原来的体系。②

对非国家行为体的能力存在一个相当乐观主义的估计③,这使人们要问:非国家行为体能在多大程度上真正弥补国家政府的不足? 为了回答这一问题,我把重点放在跨国社群组织(TCBs)上,即那些领袖、雇员和部分跨国成员之间存在一套共同信仰和纽带的组织。也就是说,这些组织具有真正的社群,或至少是想象中的社群的部分特征。④ 尽管我并不想增添术语的混乱,但需要有一个术语来将这些组织——包括大部分国际非政府组织、非正式跨国网络及跨国社会运动——与狭隘意义上的跨国利益集团、跨国社团组织和贸易协会区分开来。

冷战结束后,跨国社群组织得到迅速发展。它们在几个方面发挥着相当重要的作用:设定跨国议程;对一般公众,尤其是相关群体进行思想动员;作为公共利益团体游说各国政府和国际组织,激励它们提高绩效水平;作为私有部门利益的院外活动集团的一支重要的平衡力量。⑤

此外,跨国社群组织通过跨国道德对话在发展跨国价值观念和准则方面发挥着重要作用。这些准则既有助于对全球规范性综合体的界定,也提供了不同国家的民众都能认同的道德基础,例如需要限制儿童色情作品。跨国社群组织的作用表现在有关环境(如迫使美国和中国采取保护气候的行动)、

---

① John Keane, *Global Civil Society?*, Cambridge, UK: Cambridge University Press, 2003. See also Helmut Anheier, Marlies Glasius and Mary Kaldor (eds.), *Global Civil Society 2001*, Oxford, UK: Oxford University Press, 2001.

② 治理的定义有时仅仅包括政府,例如 Wolfgang H. Reinicke, *Global Public Policy: Governing without Government?*, Washington, D. C.: Brookings, 1998, p. 4。

③ 参阅 Fred Halliday, "The Romance of Non-state Actors", in *Non-state Actors*, pp. 21–37。

④ Cf. David Held, *Democracy and the Global Order*, Stanford, CA: Stanford University Press, 1995.

⑤ Wolfgang Reinicke and Francis Deng, *Critical Choices: The United Nations, Networks, and the Future of Global Governance*, Ottawa: International Development Research Centre, 2000, p. 27.

限制使用地雷以及提高妇女权利等事务上。在一些领域中，跨国社群组织的工作众所周知，仅只是列举它们的名称就足以让人想象到其工作的性质和范围，如大赦国际、地球之友、绿色和平组织和红十字国际委员会。

跨国社群组织还确实能够独自解决一些问题，或者它们至少对问题的解决起到重要作用。例如，当自然灾害发生时，诸如国际救助贫困组织（CARE International）和红十字国际委员会等国际非政府组织（与地方组织合作）能照顾受害者及其家庭。无国界医生组织有大约2500名志愿者，他们为大约80个国家的人民提供了援助。人类家园国际组织（Habitat for Humanity）在全世界建造了约15万所住房。

国际社群组织是十分有效的共同体建设者。通过建立成千上万跨越国界的个人联系，建立对实际存在的地区或全球性组织的跨国信任，推广了为了全球议程而使主权分享合法化的观念，它们正在为全球共同体作出重要贡献。

越来越多的公共知识分子、专家、社会活动家和各种社团领袖形成了非正式的跨国网络。他们在会议上接触，通过电子邮件或共享电子邮件管理器保持联系。这种便捷的交流使得他们能够在只是遵循传统的国家忠诚的情况下所能进行的合作之上进行更广泛的合作。

此外，尽管一般来说国际社群组织不能直接参与到与安全相关的跨国活动中，但它们的确间接起到了很重要的作用。斡旋（例如，由前总统吉米·卡特及其伙伴提供的那种斡旋）、由国际非政府组织安排的对立双方的非正式聚会（例如，在美国为以色列和巴勒斯坦青年安排的和平营），以及和平教育都很重要，尽管所取得的结果与眼下所考虑到的问题相比远不是那么相称。

总之，如果问题是国际社群组织是否能够有助于解决跨国超负荷问题，那么答案显然是极为肯定的。不过，另一个关键问题仍然存在：它们能承担多少责任，它们又在多大程度上能真正独立运作？

（各个国家内的）公民社会在保护公民免受国家的过度侵犯，确保国家不会通过取代社区、志愿组织和家庭的功能来削弱它们等方面的作用差不多已被理解了。例如，公民社会以及作为公民社会重要组成部分之一的社群组织，在很大程度上被看做是对可能无可抗拒的国家的一种制衡。近来（与早期社会哲学家的工作相比），对公民社会从国家获得的好处理解不够。例如，公民社会可以从国家对群体间和个体间暴力的抑制中大为受益。当公民社会受到强大的挑战和非正式的社会控制力不足时，它也依赖国家来强化其规范。即便在很多情况下并没有向国家寻求支持，但能够获得这种支持这一事实本身就加强了公民社会的力量。不过，鉴于人类在上个世纪及之前的极权主义和威权主义的痛苦经验，大家更关注保护社会免受国家侵犯而不是国家培育公民社会。

现在，由于注意力转向了加强跨国公民社会的成长，从国际社群组织的经验来看，重要的是要记住，国内公民社会的繁荣很大程度上依赖于国家。这一观察表明，如果不是至少存在一些世界国家（global state）的要素，全球公民社会的发展将受到极大的限制。

即便国际社群组织能够也的确帮助解决了一些跨国问题，但它们通常依赖成员国，这限制了它们的作用范围。国际社群组织的目标通常是民族国家（如促使它们签署禁止在武装冲突中使用儿童的条约）或国际组织（如推动世界卫生组织更加重视艾滋病）。国际社群组织的有效性通常要求民族国家能采取有效的行动，而这正是问题之所在。

比如，保护环境的国际社群组织很大程度上集中精力在它们认为政府应该做或应该禁止人们做的事情上（如颁布更多规定限制私有部门），而不是在人们自身能够履行的行动上（如自愿的资源回收利用）。或者这些组织会呼吁通过法律进一步限制汽车的使用，或要求政府出资修建自行车道，但较少注意鼓励人们更多步行。保护濒危物种和野生动物的国际社群组织的确发起了捐款，并向很多人发放了教育材料，但它们关注的焦点是政府规定、修耕补贴和补助金。那些寻求更多外国援助来减少贫困和与疾病作斗争的国际社群组织也同样如此。而这意味着国际社群组织很大程度上试图依赖一个已经十分超负荷的体系，即民族国家，而并非建立一个新的系统。

那些在提高公共意识和改变人们行为准则上十分有效的国际社群组织也存在类似的问题。这些跨国规范的发展对全球公民社会以及最终对全球共同体的形成十分重要。不过人们普遍认识到，如果而且只有当国际社群组织的行动导致了制度化、新法律和判例的实施或政府机构采取措施时，国际社群组织的作用才更为重要。国内制度化是一些国际社群组织在国内层面取得成功的重要原因，比如在环境、公民权利和妇女运动等领域。不过，考虑到没有跨国机构能够制定和执行必要的法律，也无法建立这些新型的组织——也就是说，当这些运动试图跨国运作而没有某种形式的跨国政府时——它们的最终效果是有限的。这样说完全不是为了贬低社会行动和发展跨国规范的重要性。它们是制度建设和共同纽带的重要基础，而且当一国的人民捐款帮助另一国的人民、进行学生交换和互访等活动时，它们为人们的自利和互利行为奠定了基础。但是，正如政府若不承担相应的义务，国内的社群组织就无法履行必须的任务一样，没有一些新的跨国机构，全球公民社会也不能承担很多必须的责任。大量得不到解决的跨国问题印证了这一观点。

正如我们将把哪怕是一名儿童从饥饿或虐待中挽救出来看做是富有意义的行动，或将治愈世界任何一个角落哪怕是一位缺乏医疗照顾的病人看做一种善举一样，我们不能不对诸如国际救助贫困组织和无国界医生组织这样的组织充满了敬佩。不过，一旦我们要求这些国际社群组织提供必要的服务，我们发现如果这些组织不利用政府的资金、交通、通讯和最基本的执法与安全，它们就只能提供部分解决方案，尽管是很重要的一部分。这类情况出现的比例因地区而异，并可能有少有多，不过全球公民社会是不能提供无政府的治理的。

要重申的是，我并不是要贬低国际非政府组织、网络和社会运动的作用。挽救人类的生命，即便只是身处危险的人们中很小的一部分，或者在重大灾难中提供救援的行动都是富有意义和值得赞许的。但仍有必要强调，如果我们考察眼下需要解决的全部问题，有多少依然没有得到解决、没有得到控制，甚至还没有被受理。因此，问题在于：我们如何才能更好地应对这些跨国问题？

社会科学家通常认为，人们不应该以需求作为理由，需求本身不能产生回应，阿诺德·汤因比（Arnold Toynbee）和其前后的很多人都持这种观点；也就是说，假如所有的需求都能实现，那么乞丐也将变成富翁。因此，我此处只能指出，从长远来看，如果要推进安全以及随之而来满足人类的其他需求，世界就需要某种形式的政府。我们不能完全依赖于民族国家、区域组织和跨国社群组织。这一切将会如何是未来一天更可能是未来一代的课题。

（李姿姿 译　林德山 校）

参考文献

Helmut Anheier, Marlies Glasius and Mary Kaldor (eds.), *Global Civil Society 2001*, Oxford: Oxford Univ. Press, 2001.

Benjamin Chesluk, "Community Policing in New York City", in *Cultural Anthropology*, Vol. 19, Issue 2, 2004.

Amitai Etzioni, *Security First: For a Muscular, Moral Foreign Policy*, New Haven (Ct.), London: Yale Univ. Press, 2008.

Fred Halliday, "The Romance of Non-state Actors", in Daphne Josselin and William Wallace (eds.), *Non-State Actors in World Politics*, New York: Palgrave, 2001.

Bernard E. Harcourt, *Illusion of Order: The False Promises of Broken Windows Policing*, Cambridge (Ma.): Harvard Univ. Press, 2001.

Daphne Josselin and William Wallace, "Non-state Actors in World Politics: A Framework", in Daphne Josselin and William Wallace (eds.), *Non-State Actors in World Politics*, New York: Palgrave, 2001.

Robert D. Kaplan, *The Coming Anarchy: Shattering the Dreams of the Post Cold War*, New York: Random House, 2000.

John Keane, *Global Civil Society?*, Cambridge: Cambridge Univ. Press, 2003.

George Kelling, *Fixing Broken Windows*, New York: The Free Press, 1996.

George Kelling and James Q. Wilson, "Broken Windows", in *Atlantic Monthly*, March 1982.

Alex Mintz and Nehemia Geva, "Why Don't Democracies Fight Each Other?", in *The Journal of Conflict Resolution*, Vol. 37, No. 3, September 1993.

Solomon W. Polachek, "Why Democracies Cooperate More and Fight Less: The Relationship between International Trade and Cooperation", in *Review of International Economics*, Vol. 5, Issue 3, December 2002.

Geoffrey Pridham, Eric Herring and George Sanford (eds.), *Building Democracy? The International Dimension of Democratization in Eastern Europe*, London: Continuum, 1997.

Wolfgang Reinicke, *Global Public Policy: Governing without Government?*, Washington (DC): Brookings Institution Press, 1998.

Wolfgang Reinicke and Francis Deng, *Critical Choices: The United Nations, Networks, and the Future of Global Governance*, Ottawa: International Development Research Centre, 2000.

N. J. Rengger, "Toward a Culture of Democracy? Democratic Theory and Democratization in Eastern and Central Europe", in Geoffrey Pridham, Eric Herring and George Sanford (eds.), *Building Democracy? The International Dimension of Democratization in Eastern Europe*, London: Continuum, 1997.

"Responsible Regionalism", in *The Economist*, December 22, 2000.

James N. Rosenau and Ernst-Otto Czempiel (eds.), *Governance without Government: Order and Change in World Politics*, Cambridge: Cambridge Univ. Press, 1992.

R. J. Rummel, "Democracies Don't Fight Democracies", in *Peace Magazine*, Vol. 15, No. 3, May-June 1999.

Thomas Schwartz and Kiron K. Skinner, "The Myth of Democratic Pacifism", in Hoover Digest, No. 2, 1999.

Thomas G. Weiss and Leon Gordenker (eds.), *NGOs, the UN, and Global Governance*, Boulder (Co.): Lynne Rienner Publishers, 1996.

Oran R. Young, *Governance in World Affairs*, Ithaca (NY): Cornell Univ. Press, 1999.

Фарид Закария, *Будущее свободы*, Пер. с англ. под ред. и со вступ. ст. В. Л. Иноземцева, Москва: Логос, 2004.

全球民主：21世纪的一大挑战

〔意〕丹尼尔·阿基布吉*

直到几年前，民主可以扩展到民族国家以外的这个想法还被认为是个谬论。受过政治学专业训练的学者们马上就会说，民主的实践只能在国家的边界线以内生存和发展。发展任何形式的后民族民主或将民主的价值观强加给国际组织（IOs）的可能性通常会被当做是空想而很快被排除，而持此想法的人则被认为是空想家。[①]

如今，人们对此不那么确定了。当然，并非人人都相信，民主的理念超过国家的范围还有某种意义，但至少存在讨论的空间。专门讨论后民族、跨民族、全球或世界民主的大学课程有所增加。学术界经常讨论这个问题，关于这一主题的文献也成倍增多。最后，但肯定不是最不重要的，有几个重要的研究成果是来自青年学者，仅此一点就足以说明，至少在学术界情况正在发生变化。[②]

---

* 丹尼尔·阿基布吉（Daniele Archibugi）——意大利社会学家和政治哲学家，毕业于罗马大学，伦敦大学伯克贝克学院教授。曾在剑桥大学和哈佛大学任教，英国萨塞克斯大学荣誉教授。意大利国家研究委员会主席。世界主义和民主问题最著名的学者。著有：《世界主义民主——新世界秩序议程》（与戴维·赫尔德合著，1995）、《全球公民联合体：走向世界主义民主》（2008）。

① 例如，参见 Robert Dahl, "Can International Organizations be Democratic? A Skeptical View", in Ian Shapiro and Casiano Hacker-Cordón (eds.), *Democracy's Edges*, New York: Cambridge University Press, 1999; Ralf Dahrendorf, *Dopo la democrazia*, Roma-Bari: Laterza, 2001。

② 我在拙著《全球公民联合体：走向世界主义民主》一书中对有关全球民主的观点和文献进行了梳理，详见 Daniele Archibugi, *The Global Commonwealth of Citizens: Toward Cosmopolitan Democracy*, Princeton: Princeton University Press, 2008。

然而，学术上的重视和讨论并非全球民主论的最终目标。它的雄心要大得多，即促进全球政治变革。与后民族民主论相关的一个明显的例子就是欧盟，它是迄今为止将民主的一些价值观和准则运用于国家之间的一个最巧妙的历史尝试。但这不是唯一的研究轨迹，在联合国和其他国际组织的改革议题中，进行民主地思考和行动的益处也得到了讨论。非政府组织、工会、政党和舆论也越来越多地倡导用民主的手段解决包括人权、移民、贸易、金融和环境在内的全球性问题。

那些呼吁全球民主的人并不一定希望弱化国家的功能。国家仍将是国内和全球政治中最有力和最恰当的政治角色，人们对此有充分的认识。将部分国家职能和权力转交给其他机构的尝试至今仍令人失望。但即使是最怀疑的评论家如今也认识到，国家作为合法性的独家托管人的时代已经结束。今天，国际事务的决策也要受到非政府组织根据不同于权力政治的价值观而进行的审查，如合法性、责任、透明度、参与和包容。这些价值观实际上都是传统民主理论的核心要素。不同的政府和非政府组织，如联合国和大赦国际组织、世界贸易组织和扶轮社、欧洲议会和世界社会论坛，都有助于全球治理，并都对国家的行为进行评价。①

应该明确，后民族国家层面上的任何民主形式都不能也不应该是我们在国家层面所经历过的民主形式的复制品。首先是因为两者的规模不同。其次是因为在后民族国家层面，迫在眉睫的问题是需要创新的治理形式。在新的全球维度发展民主实践，首先需要一种富有想象力的努力。民主能够成功地实现这种转型吗？为了激发人们参与政治活动，民主实践已经不是第一次不得不转型和改进了。很多世纪以来，民主这个词都被用来描述集合在同一个场所的人们是如何进行决策的，这就是我们今天所说的直接民主。但在18世纪末，法国革命特别是美国革命通过把民主改造成为"代议"民主而成功地使民主适应于更广阔的地域和更复杂的政治共同体。值得注意的是，在当时的政治词汇中，并不确定是否应该使用相同的词来定义古代的"直接"民主和现代的"代议"民主。例如，联邦党的作家没有用民主这个词来形容其所

---

① 参见 Mathias Koenig-Archibugi, "Mapping Global Governance", in David Held and Tony McGrew (eds.), *Governing Globalisation*, Cambridge: Polity Press, 2002。

倡导的政治制度，而是强调，"在民主制度中，人们亲自践行和实施行政管理；在共和国，他们通过代表和代理人进行组织和管理"①。但是，民主这个词得以保留终究不是件坏事。这是因为尽管古代民主和现代民主有不同的地方，但公共生活中的非暴力、公众对决策者和决策制定的控制以及公民之间的政治平等这些核心价值观念是两者都认同的。今天，为了将民主运用和扩大到这个新的全球时代，也需要同样的转型。这可能吗？

当前的环境原则上应该为这样一个雄心勃勃的尝试提供了难以想象的条件。首先是因为经济、社会和文化全球化进程加强了国家之间的互动，这就使好的治理实践更容易得到展示和被人们接受。其次是因为民主制度迄今仍是有吸引力的政治制度。自柏林墙倒塌后，民主政权就扩展到了东方和南方。在历史上，选举产生的政府第一次管理了世界人口的大多数，但并非所有这些政权都同样尊重基本人权，它们在实现有代表性的、负责的和合法的管理方面还面临着很大的压力。民主已成为合法政府和合法权力的唯一来源。不仅民主国家在数量上终于超过了专制国家，而且巩固的民主国家也是世界上更强大和更有影响力的国家。像20世纪30年代和50年代那样，民主国家不得不为争取自己的生存而努力的时代已经结束了。柏林墙倒塌之后，民主制度作为一种合法的统治形式再也没有像样的对手了。

最近20年来民主国家的数目已大幅度增加的事实，对全球民主来说也应该是个好消息。但是如果考虑到实质性问题，却很难说这些好消息在哪些领域带来了重大成效。战争一直是国际争议的解决方式，环境问题仍未解决，世界社会经济不平等现象日益加剧，而官方的发展援助却有所减少。全球治理机构也出现了同样的令人失望的景象。联合国改革仍在讨论而没有落实，2008年金融危机后经常呼吁的改革国际货币基金组织和世界银行的前景也日益暗淡。最重要的全球治理调节机制仍是八国集团或二十国集团首脑会议，它们没有宪章，也不透明，因此，这样的组织还没有联合国民主。然而，十多年前一个全新的国际机构——国际刑事法院——得以建立，而且其缔约国的数量已经超过了最乐观的预期，这也是事实。区域组织的数量及其涵盖的

---

① Alexander Hamilton, James Madison and John Jay, *The Federalist*, Chicago: Encyclopaedia Britannica, 1955, n. 14.

领域也大大增加。但是，对比冷战结束所带来的希望和机会，这些令人鼓舞的发展只是部分令人满意的。

如果看看民主国家的外交政策，就更没有什么理由庆贺了。民主国家仍然是侵略性的、自私的，并且随时准备为捍卫自己的切身利益而不择手段。总之，鉴于冷战前后民主国家和专制国家的外交政策毫无差异，现实主义学派的观点似乎得到了证实。国际关系领域的学者们都将注意力集中在民主国家之间具有较低的战争倾向这一假设上。这应该证明了，至少在发动战争的倾向这个问题上，民主国家与专制国家有所区别。[1] 但即便这样的假设成立，也并不一定意味着民主国家准备像对待本国的公民一样，去对待其他政治共同体中每个人的偏好和需要。此外，还有一个危险是，民主国家会觉得自己有权使用强制手段将自己的政治形式扩大到其他国家。[2] 这种外交政策在乔治·W. 布什总统当政期间占主导地位，并导致了令人遗憾的对阿富汗和伊拉克的侵略，这当然是错误地理解了民主的一个核心方面：它是一个自下而上而非自上而下的政治制度。

尽管过去几年错过了机会，支持全球民主的人认为民主国家在国际事务中表现不佳（说得客气一点），但他们还是预测到，这种内部行为和外部行为的分裂状态不可能永远持续下去。在一个全球化的星球，内部民主会持续受到在别的地方发生的现象和作出的决定的影响。[3] 如果不与其他民族之间建立民主的关系，自由国家在国内就将面临越来越大的合法性问题。如果不在国际舞台上遵行同样的行为，政府会发现要求本国公民尊重法治和参与政治进程会变得越来越困难。

---

[1] 参见 Bruce Russett, *Grasping the Democratic Peace*, Princeton: Princeton University Press, 1993。

[2] 参见 Nadia Urbinati, *Ai confini della democrazia: Opportunità e rischi dell'universalismo democratico*, Rome: Donzelli, 2007; Daniele Archibugi, *The Global Commonwealth of Citizens: Toward Cosmopolitan Democracy*, Princeton: Princeton University Press, October 2008, chapter 8。

[3] 参见 David Held, *Democracy and the Global Order*, Cambridge: Polity Press, 1995。

民主治理的不同层面

为支持全球民主而展开论证和说明，对于其他的民主治理形式也有重要意义。当前世界偏远地区的互动也在各个层面改变着民主的实践，而且如果接受全球民主的挑战，对于地方、国家和区域层面的民主运作方式也是有意义的。

地方层面

地方网络常常也活跃在全球层面。因为国家很少将处理具体问题的权限移交给地方间组织，有关方面往往不得不采取超出其权限的行动，这样一来，越来越多的政府和非政府组织就被建立起来，它们所联系起来的社会团体和地方机构却不一定是同一个国家的。

国家层面

民主国家可以像世界主义的代理机构那样，成为一个实验室。例如，今天人们呼吁国家给予那些传统上被剥夺了权利的人如难民和移民以权利。然而，民主国家还要面对谁应该被视为公民的困境：是那些在某个民主社会出生的人？还是生活在那里并纳税的人？又或者是那些只是想成为这个社会中的公民的人？通过给予那些来自于不同社会的个人某些权利，每个国家都可以成为世界主义的拥护者。今天，每个社会对待移民的方式，都成了世界主义的一项考验。一些国家更愿意和能够更好地接纳他们，并给予他们特定的权利，甚至是公民权。[①]

国家间层面

政府间组织（IGOs）如联合国或欧盟的存在，表明各国愿意将某些民主原则，如各成员国之间形式上平等、对公众负责和法治扩大到国家间层面。

---

① 参见 Seyla Benhabib, *Another Cosmopolitanism*, Oxford: Oxford University Press, 2006。

但与此同时，如罗伯特·达尔所说，也表明了要实现这些还存在很多困难。[①]政府间组织是民主组织吗？而且，如果不是的话，它们会变成民主组织吗？大多数政府间组织是建立在其成员国形式上平等基础上的，这反过来又保证了每个国家无论其人口规模大小、在决策中的介入程度多少，还是政治和军事力量的水平高低，都有一票。结果是，在联合国大会上，那些人口加起来只占世界人口总数5%的众多小国拥有绝大多数选票。但是，即使六大国（中国、印度、美国、印度尼西亚、巴西和俄罗斯）代表了世界一半以上的人口，将大会的绝大多数选票只给它们，也不会对情况有所改善。为保证公平的民主进程，多数原则应得到改造。在这方面，政府间组织是一个典型的例子。

区域层面

在许多情况下，区域层面的治理可能是最令人满意的。其中最引人注目的历史案例就是欧洲了，在那里，一种不仅能够巩固自己而且能够提高其成员国民主水平的政治制度慢慢地、大致上连续地发展起来。通过普选产生议会，以及成功地从最初的6个成员国扩大为现在的27个成员国，使欧盟从其他区域组织中脱颖而出。即使是在这个全部都是民主国家的地区，也难以填补民主赤字。民众或许持有与迄今仍驱动旧大陆政治一体化的精英们完全不同的观点。法国、荷兰和爱尔兰最近的公投就残酷地表明，大多数民众并不一定赞成一体化。但即使这些公投也没能阻止欧洲的一体化。在其他地方，区域组织也增加和强化了其职能，尤其是关注贸易协定。这些区域协定能否、何时以及如何通过建立负责任的代议机构而演变为政治条款，还有待观察。

全球层面

在过去十年间，非国家主体已经在各种联合国首脑会议以及国际货币基金组织和世界贸易组织等机构发出了自己的声音，这是因为人们越来越强烈地要求国际组织应该更多地代表全球公众的观点并对其负责。非政府组织至今仍没有决策权，而且它们的作用主要是倡导。但不管怎样，一个超出国家

---

① 参见 Robert Dahl, "Can International Organizations be Democratic? A Skeptical View", in Ian Shapiro and Casiano Hacker-Cordón (eds.), *Democracy's Edges*, New York: Cambridge University Press, 1999。

行动范围的治理层面正在逐步显现。联合国和其他国际组织，尽管具有政府间组织的性质，但也开始向非政府角色敞开大门了。如果现有的国际组织继续向这个新生的全球公民社会敞开大门，就将为在全球层面的民主治理播下第一批种子，而它们将会慢慢发芽。

不同治理层面之间的关系

由于治理的层面和机构不断增加，就产生了这样一些问题：各种权限在不同的机构之间如何分配？被赋予了重叠权限的机构的存在是否会产生新的冲突？关键的概念是主权，它是国际法体系的基础。假设一个政治主体或机构主体对其行为不承担责任，是不符合民主的本质的。每一个政治角色，无论是专制君主还是"拥有主权"的人民，当权限发生重叠时都必须与其他人达成妥协。主权或许需要演变成宪政。因治理层面不同引发的有关权限的冲突，可以在一个全球宪政的领域里通过司法机构得到解决。反过来，这一切都必须建立在一个明确的宪法授权的基础上。

通向全球民主的路径

但如何才能把一个由民主国家主导的世界秩序变成一个民主的世界秩序呢？其实，人们已经为实现全球民主采取了许多行动，制定了许多政策。下面我要强调其中一些主要方面。

制定民主的外交政策

首先，应重新修改各国外交政策的优先事项。民主国家应该优先考虑成为国际社会的好成员，甚至不惜为此牺牲本国的短期国家利益。美国总统贝拉克·奥巴马说，他的国家需要在外交政策上按一下"重启"（白宫，2009年3月3日），这个比喻可以在更广泛的意义上用于对民主国家的外交行为进行反思。例如，巩固的民主国家应该支持那些更愿意促进民主而不是只服务于自己的国家利益的外国政府和政党。

随着贝拉克·奥巴马总统的上台，人们对美国外交政策的根本改变以及加强巩固的民主国家之间的团结抱有很大期望。但这并不一定意味着民主国家应该建立新的机构（如有人建议成立民主国家联盟），从而把其他的专制政府排除在外。民主国家联盟会成为又一个政府间机构，它不会为公民参与开辟通道。创建代表世界公民而非代表本国政府的机构，才更符合民主的精神。

对国际组织作出贡献

第二项行动是民主国家要帮助制定政府间组织议程及其改革议程。国际组织再也不能只被看做是各国政府的代理机构了。到目前为止，国际组织已经应用了一些民主原则和程序，但只是在一个相当有限的范围内。对联合国和其他国际组织进行改革的长期规划是存在的，但它们除了引发政策讨论和出版学术著作之外，从来没有被人们认真考虑去实施。这些建议大多旨在提高国际组织的地位和功能，扩大对它们的参与和监管。这些改革建议是向全球民主方向迈出的步伐，可以大大提高国际组织独立的政治地位，使之不仅仅是各国政府的工具。令人惊讶的是，反对这些建议的不只是专制国家，而且也有民主国家，首先就是美国。

全球法治

第三项行动是指加强国际法律体系。法治是任何民主制度的重要组成部分。建立和尊重全球法治并不一定意味着创建一个强制性的超国家权力。事实上，一些国际组织，包括欧盟和联合国，已经有复杂的法律规范和不成熟的司法权了。这些司法机构的决定常被忽视是不足为奇的，因为其缺乏强制力。但是，如果国际规范和司法权变得越来越精密，各国政府违反它们的代价就会越来越昂贵。

在过去几年，加强全球法治的期望主要集中在国际刑事法上。几个特设国际法庭，尤其是国际刑事法院（ICC）的创建，使人们有了新的希望来要求政治家为自己的行为负责。事实上，国际刑事法院是后冷战时代最重要的制度创新。尽管还应该采取很多措施，使这个法院充分发挥作用，并促使所有国家接受其司法权，但已经可以评估其最初几年的活动了。到目前为止，被国际刑事法院采取行动的大多是非洲的疑犯，以及对抗当局并受到当局指控的叛乱分子（尽管起诉苏丹总统奥马尔·巴希尔是一个重要的例外）。所有已经进行过的调查都是有据可查的，但还是太具选择性了。一个危险就是，国际刑事法院会被看做是当局打击叛乱分子的一个工具,以及白人施加给黑人的又一项负担。那些希望国际刑事法院可以成为弱者反对强者的自卫手段的人至今一直感到失望。为了搞平衡,国际刑事法院还需要将一些西方人在其政府支持下进行犯罪的案件涵盖进来。

对国际刑事法院的兴趣,在某种程度上掩盖了一个同样重要的问题,即需要通过法律手段来解决国家间的争议。联合国体系中负责解决这些争议的机构国际法院(ICJ)没有得到充分利用,这主要是因为,只有在争议双方都愿意接受它的司法权时,它才能发挥作用。遗憾的是,这种情况很少,也都是在争议微不足道时发生的。如果看看法院提供的判决和裁决,我们得到的将是对过去60年世界历史的一个非常扭曲的看法。越南战争、入侵匈牙利和捷克斯洛伐克、伊拉克战争、核武器的合法性和其他许多主要的国际争端并没有受到法院的任何关注,理由很简单,即各国都不愿将这些案子提交法院判决。

全球法治的重大发展,需要赋予国际法院强制司法权。① 在这种情况下,法院将不再充当两个国家之间的"裁判",而是一个真正的法庭。这并不一定意味着国际法院将有权强制执行其判决。但即使没有强制执行,谴责某国行为的判决也将会对国际关系产生重要影响。而且,这也是每个国家都可以单独进行的改变,一些国家已经承认了国际法院的强制司法权。

利益相关者的作用

协商团体不一定必须设在某个领土范围内。在越来越多的领域,政治问题都是非地域性的,或者包括不同身份的利益相关者。② 专业协会、民族团体、因共同的疾病或强大的经济互动联系起来的公民团体都可能愿意通过民主程序处理他们的问题。很多这样的团体不可能也不想变成国家,并宣称对某块领土拥有主权,但它们仍觉得必须有一个政治空间来解决它们的问题。③

---

① Richard Falk, *Law in an Emerging Global Village: A Post-Westphalian Perspective*, Ardsley: Transnational Publishers, 1998.

② Carol Gould, *Democratizing Globalization and Human Rights*, Cambridge: Cambridge University Press, 2004.

③ 参见 John Dryzek, *Deliberative Global Politics*, Cambridge: Polity Press, 2006; Terry Macdonald, *Global Stakeholder Democracy*, Oxford: Oxford University Press, 2008。

掌管特定领域的跨国行为体的数量日益增多，正如同既包括公众人物也包括商业人物的管理机构的数量在增多一样。争取社会正义的跨国运动已经在试验将主体不分国别联系起来的方式了。

要求政治合法性的新参与者的崛起带来了以下问题：谁是利益相关者？不管怎样，各国的政治团体组织提供了一个直接的答案：是国家在国内决定谁是公民，并在国际上代表他们。但如果在国家之外，再加上其他的政治代表形式，那么要确定一定情况下的利益相关者是谁就会困难得多。谁是石油工业联合体的利益相关者？我们可以明确指出的有：石油公司的股东、该行业的从业工人、工业社会中的消费者和石油生产国的公民。他们都可以被视为合法的利益相关者，但在政治进程中每一类人的相对权重应该是多少，这个问题还没有解决。在某些情况下，可以指望利益相关者自己找到代表他们利益的适合的制度，但在更多有争议的情况下，他们很可能要依赖外部来分配权限和选举人的权重。世界议会大会可以成为最大程度地减少政治排斥、提供政治代议机构、同时将权限和职能归还给跨国的利益相关者的工具。

全球政治中的公民参与

全球民主计划中的一大亮点就在于，给予世界公民相应的但独立于其国家政治公民权的政治代表权。实现这一目标最简单的方式就是创建一个组织结构类似欧洲议会的世界议会大会。① 这样一个机构将是把全世界的人们团结在一起协商共同问题的天然的、最有效的方式。这个机构不可能拥有有效的权力（至少从短期和中期来看），但即便只是作为一个阐述公众观点的论坛，它也可以在鉴别和比较有关世界事务的政策上发挥重要作用。这个大会不一定要涉足全球政治生活的方方面面，但可以把注意力集中在最有意义的问题上，这些问题既可以是对全球生活带来影响的问题（如环境问题），也可以是有着重要政治意义的问题（如重大的侵犯人权事件）。在某些情况下，世界议会大会可以就解决跨国问题最恰当的人选提出建议。

---

① 参见 Richard Falk and Andrew Strauss, "The Deeper Challenges of Global Terrorism: A Democratizing Response", in Daniele Archibugi (ed.), *Debating Cosmopolitics*, London: Verso, 2003, pp. 203–231。其他不同建议，可详见 Archibugi, *The Global Commonwealth of Citizens: Toward Cosmopolitan Democracy*, chapter 6。

这个新机构可以作为联合国大会的补充，并与联合国密切合作。它可以成为那些迄今为止被剥夺了参与权利的个人和集体（各国内部的少数民族或政治少数派、无国籍群体、移民、难民，更重要的是那些仍生活在专制制度下的人民）在全球事务中的政治代表。但它的用处不只局限于那些在政治代表方面处于边缘地带的群体。而且，生活在巩固的民主制度下的个人也将有机会享有全新水平上的治理权和代表权。有些支持召开世界立法大会的计划，已经对这样一个世界议会的选举制度和议员人数进行了设想，甚至提出了建议。①

一些事情正在发生变化

全球民主议程无论在理论上还是在实践上仍然处于起步阶段。但与几年前相比，事情已经发生了改变：这是一个可以讨论的问题，甚至是一个具有具体的政策行动特点的问题。多年来，向更民主的全球治理方向的进展一直遭到民主阵营中最强大的国家，即乔治·W. 布什领导的美国的阻挠。贝拉克·奥巴马当选受到了世界各地的欢迎，人们希望他的当选也为世界政治带来重大改变。但走向全球民主并非一场独角戏，即便这个人是美国总统。今天的条件比以往更有利的事实只是提供了一种动力来强化理论观点和政治支持。但在今天，把民主扩大到国家边界之外是 21 世纪民主理论和实践应该面对的严峻挑战之一，我们应该从这一认识开始起步。

（王　瑾译　李朝晖　校）

参考文献

Daniele Archibugi and David Held（eds.），*Cosmopolitan Democracy：An Agenda for a New World Order*，Cambridge：Polity Press，1995.

---

① 有关支持者的名单，可详见"联合国议会大会设立运动"网站，http：//en. unpacampaign. org/news/374. php。

Daniele Archibugi, David Held and Martin Koehler (eds.), *Re-imagining Political Community: Studies in Cosmopolitan Democracy*, Cambridge: Polity Press, 1998.

Daniele Archibugi, *The Global Commonwealth of Citizens: Toward Cosmopolitan Democracy*, Princeton: Princeton University Press, 2008.

Seyla Benhabib, *Another Cosmopolitanism*, Oxford: Oxford University Press, 2006.

Robert Dahl, "Can International Organizations be Democratic? A Skeptical View", in Ian Shapiro and Casiano Hacker-Cordón (eds.), *Democracy's Edges*, New York: Cambridge Universtity Press, 1999.

Ralf Dahrendorf, *Dopo la democrazia*, Roma-Bari: Laterza, 2001.

Michael Doyle, "Kant, Liberal Legacies, and Foreign Affairs", in *Philosophy and Public Affairs*, Vol. 12, No. 3 & 4, 1983, pp. 205 –235 & 323 –354.

John Dryzek, *Deliberative Global Politics*, Cambridge: Polity Press, 2006.

Richard Falk, *Law in an Emerging Global Village: A Post-Westphalian Perspective*, Ardsley: Transnational Publishers, 1998.

Richard Falk and Andrew Strauss, "The Deeper Challenges of Global Terrorism: A Democratizing Response", in Daniele Archibugi (ed.), *Debating Cosmopolitics*, London: Verso, 2003, pp. 203 –231.

Carol Gould, *Globalizing Democracy and Human Rights*, Cambridge: Cambridge University Press, 2004.

Jürgen Habermas, *The Postnational Constellation*, Cambridge: Polity Press, 2001.

Alexander Hamilton, James Madison and John Jay, *The Federalist*, Chicago: Encyclopaedia Britannica, 1955.

David Held, *Democracy and the Global Order*, Cambridge: Polity Press, 1995.

David Held, *Global Covenant: The Social Democratic Alternative to the Washington Consensus*, Cambridge: Polity Press, 2004.

Mathias Koenig-Archibugi, "Mapping Global Governance", in David Held and Tony McGrew (eds.), *Governing Globalisation*, Cambridge: Polity Press, 2002.

Terry Macdonald, *Global Stakeholder Democracy: Power and Representation Beyond Liberal States*, Oxford: Oxford University Press, 2008.

Raffaele Marchetti, *Global Democracy: For and Against*, London: Routledge, 2008.

Heikki Patomaki and Teivo Teivainen, *A Possible World: Democratic Transformation of Global Institutions*, London: Zed Books, 2004.

Bruce Russett, *Grasping the Democratic Peace*, Princeton: Princeton University Press, 1993.

Nadia Urbinati, *Ai confine della democrazia: Opportunità e rischi dell'universalismo democratico*, Rome: Donzelli, 2007.

有限主权时代的民主

〔俄〕叶卡捷琳娜·库兹涅佐娃*

近些年来，西方学者对民主命运的讨论主要围绕两个问题展开。一个问题是，越来越多的研究者关注民主合法性和共和制基础受到侵蚀的问题，其表现是西方社会中出现了对选举过程的兴趣下降、政治文化的媒体化和选举空间缩小等让人担忧的现象。另一个问题是，过去几十年中，被从海地到阿富汗世界各地的"民主化试点"的失败所挫伤的西方知识分子，在为扩展自由和民主空间寻找更有说服力的理由时，也不得不重新审视与世界非西方国家（通常是非民主国家）的相互关系原则。

这两个问题看起来好像没什么共同点：尽管这两种情况说的都是民主，但成熟的民主制度正经历危机与尚未稳定的年轻民主制度"幼稚病"之间，关系实在太远了。的确，西方社会中左、右翼党派的意识形态差别逐渐消失，盟军部队开始撤出后维持伊拉克脆弱的国家制度的战略，这二者之间能有什么联系呢？借助于用来巩固被使用行政资源、建造"垂直权力"以及限制公民权利和言论自由所破坏的俄罗斯民主合法性的那些方法，能够消除现在人们常提到的欧盟——这个拥有世界上最巧妙和复杂决策机制的超国家机构——内的"民主赤字"吗？

同时，非西方国家遭遇政治压力或受到西方对其缺少民主的批评，因而

---

* 叶卡捷琳娜·库兹涅佐娃（Екатерина Кузнецова）——俄罗斯政治学家，后工业社会研究中心欧洲项目负责人，有限主权和地区一体化进程问题专家。著有：《欧洲的回归——新世纪旧大陆肖像素描》（与伊诺泽姆采夫合著，2003），在俄罗斯和国外学术期刊上发表论文上百篇。

也愿意研究西方民主的偏差和缺陷。出现了各种各样的论据，其中一些是公正的，另一些明显是大众的和宣传性的。在西方人们并不否认，对输出民主这一思想打击最大的，是美国在阿富汗和伊拉克的军事行动失败，而提出这些行动的是经少数国人选举和最高法院裁决批准的总统；西方人同意，《爱国者法案》（Patriot Act）的通过限制了美国公民的一系列公民自由；他们承认，美国及其欧洲盟友在世界各地非法惩罚那些被怀疑从事恐怖活动的人的做法被揭露后，标榜推广民主是其外交政策目标的西方国家的名誉蒙上了阴影。

同时，2008年的经济下滑，为西方民主的批评者们提供了新的证据。经济危机表明，民主制度本身并不保证更高的经济效率，而西方宣扬的自由主义对一些可以说是不理智的行为视而不见。非西方民主制的中国和波斯湾石油国家相对轻松地渡过了危机，而且还帮助了美国，购买美国债券和直接入股一些正处于困境的美国银行。现在，对西方指责世界其他国家的回答是，提醒他们，2008年美国GDP下降了2.6%，欧盟27国的GDP下降了4.2%，而中国的GDP增长了8.7%。

除了纯粹的经济困难，经济危机还对西方作为经济发展旗手的能力提出了质疑，击败了西方思想家手中一直以来能证明西方优势的最后一个论据。在被当做济世理想的民主和自由观念基础上建立的西方与世界其他地区的关系模式，已经明显地表现出危机。急速民主化时代的结束和对在全球推行民主制度抵制的加强，让西方面对了近十年来最严重的智力挑战——必须全方位重新思考与非西方世界交往的形式和方法，既要修正外交政策的思想基础，还要公正地分析民主化的政治合理性。西方的知识分子和政治家们能在对外交往的新语言上达成广泛共识吗？哪些思想会成为这个共识的基础？在这里，我们不追求说明全部计划，只是一方面批判地评价国际关系的一些关键性问题，另一方面为建设新的更适于文明共存的环境提出一些必要的建议。

危机的原因

由于世界其他国家不愿意接受被强加的有关对社会政治组织的方法和组

织形式的认识，从而引起了西方外交政策的认同危机，在我们看来，这个危机有三个基本原因。

第一，对许多国家来说，民主并不具有毋庸置疑的价值，但是，近20年来西方把实行民主化作为与世界政治交往的主题。西方错误地理解了20世纪80年代和90年代之交世界政治中的结构变动，认为这证明了对民主的普遍追求，其实那更多反映的是对自由的渴望。把自由和民主的概念混淆一起，在西方造成了一种假象，仿佛形成了各国政治交往的通用语言，仿佛建立起了无差错地识别"自己人—外人"的体系，而民主则成了西方制定对个别国家政策方针时的关键标准。

现在西方竭力推动民主，是继承了美国19世纪初以来支持各民族争取自由和独立斗争的传统，当时美国接受了"美洲大陆独立的政治发展"的理论，这就是著名的"门罗主义"。当然，门罗主义就像"二战"后的美国外交政策一样，包含着重要的地缘政治因素，"二战"后美国坐视欧洲殖民帝国的垮掉，支持了各民族争取解放的自决运动。但是，人们很快就明白了，独立和民主，自由和自由主义，是不同的东西。如果说19世纪拉丁美洲各国的民主和自由状况并不比美国差，那么对待新独立的非洲国家和自由选择参加共产主义阵营的国家就不是这样了。美国需要改变着重点，民主化就成了新的口号。

这个变化显得很自然，一方面，美国和欧洲围绕着这个口号第一次联合起来（殖民主义的遗产已经不足以影响欧洲，在不久前加入欧共体的国家民主转型过程中，欧洲也取得了巨大成功），另一方面，戈尔巴乔夫统治时代的苏联领导人也支持民主化。20世纪80年代末，在口头上，已经没有人反对民主化了，后来表明，这是对民主化思想开了一个恶意的玩笑。

很快实际情况就表明，民主化比原来想象中要复杂得多，而民主就等于自由，委婉点说，还没看出来。世界各地民主化的经验表明，不只是没有全民选举就没有稳定的民主制度，没有独立的司法体系、负责的和公正的强制性机构，以及自由和竞争的经济，也不可能有稳定的民主制度。同时，这些因素在新的土壤上很难存活，因为这与热情呼唤自由不同，这些因素需要统治阶级真正地反腐败和政治清廉，需要冷漠的社会表现出公民积极性，并准备在实践中维护自己的权利，而这些通常无法实现。

第二，由于推广民主体制的方法不当，对民主化的抵制增加。这个悖论就在于，扩大民主的疆域完全不是通过民主的方法来实现的。人道主义干涉、经济讹诈和军事政治压力，打破了人们对普遍自由时代来临的乐观期待。

在西方看来，首先在美国看来，为了民主化的目标，单方面经济制裁、建立军事基地、支持反对派和武力干涉都是可以采用的手段。专制的伊朗和古巴早就处在这种包围圈中；对台湾的军事政治支持和增加在东欧的军事力量，都明显表现出对偏离西方民主形式的中国和俄罗斯的不信任；大量资金被用在了特别严重情况下的军事干涉，如埃塞俄比亚军队入侵索马里时。

同时，这些措施的效果值得怀疑。最近十年来最大的"民主手术"是对伊拉克，盟国为此付出的资源可以与"二战"后的日本民主化相比（驻日占领军达到了 40 万人，而为推翻专制的萨达姆·侯赛因政权以及后来稳定伊拉克局势，动用了不少于 30 万人）。但是，这两个民主化的结果能相比较吗？

民主化人士的努力效果甚微有许多原因，其中有一点需要特别指出。在两极世界瓦解前，民主化一直都是用非民主的方式推行的。但是，如果说在冷战时期，周边国家由于是两种制度竞争的"合法"战场，最容易成为民主化的对象，不寻求另一个超级大国的庇护就不可能抵抗干涉，那么在 20 世纪 90 年代，抵抗的可能性就大多了，首先是因为西方的立场发生了摇摆。之所以发生这种摇摆是因为原来两种制度斗争的思想被新的主权思想取代了。主权从"沉睡的"（即国际法名义上规定了，但实际中经常被忽视）价值变成了一个积极的、活跃的概念。这个过程实际上很早就开始了，从 20 世纪 60—70 年代欧洲人承认其前殖民地拥有国家的主权时就开始了。①

同时，这些过去的附属国在获得主权时，没有规定必须遵守真正的自治标准——有能力与其他国家进行经济竞争，抵制别国干涉本国事务以维护公民权利，等等。后来人们才明白，如果要求主权的国家没有稳定的民主制度，被承认独立反而会带来严重的消极后果。这之前，苏丹、刚果和乍得等新独立国家早在 20 世纪 60 年代末就燃起了族际战争和国内战争的战火，此后的十年，战火延伸到了东南亚、中东和其他地区。

---

① 参见 Chris Brown, *Sovereignty, Rights and Justice: International Political Theory Today*, Cambridge: Polity Press, 2002, pp. 140–141。

这几十年，新独立国家中粗暴践踏人权已经成了普遍现象，冲突连年不断，而政治领导人坚信，主权就是免受惩罚的代名词。实际上，对于非西方国家来说建立的是一种平行的国家间法律体制，罗伯特·杰克逊早在20世纪80年代末曾用"消极主权"①一词来表示这种体制。

这一做法的效果在几十年后才彻底显现出来。自决的第三世界国家有主权保护可以不被干涉，却同时要求发达国家给予各种积极歧视，如特别优惠、发展援助、经济宽容、在民主和人权发展状况评估时给予迁就等。结果，国际组织中出现了完整的院外活动集团体系：在世界贸易组织多哈回合谈判时，穷国在"三十三国集团"和"九十国集团"两个组织框架内协调自己的立场，为优先进入发达国家市场坚持保护主义措施；在联合国，发展中国家在"七十七国集团"框架内维护自己的利益，要求增加发展援助和免除最穷国家的债务；代表外围国家的利益集团和要求免除债务的运动，最终达到了目的，国家货币基金组织和世界银行免除了最穷的18个国家的债务。现在不仅发达国家的学者，外围国家的学者已经认识到这种政策的狡猾，开始抱怨"非发展中世界"②，并要求重新研究援助方式，把改善国家管理质量作为援助的条件③，这并不是偶然的。

20世纪90年代和21世纪前十年民主化尝试的失败，是之前早就注定的。这是因为，自由取代了民主，开始与主权联系得更紧密了，自由允许独立选择治理形式，而且不一定是民主形式；这是因为在世界外围地区累积的问题，导致在很多情况下无法用和平手段实行民主化；这也是因为，民主化本身仍是向一些国家强加西方模式的个例，没有形成建设更公正的国际组织和决策体系的全球趋势。

第三，应该承认，民主的能力不再是独一无二的，有时民主还表现出明显不足。一方面，国际社会面临的许多尖锐问题（落后国家的发展，反恐和

---

① 参见 Robert Jackson, *Quasi-States: Sovereignty, International Relations and the Third World*, Cambridge: Cambridge Univ. Press, 1990, pp. 27-28。

② 详见 Oswaldo de Rivero, *The Myth of Development: The Non-Viable Economies of the 21st Century*, London, New York: Zed Books, 2001。

③ 参见 William Easterly, *The White Man's Burden: Why the West's Efforts to Aid the Rest Have Done So Much Ill and So Little Good*, New York: Penguin, 2006。

反毒品走私，维持地区稳定，等等）是不能通过民主化解决的。另一方面，中国、越南、新加坡等非民主国家经济增长的实例推翻了威权体制下不可能实现经济发展的说法。在科技治国的方针下出现了合法性的新类型——结果合法性，结果合法性取代了西方一直以来的程序合法性（正如著名法学家约瑟夫·威勒所说，"民主的合法性应该建立在程序、选举过程之上，否则就可以说威权制度更有效了"①）。

因此，现在民主化计划很显然遇到了两个实际上不可逾越的障碍：一方面，向世界"兜售"民主"搭送"自由和独立，正在遭受失败；另一方面，民主化作为意识形态建构与主权思想冲突。这对推广民主的威胁越来越严重，通过效率实现民主的合法化也变得越来越难了。

民主和去主权化

民主化方案是西方文明扩张者意图的鲜明体现，其长期目标是吸引非西方世界进入自己的价值轨道，进而使其更循规蹈矩、易于理解和可预测。

但是，西方国家以支持民主名义进行的干涉和其他推广民主制度的做法，既没有增加稳定，没有提高国际关系的可预测性，也没有带来西方价值的胜利。因为民主化战略既不是实现这些目标的最短途径，也不是最快途径。相反，通过人道主义干涉、制裁和其他强制措施来推广民主，经常会导致一些国家及其邻国局势动荡，一些地区的威权制度更稳固，民族主义运动增多和恐怖主义爆发。显然，几十年来试图实现的这种形式的民主化，是失败的方案。推广民主的政策，加深了西方和非西方世界之间的世界观鸿沟，使西方在全球进程中的领导地位受到了质疑。

西方国家在肯定民主价值的自足性和自主性的同时，忽略了民主价值的职能使命。最终决定民主价值的，是其保持稳定和社会和谐的能力，保证国家成为国际社会中正派、守法和可预测一员的能力。我们要承认，今天的民

---

① Джозеф Вейлер, «Чем строже обязательства, тем реже они исполняются», в *Свободная Мысль*, №7, 2009, с. 8.

主在执行的既不是其第一使命，也不是第二使命。

这是否意味着，民主思想的彻底和最终失败呢？可能还是要承认，在目前阶段，西方失败了。但是，这只是战术的挫折还是会导致战略的垮台，最终取决于西方自己的行动。

现在不可思议的是，西方国家自身反对民主化比那些被强加民主的国家反对民主化更加强烈。准确点说，可以肯定，西方世界内部在民主的观点上存在着深刻分歧。

一方面，美国以及瑞士和挪威这些欧洲国家认为民主只存在于民族国家模式内。他们不准备在国际关系中采用国内政治中信奉的那些民主原则；即使在自己的民主盟友和伙伴国之间，这些国家也不赞成在民主程序框架内对关键的外交决策展开广泛的国际性讨论。例如，美国单方面决定干涉伊拉克，还为此目的"拼制"了一个"坚定同盟"；科索沃的国际承认问题，也没有在民主国家范围内大规模讨论过，而是每个国家单独决定的。这样的例子还很多。为什么会这样呢？我们认为，答案就是，国际关系的民主化限制了国家的选择自由，因为民主的合法性不仅建立在选举的行为之上，也是建立在多数人意见优先基础上。民主的程序总是包含着一种可能性，那就是政治事件的参与者可能是少数，可能被迫服从另一种意见。现在，我们能想象，如果大多数民主国家反对，美国会同意承认阿布哈兹和南奥塞梯，或取消对古巴的制裁吗？各国都害怕失去独立，害怕行动自由受到限制。而在国家主权论的帮助下，这个麻烦就容易解决了，主权是保持行动自由和逃避民主约束的合法机会。

另一方面，欧盟以一种独特的方法把外围国家的民主化战略和国际关系的民主化结合起来。随着《里斯本条约》生效，法定多数成为欧盟决策的基本形式，欧洲的地区一体化无疑是在国际关系领域普及民主的最成功例子。欧洲一体化这个民主项目，证明了其在保证持久和平、保持经济稳定增长和成员国国内政治形势稳定（这正是西方要通过推广民主达到的目标）方面是有效的，其成功的关键因素就是限制主权。欧盟在发起时是实施国家间合作原则的最经典例子，现在已远远超出了最初的界限。

苏联同盟瓦解后，欧洲一体化成了吸引其他欧洲国家的中心。欧盟经过几次扩大浪潮之后，如今已经有 27 个成员国，是少有的非强制民主化的例子，这种民主化首先把国际规则引入国家的法律体系。

从上面所述可以看出，在民族国家层面上，主权很容易与民主结合，但是在国家间层面，民主与主权直接冲突。换句话说，主权国家可以是民主国家（也可以不是），但是民主的国际体系不可避免地会限制国家主权。

再回到推广民主的合理性问题，我们是否可以问：发达的民主国家能否在不放弃自己的价值的同时，提高现代世界体系的稳定性和可预测性呢？

我们认为，彻底改变这套方式就可以。目前看来，通过干涉、控制政治精英和建立金融激励机制等方式进行的强制民主化要么是没有前途的，要么是无法实现的，这个事实表明，为了"外来的"民主化，就必须放弃"内生的"民主化。我们说的"外来的"民主化，是西方国家的行动战略，这套战略应该说不是一种正面的（或"进攻性的"）而是负面的（或"防守性的"）外交纲领。西方强国不应该去植入民主治理的价值观，而应该集中力量巩固国际体系的法律基础，准确点说，保证各主权国家毫无例外地全面遵守国际准则和法律。

现有的国际体系是矛盾的：一方面，这个体系建立在主权原则之上，而就像费尔南多·R. 泰森所说的，这样"把全权委托授予任何一个会无视人民意志、通过粗暴的政治力量确立统治的人，就给暴政创造了机会，而在相关国际文件中，却很冠冕地被称之为国家有权决定本国政治制度"[1]。另一方面，一边宣扬这个原则，一边只是有选择地遵循原则：皮埃尔·阿斯奈很公正地说"现在的情况甚至比'冷战'时期还危险，[因为]在那时，还存在可以进行克制的对话的一定的规则，[和]单方面先发制人地干涉别国事务也是不可想象的"[2]。而现在，已经出现了对世界秩序极其危险的选择性干涉。

保证国际法准则至上的最有效方法是，将其融入国内法体系。欧洲一体化60年的经验表明，如果国内司法制度要求执行国际规范，将国际义务国内

---

[1] Fernando R. Teson, *Humanitarian Intervention: An Inquiry into Law and Morality*, Ardsley: Transnational Publishers, 2005, p. 182.

[2] Пьер Аснер, «Великие державы должны иметь таких соседей, какой была Финляндия в годы "холодной войны"», в *Свободная Мысль*, №9, 2008, с. 58.

化，能最好地弥补制裁的不完备和不必要的强硬措施的弱点。著名法学家约瑟夫·威勒说，使用国内司法制度作为强制执行义务的主要工具，使得欧盟一方面可以对其成员国的法律状况施加良好的影响，另一方面可以把作为自由民主国家基础的守法原则和法律至上原则引入国际关系中，实现国际关系的现代化。①

但是，在世界其他地区推广这一模式时都遇到了主权观念。总体看来，西方思想家错误地认为，在现有国际法律体系下可以实现推广民主的方针。而难题在于，在不建立"世界政府"、不采用欧洲模式和不完全照搬已有规则规范的情况下怎样克服国际关系中的法律缺位，这需要刻不容缓地予以解决。

一方面，更严格地使用惩罚违反国际条约和协议的行为的法规，可能对此有所帮助。例如，联合国1984年的《防止及惩治灭绝种族罪公约》把惩罚这种犯罪留给了国家自行处理，而1989年12月4日的《反对招募、使用、资助和训练雇佣军国际公约》就禁止国家独立培训和使用雇佣军。尽管发生了多次大规模屠杀和种族清洗，国际社会一次也没有质疑发生这种罪行的国家政府的合法性。实际上，如果我们说，轻率地违背通行的国际法规的国家不能再作为国际社会的一员、不能再被看做主权国家，也是合乎逻辑的。否则就是很危险的：迈克尔·沃尔泽说，任何地方的违法都会催生新的暴力，这个恶性循环注定会无休止地扩大；他写道，"全球稳定甚至全球的人类［社会］与所有国家利害相关，如果不顾道德代价地［对遥远国家的居民］沉默和无动于衷，您就不得不在自己家里付出动荡和混乱的政治代价"②。结果，国际社会——民主国家和尊重国际法的非民主国家——都意识到，自动和无条件地承认国家是国际关系的主体这一原则是从那个年代继承下来的，当时个别国家的国内政治形势与该国精英对两个超级大国之一的忠诚相比处于次要地位，这个原则应该重新审视了。

---

① Джозеф Вейлер, «Чем строже обязательства, тем реже они исполняются», в *Свободная Мысль*, №7, 2009, с. 8.

② Michael Walzer, "The Politics of Rescue", in Michael Walzer, *Arguing about War*, New Haven (Ct.), London: Yale Press, 2004, pp. 74, 75.

另一方面，一部分在内政和外交中都信奉民主化原则的民主国家，可能会走上制定国际舞台上通用的原则和行为准则的道路。这并不是说这些国家加入欧盟或立刻建立类似于欧盟的地区组织，而是逐步建立承认国际法、同意跟随大多数民主国家选择的社会（本质上，就形成了一个不仅适用统一的法律规范、还适用民主的集体决策原则的社会）。这个建议的基础是，在当代环境下"主权国家在国际舞台上的行动自由应该在很多方面受到国际社会的限制和监督，就像在国家的范围内，无论拥有主权者是君主还是人民，其绝对权力都应该受到限制，受到某种因素的制约，不应该不负责任"[①]。在实践中，这要求现在主张单方面决策的那些民主国家能更团结并准备妥协。这种广泛共识的结果是，在民主国家倡议下建立的国际机构更有合法性和影响力，当这些机构为人道主义目的服务时，这尤其重要。例如，如果美国加入国际刑事法院或《禁止地雷公约》的话，对于那些对美国政策的不可预测和双重标准感到失望、认为西方世界对民主制度的呼吁都很虚伪的国家，这将有助于其恢复对美国的信任，同时也巩固了世界法制。在这个国家集团框架内，未来可能产生新的"后主权"民主。

我们已经看到，这两个过程都带着某种"去主权化"的特点，一方面，"失去国家身份的"主权会受到限制（事先明确规定了全部会受到限制的违规行为）；另一方面，那些没有准备与其他民主国家站成一队的民主国家，其自由机动性会变小。

这个想法并不像第一眼看起来那么的乌托邦。说实话，民主秩序在过去就是这样推广的：在世界相对分裂时，那些为自由而战的国家和追求推翻旧统治阶级的运动都受到了先驱者榜样的鼓舞，即使是在那个时候，主要的民主强国美国也遵循约翰·昆西·亚当斯的话："无论是现在还是未来，哪里有自由和独立的旗帜，哪里就有美国的心脏、祝福和祈祷。但美国不会进入别人的国界去屠龙。美国希望全世界都有自由和独立。但是，美国只为自己

---

① Stanley Hoffman, "Sovereignty and the Ethics of Intervention", in Stanley Hoffman (ed.), *The Ethics and Politics of Humanitarian Intervention*, Notre Dame (In.): Univ. of Notre Dame Press, 1996, p. 18.

的独立和自由而战。"① 这个立场使美国成为民主的一个主要堡垒和"自由世界"的领袖。今天美国不再是主要堡垒和领袖了,它把这个位置让给了欧盟。正是统一的欧洲实现了国家间关系真正的民主化,这个民主化导致自由价值观和法律秩序的确立,这个民主化在当代世界中看来只能是后主权的民主化。

我们认为,建立超国家民主结构的经验为人类开辟了真正稳定的和非暴力的广阔未来,但在俄罗斯这个经验没有得到应有的关注。相反,今天国内许多研究者把注意力主要放在了主权的无条件和无限性上,他们认为,这样主权就成为"实际"主权,主权的承载者成为"排他的"承载者[例如,安德烈·科克申就曾写道:"数量有限的国家拥有实际主权,实际主权意味着国家有能力在实际上(而非宣称的)独立执行自己的内政外交和国防政策,缔结和废除条约,结成或不结成战略伙伴关系,等等"②]。但现在的历史表明,正是这些国家,是文明世界秩序即法律主导的世界秩序的最大威胁,而在遥远的未来,只有这种秩序能非强制地推广民主制度。

(彭晓宇 译　徐向梅 校)

参考文献

Chris Brown, *Sovereignty, Rights and Justice: International Political Theory Today*, Cambridge: Polity Press, 2002.

William Easterly, *The White Man's Burden: Why the West's Efforts to Aid the Rest Have Done So Much Ill and So Little Good*, New York: Penguin, 2006.

Stanley Hoffman, "Sovereignty and the Ethics of Intervention", in Stanley Hoffman (ed.), *The Ethics and Politics of Humanitarian Intervention*, Notre Dame (In.): Univ. of Notre Dame Press, 1996.

---

① 引自 Генри Киссинджер, *Нужна ли Америке внешняя политика?* Перевод с англ. под ред. и со вступ. ст. В. Л. Иноземцева, Москва: Ладомир, 2002, с. 267。

② Андрей Кокошин, *Реальный суверенитет в современной мирополитической системе* (3-е изд., переработанное и дополнительное), Москва: Издательство «Европа», 2006, с. 63。

Robert Jackson, Quasi-States: *Sovereignty, International Relations and the Third World*, Cambridge: Cambridge Univ. Press, 1990.

Oswaldo de Rivero, *The Myth of Development: The Non-Viable Economies of the 21st Century*, London, New York: Zed Books, 2001.

Fernando R. Teson, *Humanitarian Intervention: An Inquiry into Law and Morality*, Ardsley: Transnational Publishers, 2005.

Michael Walzer, *Arguing about War*, New Haven (Ct.), London: Yale Press, 2004.

Пьер Аснер, «Великие державы должны иметь таких соседей, какой была Финляндия в годы «холодной войны»», в *Свободная Мысль*, №9, 2008.

Джозеф Вейлер, «Чем строже обязательства, тем реже они исполняются», в *Свободная Мысль*, №7, 2009.

Генри Киссинджер, *Нужна ли Америке внешняя политика? Перевод с англ. под редакцией и со вступ. ст. В. Л. Иноземцева*, Москва: Ладомир, 2002.

Андрей Кокошин, *Реальный суверенитет в современной мирополитической системе (3-е изд., переработанное и дополнительное)*, Москва: Издательство «Европа», 2006.

全球民主与国际民主促进的新讨论

〔美〕托马斯·卡罗瑟斯*

在民主的第三次浪潮令人陶醉的日子之后,民主停滞期如今占据主导地位。几十年来,民主国家的数目第一次在十年的开始和结束之际几乎是相同的。这种停滞引发了有关民主在较大的民族国家发展战略中的作用与国际民主促进努力的合法性问题的重要讨论。在未来几年,像过去几十年间那样的民主的大力传播不可能重现,但大的民主倒退同样不可能出现。相反,民主和民主促进将继续在一些地方取得成果,在另一些地方遭受挫折,而其他国际问题将主宰国际关系的最重要舞台。

全球民主状况

政治评论家们有时把20世纪80年代和90年代民主在全世界的激动人心的传播描写为一个全球统一的趋势。实际上,它包含不同地区的发展,这些发展在某种程度上相互影响,然而仍有区别。一些较为引人注目的趋势包括拉丁美洲右翼军政府的垮台,苏联改革尝试的失败和最终崩溃,撒哈拉以南非洲地区殖民地时期之后的第一代一党制领导人退出历史舞台,以及东亚少

---

* 托马斯·卡罗瑟斯(Thomas Carothers)——美国政治理论学者,是世界上传播民主和民主国家对外政策问题方面公认的专家。华盛顿卡内基国际和平基金会负责学术和科研组织工作的副总裁。著有几十部书,其中有:《帮助境外的民主》(1999)、《未知的旅程:在中东推进民主》(2005)和《正视薄弱环节:帮助新兴民主国家的政党》(2006)。

数国家和地区从迅速的经济成功向民主发展的一些转变。而且，这一民主的"第三次浪潮"——借用塞缪尔·亨廷顿的术语——并不完全像人们有时描绘的那样，是一股势不可挡的潮流。很多表面上的民主突破并没有它们最初显示的那样意义重大，那些不民主的权力结构常常潜存下来，很快又再次抬头，如在中亚的许多国家和至少在撒哈拉以南非洲的部分地区。一些地区只是部分受到这一趋势的触碰，如东亚；或几乎未被触及，如中东。尽管如此，20世纪最后20年间民主的发展是一个重大的事件，似乎为本世纪提供了重大的和向前的民主动力。

然而，本世纪的第一个十年并不如人所愿。这一时期没有出现持续而迅猛的发展，反而是一段民主的停滞期。在过去的许多个十年间，民主国家的数目第一次在十年的开始和结束之际几乎是相同的。虽然少数几个国家取得显著的民主进展，但同样多的国家遭受了民主的逆转或倒退。

这种普遍的民主停滞的原因不难确认。20世纪80年代和90年代民主传播的一个特点是很多国家专制主义的瓦解，民主的热情高涨，而这些国家并不具备多少有利于成功的民主巩固的条件或经验，如高的社会经济水平、相对而言公民中不存在尖锐的以身份为基础的分裂以及从前有过实质性的政治多元主义的经验。为了使大有希望的开场转变为有效的民主制度，在这些准备不足的第三次浪潮的国家中，有许多国家此后一直在努力奋斗，这一点并不令人感到惊讶。

这种停滞也与这一事实有关，即那些成功抑制了民主改革第三次浪潮推动力的专制政府往往是有能力长期生存的、根基相对稳固的制度。一般来说，它们不是取得相当好的经济成就的专制政府，如越南，就是设法通过极度的镇压来完全压制任何有危险的国内挑战者的政府，如朝鲜和缅甸。

这十年中石油和天然气价格的骤然攀升也从一个方面造成了全球民主的停滞。迅速提高的石油和天然气收入增强了原苏联、中东、撒哈拉以南非洲以及其他地区的不少不民主的政府的底气。石油和天然气的高价格和能源供应的不稳定也使依赖能源进口的西方民主政府打消了批评能源丰富的非民主国家、并敦促它们改进其民主和人权方面的行为的念头。

兴起中的讨论

由于全球政治变化的格局在这十年变得更为多样,对民主更为不利,关于民主的价值以及它与民族国家发展的其他方面的关系出现了一些新的讨论。例如,政治分析家和观察家重新关心起民主方面的进步是否常常导致社会经济发展的进步这一由来已久的问题。20世纪90年代或者之前的研究得出的权威结论——即民主并不促成经济迅速的增长——经受住了考验。但是,在社会经济发展的其他方面,如降低婴儿死亡率、提高平均寿命和改善教育等,民主国家确实比非民主国家做得更好。[1] 并且,当以产权保护、合理的货币政策和自由贸易来衡量时,民主久而久之确实常常带来更大的经济自由。[2]

分析家和观察家们也开始关注治理,在某种程度上是把它作为一种超越有关民主价值的意识形态争论的一个方面。尽管一些地区或国家的人们可能质疑西方自由民主的规范和做法对自己社会的有效性,但极少有人能反驳善治(good governance)——它最基本的特征是趋向低腐败、高国家效率和强有力的法治——的基本形式所具有的政治价值。这种关注自然引出了有关民主化与改善了的治理之间的关系的一些问题。显然,一些新的民主国家未能实现适度有效的治理,特别是在腐败方面。而且,至少有一小部分专制政府在治理方面表现得相当不错,如广为引用的新加坡的例子。然而,在研究者们追问这个问题的时候,他们始终发现民主国家一般说来比非民主国家更多

---

[1] Matthew Baum and David Lake, "The Political Economy of Growth: Democracy and Human Capital", in *American Journal of Political Science*, Vol. 47, No. 2, 2003, pp. 333–347; Morton Halperin, Joseph Siegle and Michael Weinstein, *The Democracy Advantage: How Democracies Promote Prosperity and Peace*, New York: Routledge, 2005.

[2] Hristos Doucouliagos and Mehmet Ali Ulubasoglu, "Democracy and Economic Growth: A Meta-Analysis", in *American Journal of Political Science*, Vol. 52, No. 1, 2008, pp. 61–83.

地与善治联系在一起。① 再从人类发展基本指数方面看一看世界上最成功的社会，情况表明，迄今为止，这些国家中的大多数都是民主已经得以确立的国家（established democracies）。

随着许多新兴民主国家遭受政治困难，在这十年的早期就出现了另一个关于顺序问题的重要讨论——对于寻求民主化的国家，即使它们不具备多少有利于成功地巩固民主的潜在条件，投身于此是否可取；或者，一直等到首先实现法治和成为运转良好的国家再进行民主化，对于它们来说是否更为审慎。顺序论的拥护者论证说，过早进行民主化可能导致十分消极的后果，如出现不自由的政治制度、太软弱以致不能抑制腐败或提供公共物品的中央政府或国内的暴力冲突等。

顺序论的诉求清楚明确。在一个有效率的法律制度和一个有能力的、反应灵敏的国家的保护下开始民主化，可以把大众政治参与的难以控制的力量控制在适当的范围之内。这种观念符合很多人持有的那种本能观念，即一些社会完全没有为民主作好准备，一定的社会政治发展水平是必要的基础。

顺序论本质上确实包含一些合理性。如果一个国家没有或几乎没有有效运行的政府，仓促实行公开的、竞争性的选举和全面的政治多元主义或许是一个导致动乱的处方。美国这十年间在对阿富汗和伊拉克进行干涉之后在当地建立民主制度的努力正是这个方面的例子。美国所领导的抱着建立一个崭新的民主制度的期望而进行的干涉在很大程度上摧毁了现存的国家。然而，在一个正常运转的政府被建立起来之前进行选举被证明容易引起冲突。

但是，主张民主化应该等到基本国家制度建立之后进行，与主张民主化必须等待运行良好的国家和有效的法治实行之后再进行，这是两码事。实际上，发展中国家里很少有国家具备这两者中的任何一个条件。大多数国家所拥有的是甚至连提供基本的服务也勉为其难的政府和令人苦恼的极度不公正的法律体系。像玻利维亚、喀麦隆、孟加拉、约旦以及摩尔多瓦等各式各样

---

① Daniel Kaufmann, Aart Kraay and Massimo Mastruzzi, "Governance Matters VI, Governance Indicators for 1996 – 2004", in *World Bank Policy Research Working Paper No. 4280*, 2007; Francisco Rivera-Batiz, "Democracy, Governance, and Economic Growth: Theory and Evidence", in *Review of Development Economics*, Vol. 6, No. 2, 2002, pp. 225 –247.

的国家，它们应该等到（或一直等到）建立有能力和有效的政府以及顺利运转的法律制度之后再尝试民主化吗？

主张等待或推迟民主化的论点在这些案例中碰到一个无法解决的中心问题：虽然许多专制的领导人许诺建立一个有效的政府并实现法治，但极少有人做到这一点。无疑，上一代的一小部分专制政府——主要在东亚——做到了这一点。不过在大多数发展中国家，政府的普遍软弱和法治的不良状况实际上是从拉丁美洲乱七八糟的军事独裁者到非洲殖民地时期之后的"国父"等专制统治者的遗产。以强有力的专制统治者作为自然国家的建立者和法治的推行者，这种想法可能是有吸引力的，但它面对着一个矛盾的现实。运行良好的政府和法治的基本组成部分天生就对非民主政体形成威胁。例如，有效政府的一个关键组成部分是非政治性的、技术官员治国的和有效率的公务员制度。然而，独裁领导人几乎不能容忍不听从命令、不充当其政治盟友的职位储备库这样一个官僚权力中心。他们通常也不愿容许可能出现对政府的低效进行批评并指出其不足之处的公开的公众讨论。换句话说，在一般的专制统治模式与运行良好的政府所需的必要条件之间存在一种根本的紧张关系。

对法治来说亦如此。实现法治的基础是创建一种独立的并拥有对掌握政治权力的人也适用的司法体系。但专制主义的领导人有一种强烈的动机去防止政府别的部门拥有实质权力和政治独立性。独裁领导人对待法律体系有个共同的习惯——用它来迫害政治敌手和保护政治盟友，这直接与法律原则的核心规定相抵触。

这并不是说国家的构建或法治的发展在新兴民主国家必然会取得成功。许多这样的政府甚至为在这些领域取得些许进步也要艰苦奋斗。然而与专制政府不同，民主政府在其政治统治的基本性质与有效国家及法治的核心原则之间不存在任何强烈的内部张力。而且，民主统治的一些基本特征往往有助于政府行为更称职。例如，选举在统治者与公民之间建立了一种责任承担的渠道，它至少为掌权者有效地进行治理创造了某种激励。另外，言论出版自由——常常是民主社会的特征——是发现国家行为的不足之处并对政府形成公民压力、促使它予以改善的极佳途径。

简言之，尽管政治顺序的诱惑吸引人，但它们在很大程度上都是虚幻的。

为国家构建和法治发展而推迟民主化常常不过是为继续专制统治辩护的一个顺手拈来的理由，而不是一种经过深思熟虑的发展战略。虽然对于虚弱的新兴民主国家来说，应对国家构建和法治发展的挑战是困难的，但要进行这样的尝试，它们实际上通常处于比专制政府更为有利的位置。民主建设应该与国家的构建和法治的发展携手共进，三方面的努力相互强化。

这种同步论并不意味着民主化必须迅速进行。如果一个国家几乎不具备有利于民主长期巩固的潜在条件和结构，尤其是历史上缺乏政治多元主义，那么对民主化采取反复的或渐进主义的方式也许更为可取。例如，或许需要先在地方一级发展政治竞争，再转向全国。或者，这可能意味着先集中构建立法机构的民主特征，再在行政部门实行公开的政治竞争。

虽然两者都需要考虑到时间，但渐进主义并不同于顺序论。它意味着马上就进行民主化，纵然是一小步一小步地进行。这种观念可能容易被那些没有民主化诚意，却宣称自己正在一点点地进行民主改革的掌权者们滥用。然而，如果以严肃的方式、带有政治诚信来进行，它可能取代以迅速的、并且有时是危险的方式从完全的专制统治向完全竞争的政治制度转变，而后者是第三次浪潮中许多民主转型的特征。

国际民主促进

这十年间全球民主举步维艰的状况同样延伸到国际民主促进领域。20世纪90年代经历了国际民主促进活动的广泛发展。许多形形色色的行动者——已确立民主制的国家的外交部门和援助机构，与政党有联系的政治基金、西方私人基金会及其他非政府组织，地区性的国际组织（如欧洲安全与合作组织），包括联合国在内的跨地区的国际组织，等等——积极介入这样的工作。这样的活动，有些是胡萝卜加大棒，即对非民主政府施加压力以改变其基本的政治行为，并表扬和以其他方式奖励民主化政府的努力；有些是规范性的，包括努力将民主的原则和标准写入新的国际文件，如1991年欧洲安全与合作组织的《哥本哈根宣言》。有些是一些援助项目，包括支持自由和公正选举、推进公民社会发展、促进法治发展、加强立法、支持独立的媒体、培训政党以及其他相关活动。

国际民主援助的扩大与世界范围的民主扩张齐头并进,两个方向的发展互为因果。随着民主转型的传播,已确立民主制的国家发现自己为鼓励这种转型的推进而作出的努力越来越多。与此同时,它们支持民主的努力有助于促进其进一步的传播。国际民主援助的扩大是冷战之后头几年出现的民族国家主权屏障的普遍削弱的一个表现。虽然很多政府仍然保留相当大的保护其主权的意愿,但超级大国对抗的终结意味着,它们往往不再那么疑心任何一项跨境的政治行为都与这个或那个超级大国追求地缘战略影响有直接的联系。

随着这十年全球民主化普遍放慢步伐,国际民主促进也遭受了一些挫折。几乎没有新的行动者进入这一领域。没有任何重要的新成分被加进国际民主援助的基本项目。而且与20世纪90年代相比,民主促进更明显地受到地缘政治的制约。乔治·W. 布什总统武断地把民主促进用于为美国侵略伊拉克辩解,并作为他的反恐战争的组成部分,这种做法使世界上很多人更少从正面的角度来看待一般的国际民主促进,特别是民主援助。很多人开始把民主促进视为维护美国地缘政治权力的彻头彻尾的意识形态幌子。格鲁吉亚、乌克兰等国发生的"颜色革命",以及它们给不同国家的许多人留下的美国政府大力扶持或挑起了这些政治变革的印象,进一步增强了这种看法。

结果是国际民主援助,特别是美国的民主援助受到明显抵制。许多国家和地区的政府,包括俄罗斯、中亚、中国、伊朗、阿拉伯世界、撒哈拉以南非洲以及南美洲,开始采取措施限制或阻止民主援助。有时,这包括直接驱逐在它们领土工作的外国援助组织。它进一步发展为法律措施,如颁布限制外国支持国内非政府组织或政党的新法律。例如,俄罗斯政府采取外交措施以限制欧洲安全与合作组织与民主有关的活动,特别是其选举监督。

在某种程度上出人意外的是,像俄罗斯和中国这样稳固的政府往往会因为对国内政治行为触及不大的较小的援助项目而感到不安或觉得受到威胁。一些独立分析家对颜色革命中的国际因素进行过仔细调查,他们发现,国际作用往往比一般认为的要小得多、不重要得多。① 而且，研究颜色革命的政治学家们发现了导致这些选举巨变的一系列政治特征和事件，如一定程度的政治开放性与软弱的领导人的结合。大多数对国际民主援助采取抑制措施的政府并不具备这些特征；它们的政治制度更为封闭，其领导人的地位是稳固的。

不过，与此同时，一些政府因对国际民主援助项目的畏惧而惊慌失措却并不令人惊讶。开展这些活动的一些团体确实给人以目标非常明确、熟练在行、是具有几十年经验的组织的明显印象。从美国方面来看，这样的组织大多数靠美国的基金运作，因此确实至少与美国的外交政策存在某种关系。更一般地说，大众抗议和骤然的政治破裂作为颜色革命的特征是极端不可预测的政治事件。发生这种政治巨浪的可能性甚至能使最稳固的强力政府感到困扰。此外，一些采取抑制措施的政府经历过大众抗议或政治破裂的历史，因此对此类事件敏感。例如，在采取反对行动被视为美国集团暗中颠覆其政府的努力时，一些伊朗官员说过，他们了解美国集团正在试图做的事情，因为伊朗30年前的伊斯兰革命是（在他们自己看来）最早的天鹅绒革命。

对这种强烈的反对，民主促进行动者的反应各有不同。欧洲的政府感觉自己遭遇到出乎意外的、不应有的敌意。在过去的五年间，它们作出极大的努力以明确停止在美国集团中常见的武断的政治援助，而宁愿遵循一条发展式路径。这种战略强调对政府改革、国家构建的支持，一般不以政治为中心，而以技术专家治理为中心。②

美国官方对这种强烈反对的反应已经发生变化。布什当权期间，美国政府继续坚持其推进民主的努力，而且试图把任何拒绝这些援助的做法描绘成赤裸裸的专制主义。例如，面对伊朗对美国以促进伊朗民主变革为目标的援助项目进行的严厉批评，布什政府并没有放弃对这些项目提供资金，也没有

---

① Michael McFaul, "Ukraine? Imports Democracy: External Influences on the Orange Revolution", in *International Security*, Vol. 32, No. 2, Fall 2007, pp. 45–83; Thomas Carothers, "Ousting Foreign Strongmen: Lessons from Serbia", in *Carnegie Endowment Policy Brief*, May 2001.

② Thomas Carothers, "Democracy Assistance: Political vs. Developmental?", in *Journal of Democracy*, Vol. 20, No. 1, 2009, pp. 5–19.

试图把它们转向不大敏感的领域。贝拉克·奥巴马总统上台后，美国的做法已经开始改变。奥巴马及其外交政策团队对于民主支持采取了一条更为谨慎的路线。当奥巴马在讲话中论述民主与民主支持时，他使用了与其前任极为不同的表达方法。他不热衷于安排全球自由的日程表，而是强调美国不会试图将民主强加于他国，民主可以采取不同的形式，并且强调唯独把选举等同于民主的做法是错误的。在2009年6月伊朗混乱的选举之后，奥巴马采取了一条温和的路线，避免严厉批评德黑兰明显的民主缺陷，继续把重点放在通过外交途径与伊朗政府建立密切关系的目标上。

对于民主援助组织共同体而言，对民主促进的这种强烈反对给它们提出了棘手的问题。首先，如何界定什么是一个社会给另一个社会提供政治援助的合理方式？它应该总是保持完全超越党派，还是在政治上支持某一方是合理的？尽管民主援助是一个有着几十年经验的领域，但令人惊讶的是，在这一领域几乎没有正式的发展规范。无论援助的提供者还是援助的反对者都不能提出任何获得广泛共识的标准。20世纪90年代民主援助的扩大确实使援助提供者认为是规范性的某些做法得到承认，比如他们认为，那些脆弱的或有问题的新兴民主国家为了使其选举过程得到国际社会信任，应该接受外国选举观察员。他们同样相信，接受外国公民社会的援助也是一个开放的民主政府的标准做法。然而，这些都是来自援助提供者的特殊角度的做法和假设，并不一定体现受援助国的观点。

那些民主援助组织做着政治上最为武断的工作，如支持对现任政府提出强有力挑战的反对派同盟或国内公民教育团体，它们坚持认为，自己的工作不是为党派目标服务，而是为一个更高的原则，即自由和公正选举的原则服务。它们认为，在当政者可能不公平或不合法地使用国家资源来维护权力、反对任何挑战者的选举中，为了保证一个更为公平的竞争环境，党派的努力有时是必要的。按照它们的观点，培训反对党本身并不一定是为了帮助这些政党赢得选举，而是为了促进一个更为健康的民主竞技场。

作为这些努力所针对的目标的政府反驳说，它们有权按照自己的意愿进行自己的选举。它们指出，很少有选举是完美无瑕的，包括援助提供国家的许多选举在内，这取决于每个政府在走向民主过程中改进自己的努力，而不是取决于那些代表在战略和经济上可能更利益攸关的他国政府的外国团体装腔作势的责任心。

在这些争论中,各方都觉得自己的立场是非常正当的,并且这样的争论大都是各执一词。当援助提供者被排除在一个国家之外时,它们有时会放手,但常常从外部进行操作。能采取的形式不少,包括为流亡团体提供资金,邀请积极分子到邻近的大城市进行政治培训,或通过非正式手段悄悄汇入资金。重要的是必须记住,绝大多数国际民主援助没有引起争议,颇为老套地在世界几乎每一个地区、在大为迥异的政治环境下进行。相对来说,引起争议的只是范围有限的援助问题,它们吸引着与其实际重要性并不相称的注意力。

展望未来

在未来 10 年或 20 年间,不大可能出现任何决定性的民主化新浪潮。现在完全专制的政府数目相对较少,按照历史学用语,大约世界上所有国家的 25%,约 50 个国家是这种类型。这些遗留下来的专制政府大多不是极端专制并且在国际上相对孤立的国家,就是通过合理的经济政策(如越南)或可观的石油收入(如沙特阿拉伯或阿拉伯联合酋长国)向其公民兑现了不错的社会经济成就的国家。前一种类型因为它们对世界坚如堡垒的立场而极度抗拒变革。后一种类型由于其社会经济成就会感到国内变革的压力相对较小。因此,并不缺乏适宜民主转型的专制国家。至少有几个较为专制的政权可能会在未来的几年崩溃,但崩溃之后在政治生活中仍有影响的丑陋的专制主义传统将加大民主化的难度。这些国家更有可能向准专制主义的形式倾斜。当其公民因更多的财富而获得更多的权力并要求在自己的政治生活中有更大的发言权时,一些在社会经济上更为成功的专制政权可能会在未来 10 年和 20 年间向民主演进。但这种积极的演进可能仍旧波及不到盛产石油的国家,因为这些国家的结构性趋势依然锁定植根于庇护和侍从主义(patronage and clientelism)的专制体制。

同时,在那些过去几十年间已经取得一定程度的民主进展的国家中,民主不可能大幅度后退。虽然这其中的很多国家为了给其国民提供更好的生活,正在努力奋斗,但世界各地的公众民意调查表明,几乎所有地区的大部分居民都认为民主是最可取的政府形式。许多人对他们自己的政府不满意，只因为他们的理想政府仍然是一个民主政府。这一点似乎是真实的，既因为新兴民主国家的公民对专制统治下生活的种种不足有着清晰的记忆，也因为他们看到，世界舞台上在人类发展方面表现非常好的大部分国家都是民主国家。

由于通讯技术的不断进步，全球民主的大倒退也是不可能的。它促进了政治经验和政治思想的信息跨国共享，也在削弱不自由的政府压制其公民获得或使用各种信息资源的能力。当然，反民主的政治极端分子可能也在利用先进的通讯技术来推进他们的事业，但总的来说，国际上信息和思想的更广泛的分享往往对政治开放性和政治发展有促进作用。这种信息的传播不受任何一个政府或政府安排的控制或引导，相反，它是一种高度分散的现象，一种增强个人相对于政府的权力的现象。

在未来几年中，国际民主促进不可能经历急剧的改变。在美国外交政策界，极少有人想重新武断地使用布什政府期间所用的民主促进概念。相反，可能出现一段相对节制的民主援助期，它不受任何一个政府左右；在其间，许多工作与更为广阔的发展目标相联系，特别是与治理改革和国家构建有关。西方政府倾向于鼓励国际组织进行民主促进活动，也可能继续将其作为为这种工作建立更广泛的共识和合法性的一种方法。联合国开发计划署已经是世界上最大的一个民主援助行动者。联合国民主基金也适度加强了联合国对这些问题的影响。然而，国际机构的民主促进工作具有局限性。在形形色色的成员国之中为这样的工作取得共识往往是缓慢的，所制定的项目相对来说常常并不坚决。例如，美洲国家组织从事民主促进工作几乎20年，然而在这一领域仍然是一个非常软弱的行动者。

简而言之，我们可能正在进入一个全球民主缓慢而稳定地前进的时代。偶尔将出现新的民主国家；有时是在一个年老的独裁者去世或一个不自由的政权崩溃之后。但大多数进步将通过加强脆弱的、转型中的民主国家实现。以一个标准[①]衡量，60%以上的民主国家是有缺陷的，许多国家受困于阻碍民主充分发展的严重的制度缺陷。而且，许多脆弱的民主国家甚至连提供基

---

① The Economist Intelligence Unit's Index of Democracy, *Democracy Index*, London: The Economist, 2008.

本水平的公共物品也勉为其难,这常常导致公众对民主制度的不满和幻灭。为了防止更多的国家重新受到专制的诱惑,扶持脆弱的民主国家将是国际民主促进践行者的一项基本任务。尽管改进现有的民主国家可能在感情上没有寻求建立新的民主国家那样令人振奋,不过,大众的得益同样实在,自由的扩展同样受人珍爱。

(童建挺 译 李朝晖 校)

参考文献

"The Backlash Against Democracy Assistance", Washington (DC): National Endowment for Democracy, June 2006.

Matthew Baum and David Lake, "The Political Economy of Growth: Democracy and Human Capital", in *American Journal of Political Science*, Vol. 47, No. 2, 2003.

Peter Burnell and Richard Youngs (eds.), *New Challenges to Democratization*, New York: Routledge, 2010.

Thomas Carothers, "The Backlash against Democracy Promotion", in *Foreign Affairs*, Vol. 85, No. 2, March-April 2006.

Thomas Carothers, "Democracy Assistance: Political vs. Developmental?", in *Journal of Democracy*, Vol. 20, No. 1, 2009.

Thomas Carothers, *Democracy Promotion During and After Bush*, Washington (DC): Carnegie Endowment for International Peace, 2007.

Thomas Carothers, "Ousting Foreign Strongmen: Lessons from Serbia", in *Carnegie Endowment Policy Brief*, May 2001.

Thomas Carothers, "The Sequencing Fallacy", in *Journal of Democracy*, Vol. 18, No. 1, 2007.

Thomas Carothers, "Stepping Back from Democratic Pessimism", in *Carnegie Endowment Paper No. 99*, February 2009.

Amy Chua, *World on Fire*, New York: Doubleday, 2003.

Democracy in U. S. Security Strategy: From Promotion to Support, Washington

(DC): Center for Strategic and International Studies, 2009.

Larry Diamond, "The Democratic Rollback?", in *Foreign Affairs*, Vol. 83, No. 6, November-December 2008.

Hristos Doucouliagos and Mehmet Ali Ulubasoglu, "Democracy and Economic Growth: A Meta-Analysis", in *American Journal of Political Science*, Vol. 52, No. 1, 2008.

Morton Halperin, Joseph Siegle, and Michael Weinstein, *The Democracy Advantage: How Democracies Promote Prosperity and Peace*, New York: Routledge, 2005.

Daniel Kaufmann, Aart Kraay and Massimo Mastruzzi, "Governance Matters VI: Governance Indicators for 1996 – 2004", in *World Bank Policy Research Working Paper No. 4280*, 2007.

Mansfield Edward and Jack Snyder, *Electing to Fight: Why Emerging Democracies Go to War*, Cambridge (Ma.): MIT Press, 2005.

Michael McFaul, *Advancing Democracy Abroad: Why We Should and How We Can*, Lanham (Md.): Rowman & Littlefield Publishers, 2009.

Michael McFaul, "Ukraine Imports Democracy: External Influences on the Orange Revolution", in *International Security*, Vol. 32, No. 2, 2007.

Suzanne Maloney, "Fear and Loathing in Tehran", in *National Interest*, No. 89, Fall 2007.

Theodore J. Piccone (ed.), *Regime Change by the Book: Constitutional Tools to Preserve Democracy*, Washington (DC): Democracy Coalition Project, 2004.

Francisco Rivera-Batiz, "Democracy, Governance, and Economic Growth: Theory and Evidence", in *Review of Development Economics*, Vol. 6, No. 2, 2002.

译后记

2010年9月下旬，刚刚参加俄罗斯第二届雅罗斯拉夫尔"全球政策论坛"归来的中共中央编译局副局长俞可平教授给我局俄罗斯研究中心成员做了一个专场报告，向我们介绍了他参加论坛的情况以及与梅德韦杰夫总统对话的一些问题，与此同时，把翻译《民主与现代化——有关21世纪挑战的争论》论文集的任务交给我们俄罗斯研究中心。

雅罗斯拉夫尔"全球政策论坛"是在俄罗斯联邦总统梅德韦杰夫倡导下于2009年创立的，论坛汇集了多国政要、世界知名学者、科学教育和实业界代表，讨论现代国家发展和全球问题，梅德韦杰夫总统亲自参与和主持。第二届论坛于2010年9月9—10日召开，以"现代国家：民主标准和效率准则"为主题，《民主与现代化——有关21世纪挑战的争论》是专门为这届论坛准备的一本论文集，在论坛召开前夕刚刚出版。文集是集中了包括欧洲、美洲和亚洲在内的世界著名政治学家，针对有关民主与现代化研究的理论和前沿问题所进行的系统、深入的探讨，主编为俄罗斯后工业社会研究中心主任弗拉季斯拉夫·伊诺泽姆采夫。在最短的时间拿到这样重要的一本书稿的翻译和中文版权，一方面得益于俞可平教授作为雅罗斯拉夫尔论坛参加者近水楼台，另一方面也是弗拉季斯拉夫·伊诺泽姆采夫先生对中央编译局俄罗斯研究中心的信任。

《民主与现代化——有关21世纪挑战的争论》全书包括一篇序言和19篇论文。为了尽量准确地表达作者的原意，我们没有取俄文版整书，而是依照作者提供的母语原稿，因此翻译涉及英语、俄语、法语三种文字。论文集中俞可平教授的文章，我们特别请他提供了中文版本。这是一本有着重要理论和学术价值的文集，为了使国内读者能尽早见到本书的中文译本，与我们分享这些文章中所蕴含的深刻思想，在这方面我们甚至有些迫不及待，2011年的春节是在紧张的工作中度过的。为了确保译文的质量，我们邀请了在所涉及专业和语言方面功底扎实的学者承担译校工作，每一篇译文都经过了译、校，译者、校者和统稿人反复的讨论多道程序，最后全书统稿和定稿。有时为了文章中的一句话，我们要多方讨论和求证。法文论文还特别请我局原副局长、资深翻译家李其庆教授帮助校对和定稿。总之，是力求做到又好又快。尽管如此，整部文集的翻译难免有不尽如人意或疏漏甚至不当之处，诚恳地希望读者批评指正。

本书由中央编译局俄罗斯研究中心组织翻译，参加翻译工作的同志有：徐向梅、高晓惠、彭晓宇、林德山、赖海榕、李兴耕、郑异凡、孙凌齐、李铁军、李朝晖、童建挺、王瑾、刘英、曲延明、李姿姿、武锡申、周思成、郝海燕，参加校改工作的有：徐向梅、张文成、高晓惠、许宝友、李朝晖、李铁军、李其庆、林德山、赖海榕、童建挺。全书由徐向梅统稿。在此对所有参与和协助此项工作的同志表达衷心的感谢。也特别向为此书的出版付出辛苦努力的中央编译出版社侯天保和其他同志谨致谢忱。

另外，作者简介（高晓惠译）在俄文版中作为独立部分附在书后，为了便于阅读，将其编排在每篇文章中，以脚注形式出现，特此说明。在俄文版作者简介中，丹尼尔·贝尔被誉为"当今在世的最伟大的社会学家之一"，然而遗憾的是，在我们的翻译工作接近尾声的时候，2011年1月25日他以91岁高龄不幸辞世。谨以本书中文译本纪念丹尼尔·贝尔教授，他的学术思想是不朽的。

徐向梅

2011年3月

图书在版编目(CIP)数据

民主与现代化:有关21世纪挑战的争论/(俄罗斯)伊诺泽姆采夫主编;徐向梅等译.
—北京:中央编译出版社,2011.4
ISBN 978-7-5117-0821-2

Ⅰ.①民…
Ⅱ.①伊… ②徐…
Ⅲ.①民主-文集
Ⅳ.①D082-53

中国版本图书馆CIP数据核字(2011)第047981号

民主与现代化:有关21世纪挑战的争论

出 版 人	和 龑
策 划 人	邢艳琦
责任编辑	侯天保
责任印制	尹 珺
出版发行	中央编译出版社
地　　址	北京西单西斜街36号(100032)
电　　话	(010)66509360(总编室)　(010)66509367(编辑室)
	(010)66509364(发行部)　(010)66509618(读者服务部)
	(010)66161011(团购部)　(010)66130345(网络销售)
网　　址	www.cctpbook.com
经　　销	全国新华书店
印　　刷	北京中印联印务有限公司
开　　本	787毫米×960毫米　1/16
字　　数	277千字
印　　张	18.5
版　　次	2011年4月第1版第1次印刷
定　　价	58.00元

本社常年法律顾问:北京大成律师事务所首席顾问律师　鲁哈达
凡有印装质量问题,本社负责调换,电话:(010)66509618